寧為劉銘傳

宋楚瑜的僕人領導哲學

方鵬程——著

台北市政沒有藍綠問題，只有能力問題

在泛藍選民的質疑聲中，宋楚瑜決定投入被視為政治生涯最後一搏的台北市長選舉。他在選前接受城邦出版集團執行長何飛鵬的專訪，暢談台北市政，呼籲選民「放下藍綠，要選能力」。以下是專訪內容：

何飛鵬問（以下簡稱問）：過去這段時間，你跑遍台北市每一個角落，從你的角度看來，台北市可以有什麼樣的改變？

宋楚瑜答（以下簡稱答）：台北市有四百四十九個里，我不僅是跑遍了這些里，而且是真正去了解台北市現在面臨的很多問題。跑完後，我認為我可為台北市民做兩件大事，一是台北市必須突破一些瓶頸，二是台北市必須從態度上做根本的改變。

先從態度說起。從民國三十八年開始，台北市就不是以中央政府所在地為其定位，反之，是一直被定位為一個「省會城市」，這是地方政府的格局。為什麼我說台北市被定位在地方政府格局？民國三十八年中央政府遷台，當時中央政府和很多的外省人，從來沒想到會留在台灣這麼久，所以台北市一切的建設，因陋就簡，遷就現實。

看看今天大家在包圍的總統府，是國民黨建造的嗎？不是。包括行政院、司法院、立法院、監察院都不是。因為歷史的因素使然，台北市一直被降格為地方政府，所以雖身為中華民國的首都，五十年來，卻沒有以首都的格局來建設。因此，都市景觀和地象（image），既比不上全世界一流的城市，甚至趕不上大連、青島、廈門。

相反的，因爲歷史因素使然，也使得台北市有很多土地，五十年來一直沒有被好好規劃利用。民國三十八年，中央政府一下子要在台北市安置上百萬「逃難」或「大規模的移民」而來的中央政府大軍及眷屬，所以就產生很多爲解決此一瓶頸而遷就現實的做法。從台大校園旁辛亥隧道第二殯儀館對街邊上開始算起，包括現在的南區憲兵隊、大安國宅、信義國宅、龍門國中一直到空軍總部，都是當時安置軍隊與眷屬的地方，當然當時全是稻田。我查了一下資料，台北市類似這種用途而隸屬於軍方的土地，至今還有四千四百四十九筆，所占的面積高達八百五十一公頃。可以說，平均每一里有十筆軍方土地，而且都是位於精華區，屬於相當大面積的土地。

這些從戒嚴時期沿用至今的觀念、法令與做法，五十年來，一直在影響台北市的都市計劃與發展，現在已形成台北市發展的瓶頸；作爲一個首都市長，倘使無法將這些戒嚴時期以降的做法與觀念鬆綁，長期就會變成台北市發展的死結（deadlock）。

大家看到這些法令最大的影響，是限建問題。我從台北市最高的湖田里、大屯里、湖山里，一直看到萬華這些地方，很多地方，一個里裡面，百分之八、九十都是違建。陳水扁當選市長後，曾經在八十三年一月下了一個命令，亦即八十三年以前的違建，只要有航照圖、空照圖的，我不拆你，其他的都要拆。但是，這個做法仍舊只是「就地合法」，只是不再是違章，但是之於這個都市而言就ＯＫ了嗎？

我在陽明山遇到一個八十多歲的老太太，她的家族在民國六年（日據時代），就已經設籍於此地，所居住的房子在民國八十六年被颱風吹垮，就找人來修，結果被判違建，要拆除，她兩眼紅紅的問：拆了我房子，我跟我孫子要去哪裡？請問這樣死守法令合理嗎？合乎人性嗎？所以我能夠做的，就是調整與突破這些瓶頸，不合理的法令要修，不合時的政策要改。

過去民進黨反覆在講，不要重北輕南，一直在拉低台北、拉平臺灣，他們認爲貧富差距太大了，要台北不要太好。但是我是倒過來看，應該要「提升台北，拉起台灣」，亦即台灣要突圍，台北要先行，而解決土地問題，突破都市發展的瓶頸，就是台北市要突圍的關鍵。

依法行政？不講道理就把國有土地劃爲納骨塔

問：這些問題都牽涉到中央政府的制度與法規，不見得是做為一個首都市長所能決定的，你要如何突破？

答：馬市長經常強調一句話叫「依法行政」，其實，嚴格講來應該是「依法不行政」。我在省長期間，一樣面臨很多這類問題，但是，我的態度是「只要不違法，就去想辦法」；但現在台北市的做法卻是「只要不合法，就依法不行政」。

舉個例子，我當新聞局長的時候，當時我才三十多歲。有一天，一個鄉親來見我，希望新聞局還他地。原來是民國三十八年政府來台後，爲安置新聞局的員工眷屬，就向他租了一塊地蓋宿舍，那時打契約時，對方說他不要金圓券，他也不信任舊台幣或新台幣，就要了一萬兩千台斤的米做爲租金，租到「反攻大陸」爲止。當時他來看我，說今年已經是民國六十九年，你租了三十多年了，該還給我了。如果要依法行政，並沒有反攻大陸，當然不用還給你；所以，歷任局長都以「依法行政」這句話來辦，就是不還人家。

問：後來你怎麼解決這件事？

答：我講了八個字：「於法有據，於理不合。」用一句現在的話來講，就是「吃人夠夠」。

那個鄉親告訴我，那塊地周圍後來發展起來了，位在永和最繁榮的文化路，他準備蓋十幾層樓的大樓。我就說大家來商量，可不可以照顧原來的住戶，讓大家可以優先承購？他說當然可以。後來我們還主動跟人事行政局協商，因爲土地雖是私有的，但上面的建物卻是公家的，三十多年了，已十分破舊，也該改建了。後來就解決了，皆大歡喜。所以很多事是方法的問題，態度的問題。

我算過，台北市有六萬一千七百六十三筆的土地是國有土地，占了一共七千六百八十四公頃，這都是公有土地。因此，爲什麼台北市缺乏綠地、停車場、公園？因爲都被政府佔用了，而且這些佔用的單位互不統屬，都有本位主義，搞的整個台北市支離破碎。像光華商場預定改建那塊地，旁邊就是勞委會的地，卻各搞各的，爲什麼不協調一下，聯合開發，可以蓋一棟又大又漂亮的3C賣場。

雖然很多法規都是中央政府訂的，但是我認爲，市政府有市政府的手段。依照都市計畫法，地方政府擁有規劃都市計畫土地用途的權力，都市計劃細部計劃的決定權是在地方而不在中央，我把這些公有用地規劃成公園、綠地，中央不就賣不掉了嗎？你賣不掉，雙方不就好商量了嗎？

問：你的意思是說，你會運用市長「應有的權力」，去跟中央政府協調？

答：對，再舉一個簡單的例子。總統府前面北一女和聯合大樓中間，不是有兩塊大的廣場？那是台北市政府的土地，很多市長都想將之規劃成廣場，後來都跳票。如果我當市長，溫和一點的話，將這兩塊地規劃成建築用地，狠一點、開中央政府一個玩笑的話，規劃成納骨塔區好不好？中央當然會覺得不行，那你在別的地方占了我台北市的地，大家要不要來協調一下呢？所以我說，台北市最大的瓶頸是觀念問題，過度墨守成規，就會缺乏協調，自然不可能有所突破。

台北市的用地依「土地使用分區管制規則」去分，一共分十二類，住宅區、商業區、工業區、行政區、文教區、倉庫區、風景區、農業區、保護區、保存區、行水區及特別區，但是各區劃定的方式很主觀，沒有什麼定義和標準，市政府的行政裁量權很大。我開玩笑說，如果我當選市長，你對我很不好，把你家定爲保存區，你就慘了。內湖工業區至今仍列爲輕工業區，許多法令都不合時宜，應該大刀闊斧去改革。市政府也是被我們在年初罵了一頓，才趕快提出個特別管理辦法，但現在連市政會議都還沒通過。

問：所以你認為台北市的都市更新，已經迫在眉睫？

答：對，而且需要一步到位，好好的調整，尤其是觀念的調整。當年我們實施都市計畫容積率，是怕人口大幅度往台北市集中；結果這幾年來台北市人口不但沒增加，反而逐年下降，反倒是新店板橋等台北縣人口增加。結果週邊繁榮起來，台北市反而沒落了，從板橋到萬華是最明顯的，對岸像是國際都市，萬華反倒像地方鄉鎮。話說回來，蘇貞昌爲什麼能做出這樣的成績？就是因爲他放寬台北縣的容積率，甚至可以放寬到五百，所以爲什麼林口的未來城和板橋，到處都在蓋房子，就是因爲放寬容積率。

反觀台北市，八年來共提出了兩百零九個都市更新案；到現在爲止，通過的只有二十六個，軸線不但沒翻轉，東西差距反而愈來愈大，根本問題就卡在市府的觀念跟態度。

問：都市更新的瓶頸，當然法令是一個關鍵，但我們仍看到零星的開發案，為何會有這種選擇性做法？是否也跟公務員心態有關？

答：我有兩個競選口號，「台北市不能只有一個一零一，台北市鄉親家裡分不到零點一」。現在台北市的許多老社區發展不起來，都市更新推不動，就是因爲他們的容積率受到相當大的限制；但是，爲什麼士林官邸的土地可以鬆綁？就是只要有辦法的人，他去打通特定的關節，就可以放寬。這就是中央帶頭炒土地，只給財團或特定人高的容積率。

再舉個例子，我在陽明山當過憲兵，負責美軍電台（後來改成ＩＣＲＴ）的安全，當時我的營房宿舍附近，有一個兩千多坪的教練場，原來是被劃爲保護區，不可以蓋房子。但現在卻推出一個台北最大的豪宅區，叫「過院來」，平均一戶最便宜九千萬。殷琪的三億元的豪宅，也蓋在那附近。里長問我，爲什麼這些人可以蓋，而他們這些從滿清時期就住在陽明山的人卻不能蓋？事實上，到處都是土地的問題，所以台北市第一個要調整的就是土地使用的觀念問題，應該要逐漸合理地放寬土地的限建，提高容積率；要主動的去整區規劃，而不是消極地去限制。

然而，有很多原本應是都市發展的手段，現在卻全被綁住，關鍵在哪裡？的確也跟市政府工作態度有關。公務員的心態就是：我幹嘛要冒著圖利他人的風險幫你們發財？只要跟你的親戚有點關係，人家隨便一告，我還要去上法院。

所以台北市的問題，不是藍綠的問題，是能力問題、魄力問題、經驗問題。只要態度不變，法令不變，觀念不變，方法不變，台北市根本不會有進步。

問：上述種種問題並不是今天才發生，可以說都是由來已久，你為什麼有把握，在你的手中可以改善？

答：因爲我了解台北市的歷史發展背景，我來自國民黨，了解那個時代有其時代背景，要知道這些背景，才找得出解決方案。相對的，民進黨和國民黨，身上都有包袱，國民黨是不敢亂動祖宗家法，民進黨是逢藍必反，卻又抱著換人作莊的心態，享受前朝特權，結果都解決不了問題。幾十年來，哪一個國民黨的市長敢跟軍方及國民黨的中央政府挑戰？陳水扁當市長，也沒徹底瞭解這些來龍去脈，找不到解決辦法。所以我用的口號是「TP」—Think Positive，與其去批評、去羨慕別人，不如去參與、去改變、去迎頭趕上。「TP」也正好是台北市的簡稱。

其實，現在，抱怨的不只是本省人，外省人也在抱怨，包括我媽媽。媽媽就跟我說，兒子啊，你不要抱怨說爲什麼我們來台灣五十年都不置產，你看，這是中央銀行的庫銀，民國三十八年政府以發黃金、銀元作遣散費，當時來台灣，一坪只要十幾塊錢，幾兩金子就可以買信義區一大塊地，如果當時有買，華納威秀就是我們的了。但是，在當時，如果置產，就是代表對反攻大陸沒信心，思想有問題，上面會查的。所以很多軍方的人都在抱怨，爲國家奉獻一輩子，現在連住間房子都有問題。所以那些戒嚴時代的法令，對老外省人也不公平，對老本省人也不公平。

台北市有太多地方五十年不變了，像萬華、大同、士林、北投、南港、六張犁、政大附近都是這樣。其實，不論透過都市更新、區段徵收或是市地重劃各種手段，市政府根本不必花一毛錢，就可以取得一半以上的土地，解決土地問題。重點是觀念要不要改變，願不願意去協調。

問：你在新書中提到很多省府經驗，這些經驗能夠延續用於治理台北市嗎？建設台北市跟建設台灣省，有哪些思維是一樣的？哪些是不同的？

答：我在台灣省做了很多事，是歷年省主席沒有做過的。我有個根本思維，就是台灣省與台北市有根本的落差，你要拉起台灣省，就要先把基本建設做好。所以第一，我全面拓寬台灣省的道路，而且做系統化的規劃，國道、省道、縣道、鄉道都銜接起來，標誌統一規格，監理站全面自動化。

第二，把教育全面提升，我任內修建了十五萬間教室，縣的教室不夠，老師的薪水發不出來，就由省來補助，使所有的小學生不用分上下午兩班制，所有小孩都可以早上上課。而且補助營養午餐，縮短城鄉差距。

第三，社會福利與民間配合。當時我開始注意到老兵逐漸凋零，但很多榮民之家因爲占地很大，反致經費不足導致設備老舊。我就主動跑到退輔會，你把一半的地撥給我，改成省立療養院，那我補助你改善照顧設備，主動照顧設籍在台灣省的老兵。然後，再跟社福單位或天主教等民間團體配合，BOT，由民間團體幫我去照顧，亦即統合整理這些資源的運用。

省府時期，我花小錢做大事，多做雪中送炭，少搞錦上添花。有一次我趕到台北參加國宴遲到，一位曾在省府任過高官的官員就跟我說，你幹嘛那麼忙，上面有中央政府，下面有縣政府，哪有省主席那麼忙的？我說，我剛好相反，是中央不做的我也做，地方做不了的我也做。人民絕不會問你誰沒有做好，他只曉得政府沒有做好，因爲政府只有一個。

以前是中央管政策，省管執行；現在廢省後，變得千瘡百孔。我當省長時，每個月一定到每個縣市跑一遍，不必縣市長到中興新村來找省長，而是省長定期到縣市去見地方首長，瞭解省政府能爲地方做什麼？以宜蘭縣爲例，宜蘭縣政府哪有能力養一個專修公路的專責機關？所以只要是兩線道以上的道路，都由省公路局來代養、代包、代管，而相同的情形，其他縣市政府也普遍存在。爲什麼民進黨的縣長這麼肯定我？因爲他們做不到的事就由我來做。這些依法都不是我的事，比如縣有河川的整治，沒有一個縣府有能力，既沒錢也沒人，若是依法行政，那誰來做？反倒現在是中央地方都在說「依法行政」，把所有事情推得一乾二淨。

我爲何對台北市有興趣？因爲民進黨這六、七年的施政，台灣已經垮下去了；我們要把台灣拉起來，必須把台北市拉起來。要把台北市當成台灣對外的窗口，作爲其他政府的典範。

省府團隊爲何受人尊敬？那是因爲我們的做法有一個基本概念，這是我從蔣經國先生那裡學來的，就是要從人民的角度看問題，而不是從政府的角度看問題。政府不是永遠是對的，人民不是永遠沒道理的。

以前國民黨做的愈多，民怨愈多，因爲國民黨一直有一個傳統的概念，「犧牲小我，成全大我」，我要建設就徵收你家的土地。以前我去台中，有一個老鄉就來找我說，他家的地全都被政府徵收去當公園，政府給他的錢還不夠買一個廁所，這樣有道理嗎？

教育、醫療？資源重新分配

問：除了市容、建設、土地外，你對台北市民切身的子女教育、醫療及社會福利問題，是否也有所規劃？

答：我認爲台北市的教育問題，跟都市開發一樣，同樣也面臨重大關鍵點。

我第一個要解決的是學費問題。去年蘇州市委書記告訴我，他們在推動九年義務教育，亦即國中以前的孩子就學免學費、免雜費、免課本費；今年四月溫家寶總理在人大宣布，兩年內大陸農村全面實施免學費。他們認爲蘇州兼負大上海地區的資訊發展大任務，如果這裡留不住人，就會跟不上台灣，追不上日本跟韓國。

反觀台北市，很多里長經常要開清寒證明，讓中低收入戶的小孩一年有一千五百元的補助。假設一年有十萬的小孩需要補助，一年也不過一億五千萬元，比起台北市一年一千多億的預算，只不過是個零頭，爲什麼不全面補助這些弱勢的小朋友呢？所以我要做的第一件事，就是讓中低收入戶免學雜費課本費，我們不能讓貧窮世襲，要讓窮人子弟有透過良好教育翻身的機會，我們要讓台北市先做台灣的表率。

第二，台北市應該率先推行一綱一本政策。不是由台北市長來決定哪一綱哪一本，而是由台北市推出一個機制，由校長、學校老師決定。至少從國小開始，不要給他們那麼大的負擔。

第三個是解決學區問題。五年內，台北市的國中國小要減掉一千班，原因有兩個，一是不生孩子，二是外來的人口進不來。台北市整體人口在下降，但南港、內湖兩區人口呈正增長，需要加蓋學校；而松山、大同等區則是學校過剩，必須廢校、減班，這就造成了資源分配不均，這些資源應該好好重新調配，不見得要減班，但要提升教育的效率與品質。尤其要尊重好校長、重視好老師。

問：台北市有很龐大的市立醫療體系，而台灣的醫療系統，過去這段時間，因為健保制度的衝擊，本身正在進行很大的結構轉變。你認為市立醫院在整個醫療系統中，應該如何定位，最能符合

台北市民的期望？

答：台北市有一個很大的優勢，亦即好醫院的密度是全世界最高。但是，功能重疊太厲害，自相殘殺，沒有利潤，也沒有特色。所以，市立醫院的定位必須重新作區隔，調整爲擔負緊急醫療及養護的功能。

這部分，又跟整體的社會福利政策有關。現在，台北市民若要將一個老人送到安養單位，每月至少需要五萬元，這個金額不是一般家庭負擔得起的。如果將部份市立醫院闢建成安養院，收費壓低到一、兩萬元，就能大幅減低市民的負擔。

另外，還有一個問題，現在很多中低收入的孩童，安親費用實在太高，久而久之，差距就愈拉愈大。所以這部份也要好好調整。整體而言，無非是希望將台北市建造成爲年輕人有工作、學生好好受教育、老人家有好的照顧的環境。

土地？放寬限建，提高容積率

問：你有這麼多的理想，所需經費想必很大。而政府財政持續吃緊的態勢，短期內應該不會好轉，要實現這麼多政策構想，你是否考量過財源問題？

答：其實台北市只要開發這些位於黃金地段的土地，就可以同時繁榮都市，富裕市民，又可增加稅收，而要開發土地，容積率是關鍵。

建商又不是聖誕老人，如果無利可圖，爲什麼要拿錢出來蓋房子？有房子的人也不是冤大頭，容積率的問題不解決，房子改建之後變小，怎麼會有誘因？所以，區塊檢討，放寬容積率，是第一件要做的事。

都市更新之後，土地增值，政府就會有稅收，又可因此讓出公共設施土地，讓政府以低廉的工程費做出建設。所以，社子及關渡平原應詳加規劃，不能拖著不處理。好好地開發解決土地及都市計畫問題，是一個建商、住戶、市政府三贏的做法。

最後一個大的做法，就是要全面檢討台北市的單行法規。比方說，大家都去過五分埔的成衣店，五分埔幾乎有五分之四都是違規營業，這是因爲舊法規的限制。事實上，台北市充滿各種不合時宜的法令，例如地下室不能開餐廳，但是市政府和市議會地下室都是餐廳，它是用別家店的名義在開發票。市政府都沒有辦法守自己的法，因爲自己的法就不通。

市場問題也是一樣，市府迷信專家學者，一心搞美式超市，不聽當地攤商的意見，結果市場改建，一改就死。其實，這也是市府的態度問題，如果能重視攤商的需求，結合停車場等公共設施，再給他們開發自有財源的空間，推廣成功的管理經驗，改建市場不但有生機，還可一舉數得，同時解決週邊社區的停車問題。

台北市有很多這種觀念不通的問題。我先前批評了容積率，官員的回覆是說，台北市不能隨便放寬容積率，因爲台北市人口太多，這樣生活品質降低。如果是這樣，乾脆在台北市的門口掛個牌子，說「爲避免影響居民的生活品質，非台北市民不要進台北市」，有這樣的都市發展官員嗎？事實上，人口一向是商業發展與都市繁榮的關鍵，有人，才有錢，我們要歡迎人來台北市住，而不是把人往外推。

去年台北市承諾要開的道路有三百多條，但只編了三條道路的預算，就是因爲徵收問題無法解決。可是只要透過都市更新、容積率建蔽率提高，大家就可以談，我讓你房子高一點，但你要把路讓出來，問題不就迎刃而解？

我在台灣省拓寬了很多道路，沒有一個人說，宋省長開道路是強迫充公我的土地。但台北市才妙，巷子要拓寬，現住戶要捐出容積率給政府，要求大家犧牲小我，這合理嗎？我的做法是，巷子拓寬了，我讓你向上多蓋兩層，還讓你挖地下室。市政府有很多政策手段可以用嘛！因爲怕圖利他人，所以都市計畫的審核嚴得不得了，這種觀念是不合理的。

像現在北投最漂亮的三二行館，其實它的土地，是屬於台北縣政府的，現在台北縣政府，在台北市還有八百八十二筆土地，那是因爲民國五十六年省和台北市分家時，土地沒有過給台北市的緣故，像新公園、植物園等等，也全都還是省有土地，但是廢省後就變成國有財產局。在大同區雙連里，很多里民是向台銀租用土地，但台銀爲什麼擁有這些土地？其實台銀的這些土地，以及許多學產地，很多是接收日據時代的日產、部份是因二二八受難者家屬因許多原因多年未繳地價稅被沒入，由台灣省政府委由台銀代管，因廢省就變成台銀土地，其實在民國五十六年台北市升格爲院轄市時，是應該劃歸爲台北市政府所有。所以，台北市到處都是原應由台北市擁有的土地，卻都被中央各機關切得七零八落，而中央政府爲籌措財源，標售原應做爲公共設施的土地，以中山區爲例，原可做爲公園綠地或停車場之公有土地，幾乎被國有財產局標售一空，而這些土地很多是原台灣省政府之土地，造成台北市整體都市計劃發展更形雜亂。更不合理的是行政院附近，商家、政府機構混雜無章，市民大道兩側更是土地使用零亂，沒有一點首都、首善之區的氣象。

問：這麼多問題都牽涉到與中央的角力，所以你當選之後第一件事，是要去跟中央打一仗嗎？

答：不是打仗，是去講道理；你不講道理，我就把你劃爲納骨塔。如果你講道理，我們可以交換、溝通、聯合開發，你一半我一半，或是我也不要那一半，而是要你讓出一些地來。

從都市更新放寬容積率，到醫療、教育、社會福利問題，都是可以著力的點，但最重要的是，首都市長的態度與方法是關鍵，不能還用以前小小的地方政府的角度來看。

所以，台北市的發展策略，先是改變觀念、態度，然後是政策及法令，從土地、都市更新做起，吸引人口，人來了就有商業活動，有錢之後，教育、福利、醫療的問題就可以隨之調整。從最大的瓶頸突破起，其他的就迎刃而解。

問：如果讓市民去想像你治理下的台北市，她會是怎麼樣的一幅圖像呢？跟現在的台北，是一個截然不同的面貌嗎？

答：我提出的口號是：「國際化的台北，人性化的都市。」國際化就是包容很多不同的文化，不是市長會講英文就好了。我到韓國首爾就印象很深刻，一進到機場，它不僅有英文標語，還有韓文、日文、中文，代表建這個機場不是只爲了讓韓國人出國，而是要讓全世界到韓國來。韓國人這麼仇日，但日文標示清清楚楚，他反日，但是歡迎日本人來消費。台灣的路牌拼音，都還是用自創的拼音，那是給我們自己人看，不是給外國人看的。這不像一個國際化城市的做法。

人性化的都市，亦即對升斗小民的照顧不能跳票，要多建設、少罰款。全世界沒有一個都市會把罰款編爲歲入預算中的主要財源，交通安全不應該靠罰款，而是要把不安全的地方變成安全。攤販被開的罰單，既不合理，有時根本收不到。多建設少罰款，多創新少限制，台北市應該是一個活的城市，應該是兩岸的平台。

簡單講，古今中外，所有都市都必須具備三個功能：一個交易的場所，提供安全的庇護，和凝聚信仰、維護道德、創造文化的精神核心。台北市之於台灣，也正扮演著同樣的角色。我們要讓台北市國際化、人性化，就是要用「便利、簡單、便宜」來創造「經貿台北」，讓台北與全世界的脈動接軌，提升台北的商機與工作機會，同時降低了貧窮與犯罪誘因，構建出一個「安全台北」，再透過社福以及各種活動的推展，創造「社福台北」、「文化台北」，讓台北變成全球華人最愛居住的都市。這一系列發展概念，起於土地的開發，法令的鬆綁，止於人性的生活，精神的提升，這不只是爲了台北的繁榮，更希望以此創造典範，帶動全台灣的發展。

有人說台北市長對我是大材小用，但是台北市的問題是「小材」可以解決的嗎？我說不僅需要大材，還需要非常之材。一個老師傅，不只要自己會做，還要會訓練他的文官，創造組織文化，領導整個團隊面對人民的需求。我願意把台北市政府重新訓練成專業團隊，像當年的省府團隊一樣。

該退休的人幹嘛要出來參選？

問：你方才談的都言之成理，但現在的選舉仍舊是意識型態優先。很多台北市民或藍軍市民認為，當年就是因為你參選，才讓陳水扁低空掠過。你現在如何說服選民你不是在破壞泛藍的團結？

答：其實，如果不能突破藍綠迷思，台灣就永遠不會突破幫派政治。政策與政績，才是跨越族群與意識型態最好的溝通語言。不分藍綠，只問能力，才是台灣前途之所在。

老實說，二〇〇〇年的總統大選，陳水扁的當選並不完全是因爲國民黨的分裂，如果國民黨不用所謂的「興票案」整我冤枉、如果不是有人明知法律規定在選前不得發佈民調，還在投票前三天連續公佈與選舉結果落差極大的民調，說宋楚瑜已經出局，二〇〇〇年總統大選也不致於讓陳水扁當選。如果當初是我當選，陳萬水會去拿珠寶？總統府會到處去找發票？相對地，依二〇〇〇年我提出的政見主張來努力，兩岸關係會穩定，地方有建設，人民生活有照顧。明明我可以當選，但國民黨的某些人，是只有黨沒有國，寧可一輩子都要投給國民黨，也不選給人才，到現在還是不改，寧可讓許財利當選，也不讓親民黨的人才出頭。

我直率的講，如果二〇〇〇年國民黨當選，李登輝現在還會是國民黨主席，這樣的國民黨，會比較好嗎？其次，如果藍軍的最高標準是團結，那二〇〇二年馬市長選市長時，郝龍斌是支持誰呢？大家應該深思，團結才能贏，沒錯，但團結起來幹什麼？團結支持一個會做事的人才有意義嘛！

問：這是認知的問題。

答：對，是認知的問題，所以台北市要好的話，藍軍也好，綠軍也好，要選出一個有能力的人，證明台灣這塊土地，有能力的人會受到肯定，努力的人能獲得認同。大家應該認知到，一條馬路開了，上面走的人車，不會分藍綠，市政府該做的事沒有做，抱怨起來也不會分藍綠。所以，我認爲，執政能力是突破藍綠最好的工具，政績則是取代鬥爭最好的勝選利器。

相對的，如果連台北市這個首善之區、知識水準最高的地方，都不能通過藍綠這個瓶頸的話，大家也就不要天天喊口號，口說放下藍綠，實際繼續瞎搞，還是一樣不會有進步。

問：整個泛藍的民意還是會認為，郝龍斌要選是確定的，你為什麼要出來「攪局」？

答：我不是攪局，我是來用我的耐性、行政能力、經驗，來化解國民黨時代結下的恩恩怨怨。每一個里長我幾乎都見過了，有圖爲證，沒有一個市長候選人像我這麼認眞。如果認眞的人不受肯定，掛對招牌就能當選，以後誰還願意好好做事？

問：很多泛藍選民都說，你可以含飴弄孫頤養天年了，為什麼還要出來選？

答：因爲我會做事，我想做事，也自信能做得比別人好，我在二〇〇〇年的時候所提出兩岸必須重新檢討三通及戒急用忍政策，那時候我被民進黨罵賣台。結果，現在大家都在賣台，都想要三通。等到選輸了，江丙坤到大陸時說，唉呀現在才發現戒急用忍是錯的。我早說是錯的。

我早就講過，維持現狀對大家最有利。我很早就提出歐盟模式及三度空間（three dimensional）

的政策，亦即兩岸政策除了應符合台灣的利益，也要不違背大陸、國際的利益；如果不符美國利益，美國會在後面戳嘛，也不會成。

第二，廢省時，我對人生已經想得很開了。當時我被兩黨夾殺，我只有孤伶伶一個人，後來國民黨還是因爲黑金丟掉政權。那時候，國民黨搞出一個興票案來，說我A錢，我被三個主任檢察官、十幾個檢察官調查了五年，結果最後是兩次不起訴處分，證明我爲國民黨付出去的錢，比國民黨給我的還多。台灣有哪一個政治人物像我這樣被抄家式的調查，卻仍能證明其清白？現在是一個檢察官叫陳瑞仁，一個人查那麼多案，不像我是十幾個檢察官查我一個人。

不只如此，當時是五院都要來查我，監察院也查，司法院也查，行政院派法務部來查，立法院有個楊吉雄在搞，連考試院也不放過我。抄家清查的結果，證明我沒有A錢，但選舉已經過了。

更好笑的是，爲了我，還修了兩次憲（補充：第一次是廢省，不讓宋再選；第二個是二〇〇〇年大選後，國民黨、民進黨聯手停選國代，以壓制正處旭日東昇的親民黨）。全世界有哪一個人如此？所以我的人生已經充滿驚奇。但是沒有了卻的事情是，奮鬥了這幾十年，台灣卻沒有更好。現在有哪個人敢說，台北比上海漂亮，台北比北京漂亮？我不服這口氣，要把台北建設好，爲台灣爭口氣。

以前台灣有兩項優勢，一是經濟比大陸好，一是民主比大陸好，今天呢？經濟沒有比大陸好，而民主呢？有能力的人沒有用，要藍綠才有用。中共已開始法辦了上海市委書記陳良宇，我們呢？不但貪腐總統沒下來，連一個被判刑的基隆市長都可以賴著不走。所以藍綠都要自我檢討。

問：你希望選民不要分藍綠，但是親民黨就是泛藍，你要怎麼說服選民你不是泛藍候選人？

答：我不是以親民黨黨主席身分參選，我在選舉前會請假，不再擔任黨主席。我是以超黨派去登記參選，我的黨籍欄是塡空白。這代表我的信念：施政不分藍綠，就像做省長時，我從來沒有用黨派色彩去跟縣市長打交道，當時一半以上縣市長都是民進黨籍，但該做的建設一樣不漏。所以我不是拿藍綠旗子在施政，而是用全民的角度在決策。我希望，我是以這樣的態度在做事，全民也能以同樣的態度來決定該選那個人。

問：要是民調一直大幅落後，你會怎麼處理？

答：就算民調大幅落後，我還是會參選。因爲我無法忘掉台灣民眾曾經對我的照顧，我願意以我的有生之年，把我的經驗，替台灣及台北市做點事。我相信，民眾的眼睛是雪亮的，會做事的人一定會被看見。

我在二〇〇〇年參選總統時，因爲當時我沒有政黨資源，有超過一百五十萬人，拿了身份證、還要做影本、蓋圖章，連署支持我參選總統，要我爲台灣服務。所以我欠台灣老百姓一份情。

國民黨有些人說，你不要選啦，你參選會讓謝長廷當選。國民黨黨工已經到處宣傳，現在郝龍斌的民調遙遙領先，我們不免產生了個疑問：謝長廷的民調不是不到二十嗎？我還只有十嘛，加起來還不到郝的零頭，那國民黨緊張什麼？這就表示連國民黨都不相信他自己的民調。相反的，如果國民黨會怕我參選，那就表示我的實力遠高過表面上的民調數字。坦白講，做假民調向來是國民黨的專長，他們這麼講，我一點也不意外。

第二，現在市長選舉有新聞嗎？根本沒有，大家只對阿扁下台的大議題有興趣。做民調時，不會有人問哪一個候選人最有能力，市政議題根本不會浮上檯面去討論。

到目前爲止，我去基層時，只有看到大家還懷念國民黨的招牌，但沒有人質疑我的能力。我相信台北市民會做一個超越藍綠的選擇。如果選民最後還是說，宋楚瑜你黨籍不對，你不要有色盲，橘軍就是橘軍，不是藍軍，那我就可以去頤養天年，我會樂意接受人民的選擇。

問：如果馬主席找你溝通，泛藍還有整合的可能，你願意談嗎？

答：從頭到尾我就跟國民黨說，應該是國親共同來商量。但是，大家都知道，國民黨初選黨員投票，近七成不支持郝龍斌，市議員與里長，反應也不是很好，這不是很諷刺嗎？國民黨提名的人，黨員不支持，里長也不支持、市議員也不支持，只靠國民黨一塊招牌在選嗎？所以要由國親共同來協調，但是到現在爲止，我等了六個月，只看到國民黨找人勸退，沒看到他們拿出誠意來協調。

對馬主席，我的門一直是開著的。但馬主席一直說要尊重國民黨的初選制度。對不起，那是國民黨黨內初選，不是泛藍初選，要求親民黨黨主席去參與國民黨初選，這態度也未免太「唯我獨尊」了吧！一點尊重都沒有，讓人怎麼接受？況且，國民黨在二〇〇〇年，不敢辦初選，因爲基層支持我；二〇〇四年也是靠協調而不是初選。這都說明，黨內初選並非國民黨唯一的提名依據，馬英九要當泛藍共主，就要學會協調泛藍各政黨，而不是將一切推給制度。

攪局？馬英九能不能當選總統，不在於宋楚瑜的攪局

問：泛藍現在還有一個說法，認為你當選市長後可能會處處跟馬英九作對，壞了二〇〇八年大局，你怎麼回應這件事？

答：你這個問題問的很好，我有兩個公開的評論。第一，假若我當選市長，我一定會做完這四年，因爲從法令的現實面來講，我是今年年底才能當選，明年一月就職，而明年三、四月就要提名總統候選人，我不可能椅子都還沒坐熱就去參選總統。國民黨的文宣一直在放耳語，說小心，只要宋楚瑜當選，他就會去攪二〇〇八年的局，其實這根本就是選舉花招。

第二，我在上次罷免案的時候，已經公開宣佈，只要路線一致，我們願意接受馬主席的領導。我不是處處計較，會公報私仇的人，讓這個國家能夠進步繁榮，是我最大的心願，我會以大局爲重，不會「吃碗內，看碗外」。

問：你會不會二〇〇八年再次參選總統？

答：二〇〇八年我不會參選總統。第一，時間根本不對，我如當選市長後，又想去選總統。那二〇〇七年就要改選台北市長，因爲法令規定只要你辭職參選，三個月內要改選。所以我可以很明確的說，如果當選市長，我不但二〇〇八年不會參選總統，也不會參選副總統，也不可能跑去做行政院長。很多人都在說，我是最合適的行政院長人選，但國民黨連市長都不讓我做，哪有可能馬市長做假的總統，我做眞的行政院長，這不可能嘛。

第二個，馬英九會不會當選總統，不在於宋楚瑜會不會攪局，而在於他自己的政見和能力。

其實，我最大的瓶頸還是在泛藍的思維。據我走訪基層的瞭解，他們對我參選並不反對，但是他們怕泛藍會輸。以台北市泛藍的結構，如果選票集中在一個人身上，怎麼可能會輸呢？國、民、親三黨都參與基隆市長選舉，泛藍在基隆也沒有輸啊！劉文雄的挫敗，不是他不好，而是大家迷信馬英九的保證，結果馬英九現在要罷免當初他自己保證的人。這可以說是贏了選舉，卻輸了人心和道理，更終結了「泛藍」這個名詞。

大家不要認為只有國民黨才是泛藍，親民黨就該事事跟隨國民黨的腳步。如果國民黨提名的爛人都能當選，親民黨的好人才也必須退讓，這樣的泛藍團結是沒有意義的。如果大家覺得親民黨內還是有戰鬥力與執政能力的人才，就該給有能力的人一個機會，讓我們與國民黨分進合擊，相輔相成。

問：所以選前的民調很重要。你擔不擔心棄保的問題？

答：我想問台北市民鄉親，大家是要棄好的、有能力的人，還是要去棄那個沒經驗的人？二〇〇〇年的總統大選，選前民調都說我會贏，但是最後為什麼輸了？因為國民黨最後用假民調欺騙選民。其實最重要的，台北市民要選擇的，是一個首都市長的格局與能力，而不是他的顏色。

問：你對台灣的政治有什麼期待？

答：我做了很多開風氣之先的事情。像國會改造，大家都說是李登輝先生的功勞，其實蔣經國先生就想終結萬年國會；當時做不成，我當了國民黨秘書長之後，透過兩年三階段的策略去推動國會改選，協助李先生完成不流血的寧靜革命。

我在國民黨的時候，也推動了很多改革，只是當時不好講，現在過了七年可以談了。像以前黨營事業是不繳稅的；後來成立控股公司，像華夏投資公司，就是把賺錢的扣除不賺錢的之後結餘，合併報表來繳稅。這些制度都是我那時候開始推動的。

我很願盡我所能，好好地把台北市打造成一流的國際都市，讓台灣人自傲，這需要有經驗和實務的「老師傅」，而不是再把這重要的位子，拿來做教練場，或是政治人物晉身總統的跳板。

我一直認爲，默默的，你總是要對台灣有點奉獻，爲台灣、爲台北、也爲自己做一番事，對歷史有一個交代。

目次

行動管理篇

資源整合篇

引言

朱宗軻

二十多年前，方鵬程從文化大學新聞系畢業，第一個職場就跳進了今天被稱爲「亂源」的媒體工作「火坑」。當時，我兼負一份月刊改版任務，他以初生之犢參與編採行列，我們時常就新聞採訪實務等問題交換意見，頗能契合。他每以媒體「前輩」稱我，我也就以同行「老弟」相待，因而建立了公誼私交。

大約有兩年的共事，他離開月刊，以後也一直從事以文字傳播工作爲重心的行政職務。鵬程兄積極奮發，利用公餘時間，完成了國立師範大學研究所博士學位，並獲省府借重，出任過台灣新生報副社長一職。二十多年如一日，他學傳播，做傳播，而今又在大學教傳播，有始有終，自始不悔。

鵬程兄性情平和，待人敦厚，外圓內方，富有正義感與責任心。他勤於筆耕，就事論事，發抒眞情。而我沒有料到的是，憑著他這種媒體性格，最近完成了多年來他一直想要實現的心願，那就是由他執筆，即將交由商周出版社發行的《寧爲劉銘傳：宋楚瑜的僕人領導哲學》一書。今年七月間，他興沖沖抱著該書小樣來看我，讓我先睹爲快，但他的條件是，希望我爲他寫一篇該書的「引言」。理由之一，我是他踏入社會的第一個「長官」，有著亦師亦友的情誼；更重要的是，他知道我在宋主席到省府服務之前，曾有直接追隨當年宋局長、宋主任工作的經歷，如今讀這本書，一定有不同於一般人的感想與心得。鵬程兄有此要求，我也就義不容辭，欣然同意。

鵬程兄花了好多年時間，把他在省府任編譯室主任期間，所搜集有關宋主席與宋省長的各種談話、會議紀錄、相關文件，作了全盤深入的歸納與整理。同時也就相關省政建設的政績，分別訪問了省府團隊的許多重要主管，作了查對與求證；在過去一段時間內，宋主席又接受他面對面多次訪談，因而勾劃出本書的架構與藍圖。他告訴我說：「宋主席眞的不同凡人，做什麼事都求好、求眞、求全。在訪問中提出若干問題，有些事時間相隔久遠，記憶已沒有那麼清晰，但宋主席絕不馬虎，等下一次訪問，他會拿出一大堆事證，說明事情原委，還原眞相，令人不得不由衷折服。」

身爲省府工作團隊的一員，鵬程兄有五年多時間，參與各項省政會議與相關活動，並負責資料彙編管理，當然與宋主席相當貼近！而他所取得的又都是第一手省政資料，且能在出書前，向宋主席當面作必要的求證與補充，《寧爲劉銘傳》由受過媒體訓練的方鵬程執筆，無疑是適當人選，而書中各章節執筆的可信度，也就無庸置疑了。

我認爲，這本長達二十萬言的《寧爲劉銘傳》，雖說是一本「採訪紀事」，但實際上更具「施政指南」意義。對一般讀者，固然有學習做人做事的啓迪功效；對於有志從政，甚或已經踏入政壇的人，宋楚瑜的僕人領導哲學風範尤其具有承先啓後，足堪參考借鏡的價值。

關於宋主席在省府期間，勤政愛民，深入基層，探尋民瘼，發現問題，解決困難的特有行事風格，社會上早已耳熟能詳，但本書中所舉許許多多關於省政建設的計畫方案，宋主席是怎麼想？又如何去推？也就是他的理念如何？或許是多數人有所不知的。讀這本書或許有幾分嚴肅，但字裡行間陳述的很多故事細節，卻能讓你看到宋主席快刀斬亂麻的決策力與功力深厚的執行力，心中會產生喜悅與共鳴。

宋主席於八十二年出任省主席後，我也更換了工作跑道，對主席在省府工作未曾有機會直接了解與參與。但讀完鵬程兄《寧爲劉銘傳》之後，我發現宋主席不管到那裡做事，儘管身處時代背景有異，工作業務性質不同，但他的「人性關懷」的人格特質，卻始終一成不變。近年來，在急功好利的惡質政治環境中，有些人對宋主席持不同的評價，那祇能說他們對宋楚瑜眞的了解不夠所致。

我曾於民國七十年至七十九年約整十年時間，先後在新聞局與文工會服務。在這漫長的十年中，由於工作多半有急迫性與時效性，可說與宋主席朝夕相處，經常到三更半夜還要與他碰面，接受工作提示，聽取相關問題與政策的背景說明，或由我向他報告工作執行概況與因應建議。如此日以繼夜的近距離接觸，相信較能眞切的了解他的內心世界，也隨著歲月累積，洞察到他流露出無從掩飾的人格特質，這種特質當然就無形中影響到他做人做事的思維、行徑與脈絡。這次讀完《寧爲劉銘傳》，發現方鵬程筆下的宋主席，和我了解的宋楚瑜，除了歲月增添他臉上的幾許風霜，內在的宋楚瑜風骨依舊，氣節高尚，無畏無懼，勇往直前，可說從過去到現在全然沒有絲毫改變。

在此，我願意提出自己對宋主席人格特質的一些認識與看法：

（一）「有我」無私，憂國憂民：他似乎是天生抱有「以天下爲己任」的使命感，懷有「雖千萬人吾往矣」胸襟的人，因此，他所思、所作、所爲有一定的格局與高度，許多人不察於此，會說宋楚瑜很有「權謀」。其實，回顧他從政生涯中，做過的都是「高官」，擁有相當的權力，但在大位和實權上，他所「謀」的，卻都是國家與人民的利益，見不到爲自己謀利的事實。我認爲宋主席是一位「有我」無私的政治人物。

事實上，不論任何人想做什麼事，必先「有我」的存在，才能有施展「無私」的胸懷和機會。

宋楚瑜志向高遠，他很想做大事，也做過不少大事，但內心總是把「大事」看得比「大官」重要，但這一點外人不易了解，甚至因此認爲他有夠「權謀」。然而，祇要檢視他以往在高位上所做「無私」的付出，也許多少可以扭轉對他心有疑慮的人若干既有成見。

舉一個例子來說，那年突如其來的「精省」決策，對社會造成相當的衝擊，也引發宋省長「請辭待命」的政治風暴。根據我個人的了解，宋省長當時認爲台灣第一次民選省長，任期才做兩年，就宣告廢省，不免過急。尤其他個人如果因此轉換政治跑道，甚至被安排出任其他高官，顯然他認爲個人的政治人格難以取得選民的諒解，有背他從政向人民負責的一貫理念，何況此時精省也未嘗不是政府對人民的一次嚴重背信。然而，以後事實的演變卻傳爲：宋楚瑜因謀高位不得，而反對精省，憤而辭職待命。這的確是一段有理說不清的往事，讓他在眾說紛紜中，蒙受不白之冤。宋楚瑜事後曾私下透露：「如果我只是爲了高位，當年只要做乖乖牌不就好了，又何必堅辭職務，弄得不歡而散。」直到今天他依然認爲，要想做大事，一定要講是非，也要守原則，這也是他個人對「政治道德」與「政治責任」的明確詮釋與堅持。

大家都知道宋楚瑜是一位樂在工作的人，他滿腦子所想的都是國家前途與人民福祉，我與他相處十年中，他極少談及私事，更不愛對人說長道短。怎樣把事情「做對」（Do right thing），又如何把事情「做好」（Do things right），每每是他最關注的話題，范仲淹的名言「先天下之憂而憂，後天下之樂而樂」的意境的確是他自我要求所依持的人生座右銘。

他生活樸實，吃的穿的都不講究，他進了官場，沒有見他的家人分享權力或享受榮華富貴；他不喜歡排場，也厭惡表面文章與形式化做作；除了必須的官式接待需要，他少有個人酬酢；他性子很急，常在公餘時間，抓人討論公事，即便如此，參加的往往只限於與討論某一公事有關的二、三位關鍵性主管或同仁，大多數時間都是請他們吃一碗麵或者簡單家常便飯，解決民生問題。所以在宋楚瑜身邊工作，看似愈「紅」的人，其實是吃苦愈多的人，但好像他們也都甘之如飴。

在這方面，宋楚瑜的平民化習性又和他的賢妻陳萬水喜好相一致。我以前在宋楚瑜家裡討論工作，很多次看到萬水姐外出回來，興高采烈的拿著她在街攤上買來的飾品等物，卻如獲至寶的說：「好便宜喔！好好看喔！」她也從來不曾在宋楚瑜與人談論公事時，表示過任何個人意見，頂多有時會插話說：「你們好辛苦喔！」表示慰勉之意。

宋楚瑜常策勵自己，也勉勵同仁：「計名當計天下名，計利當計天下利」，一般人總以為這是政治人物唱高調，然而從以上的實例可見，宋楚瑜眞的是從內心深處出發，把這一類「高調」化爲日常行動的人。

（二）重視輿情，掌握脈動：宋主席學的是外交與國際關係，但他敏銳的嗅覺與快速反應能力，則爲媒體界同業所一致公認。他在新聞局長任內，受到經國先生倚重，也得到已故行政院長孫運璿的信賴，尤其獲致輿論的肯定與社會的讚許，因而被定位爲政壇「明日之星」，應是其來有自。說穿了，不止是當年宋楚瑜有個人魅力，而魅力不止是他是不是「帥哥」，最主要的還是由他的言行與表現出來的睿智、果斷、瞻識、魄力化爲工作高度績效，滿足了社會期待，符合了時代脈動與人民需求。

大家也許至今記憶猶新的是，民國七十五、六年間國際原油上漲，發生能源危機，政府因應危機，採取以價制量措施，宣布石油價格每公升上漲一元。但基於油價調升必將帶動物價普遍上升的惡果，全國輿情持續強烈反彈，二、三天後，因經國先生關切民生疾苦，政府從善如流而緊急煞車，重新宣布油價維持不變，第二天輿情也急轉彎一片叫好，民心大快，滿天烏雲也頓時化作青天。這件事正是當年宋楚瑜掌握社會脈動，勇於向始終關心民眾福祉的經國先生反應輿情提出來的建議。其實，當時政府採取「以價制量」的措施，從經濟學供需關係平衡的立場，並沒有錯；但經國先生「政府不應該與民爭利」的看法，則純粹是政治考量，顧及的是免於大多數人民，立即受到生活衝擊的傷害，則更沒有不對。

還有一件特別值得一提的事是，有一年華航飛行員王錫爵駕駛民航機向中共投誠。當中共當局向全世界發布這則新聞之後，全國人心震撼，輿論譁然，而政府也一時不知如何因應。特別是王錫爵固屬叛逃，但機上另兩名機員卻成了人質，他倆無意「投誠」的意志堅定，倘若國人不能有效伸援，政府仍堅持兩岸「不接觸、不談判、不妥協」的三不政策立場，處境豈不困窘？

時任文工會主任的宋楚瑜眼見國內輿論沸騰，天天大幅報導這件對國家不很體面、對政府頗有微詞的新聞，有一天他就私下向經國先生作了輿情反應報告。據我的了解，宋主席當時以委婉的態度向經國先生提出此事「或有必要妥善因應」的建議時，經國先生一時面色凝重，沉默不語。宋主席以爲經國先生既不講話，就一定有不同的顧慮，話題也就此打住。但事隔幾天，宋主席還是沉不住氣，在面謁經國先生談論其他事情之後，再次主動「冒險」進言，認爲是否可嘗試「以民間接觸的方式努力援救兩名機師回國」。沒料到這次經國先生竟當面首肯，他沒有明確指示，祇告訴宋主任「好好去辦！」。「好好去辦」，當然就是「如擬」的意思囉！

顯然經國先生是經過那天沉默以後的深思，也是對「宋秘書」一向的信賴，才於幾天後作了如此重大的決策回應。當天傍晚宋主席由大直官邸回到辦公室，一進門就邀集了幾個人立即展開規劃作業，並成立工作小組。以後約一個星期，這件事就在對外高度保密，而內部卻在不眠不休，緊張忙碌的氛圍中進行。

宋主席的智慧很令人服氣，如果大家並不健忘，當時就是他提出了「人道關懷，人機分離，第三地談判」的基本原則，然後透過華航與中國民航的所謂「民間」雙方，在香港談判了很多天，當時華航的烏董事長、戚總經理每天從早到晚與宋主席及工作小組一夥人在一起，規劃研判每一個執行細節，宋主席則扮演了策劃、協調與聯繫的角色，他既要把工作的進展與情勢的變化，每天向上呈報，同時也作了與相關部門的橫向聯繫。

當時奉命前往香港與中國民航代表面對面洽談的是華航駐香港經理，他每天清晨由台北飛往香港，傍晚又趕回台北，共同討論協商的進展及接受第二天工作的重點提示，直到雙方達成協議，由政府正式公開宣布這一歷史性的重大訊息，參與工作人員才如釋重負。至於兩位人質機員和那架民航機，最後由大陸飛經香港落地再順利返回台北，事件終告圓滿落幕。記得當飛機下降的那一刻呈現在電視上時，全國人民歡喜若狂的畫面，至今令人印象深刻。

這是台灣與大陸隔離幾十年後，雙方第一次接觸，我曾有幸參與並目睹這次事件處理的全程經過，也曾配合工作進展，撰寫記事與發布有關新聞。可是這段過去的歷史眞相卻迄今未見對外完整公開，宋楚瑜身負重任，也不曾見他透露這段秘辛。而那次危機處理，使我們贏得國家尊嚴，維護基本人權，而且並沒有因此改變了「不接觸、不談判、不妥協」的國家基本政策。宋主席的敢於面對，勇於負責，由王錫爵「投誠」事件，又可得到另一次印證。

宋主席轉到省府服務之後，在方鵬程的書中，也隨處隱約可見當年這位政治明星的風範。如果有所差別，那就是以往宋楚瑜在中央服務，工作內涵多半是負責政策制定與推動，此時的民意，多半可以從全國性媒體所反應的社會脈動中採擷；但他到了省府，所牽涉的全然是地方上柴米油鹽與民生建設問題，不同階層，不同地區，不同職業的不同族群，他們所遇到不同的生活需要，自非一般大眾媒體能在日常報導中所能充分反應。宋主席為了搜集這些社會底層的心聲，他在奉命出任省主席的三、五天後就自己想出來「三〇九走透透」的施政策略，他深刻了解不與民意結合的施政，不容易真正滿足民眾的需要。

（三）尊重專業，適人適所：方鵬程在書中肯定省府團隊的工作士氣，績效與表現。我認為，那是因為宋主席一向尊重專業，知人善任，懂得適人適所的緣故。回想省府團隊中的高層主管，多半都是原來就服務省府的幹部，宋主席不過是根據他們的專業，或是不同的專長，作了一些調度，把他們放到每個人所最適任的位置上而已，使人人都能充分發揮所長，展現理想與抱負，進而結合了省政的施政目標，創造了預期的成果。

當年的新聞局長宋楚瑜，亦復如此，他了解到「中興以人才為本」的重要，非常重視每年的新聞特考，還親自主持口試，由面對面的談話中，測定與試者的語文能力，專業知識，機智反應和應對儀態。錄取進來之後，經過工作訓練與考核，再保送優秀人員出國進修或受訓，很快的建立了一支年輕，有活力，有能力的新聞團隊，為新聞局開拓國際關係，強化國際宣傳，厚植實力。所以，那幾年中，許多年輕學子，都以加入新聞局為意願，而新聞局也成為當年良好政府形象的重要一環。

除了極少數因工作默契與配合需要的幕僚人員，宋楚瑜實在沒什麼「宋系人馬」可言，但經他挑選而任用的專業人員，他確又給予相當尊重，會多聽取他們的意見，也常會因此放棄他個人原先對人或對事的定見。但這些人也都能嚴守分際，很少有人會拿著宋楚瑜的招牌自我吹噓，張揚聲勢，所謂團隊聲譽也就這樣點滴建立起來。

我在新聞局、文工會共約十年中，執行許多重要工作，多半是吃力而不討好，很多朋友笑我怎麼如此肝腦塗地，樂此不疲，而我則每以「苦中作樂也是樂」的玩笑回應。實際上如果不是宋主席對媒體有正確的認知，即便處在威權體制時代，他仍能堅持開明思想與作風，而且能體諒屬下在專業上面臨的挑戰與困難，給予充分的尊重與支持，相信許多工作是難以達成預期使命的。換言之，尊重專業，適人適所的結果，確實遠比早年的威權時代，以命令代替協調的工作方式，有著更大的進步與成效。就個人而言，我也覺得人與人之間既能相知相惜，又何來怨悔。

關於所謂團隊的人才，宋主席對一個單位的中、高層主管尤其重視，因廳、處、局長這些位置，既有一定的專業、專才，可以參與決策的討論，同時他們也是推動政策，發揮執行力的靈魂人物。

（四）誠信務實，以理服人：宋主席很有改革的企圖心，這與他擁有現代西方思想與知識，兼而又從小喜愛並熟讀中國歷史人物與經典有密切關係。「講信修睦，堅守誠信」則更是他從政的信條，特別是對眾人之事的承諾，一定會設法兌現。所以他不打高空，對於認為窒礙難行的事，在未找到可行的對策之前，也絕不為了討好他人而敷衍其事。

前面說過，卸下黨中央秘書長一職後，獲安排出掌省主席，並非他所預料。然而一旦接受任命，他每天就開始想到底如何做好省主席這個「高位」。果然，沒兩天之後，他就提出了「三〇九走透透」的構思。他知道唯有腳踏實地，耕耘政務，才能得到比坐冷氣間講話、批公文更大的成效。他既然公開宣布了此一施政作法，就劍及履及付諸行動，這種說到做到的意志力與決心令人驚訝。果然就任沒有多久，他已可手持台灣地圖，由南到北依序背誦三〇九鄉鎮的名稱。在他由官派省主席到民選第一屆省長五年多期間，計算一下，不僅走遍三〇九鄉鎮，留下足跡，有些地方還走過三、五次到數十次之多，澎湖馬公更曾留下他五十次訪視的最高記錄。

宋主席不喜歡表面文章，他凡事會預先做功課，深入了解問題的背景與發展，所以他當然有自己的主見。但他更懂得處理複雜的地方事務，調和地方爭議，化解各方歧見，甚至解決棘手的政治問題，最重要的法寶是做到「以理服人，建立共識」。

過去，他在黨秘書長任內，爲了推動多年來醞釀推動卻阻力重重的國會改革，竟親自出馬挨家挨戶拜訪國會老代表，進行勸退，有人當面向他「嗆聲」，頗爲難堪。但他忍辱負重，苦口婆心，曉以大義，分析事理，最後終於達成全面勸退的政治使命。爲了加速國家民主化、現代化，當年社會強烈要求終止萬年國會，最後制定了兩年三階段勸退資深老立委的案。其中第一階段勸退對象爲九十歲以上立委；第二階段是針對夫婦皆爲國代、立委中的一人勸退；第三階段才是全面勸退。當宋楚瑜在秘書長任內刻骨銘心完成這項勸退的艱巨任務後，實際上也是國家完成了一次所謂的「寧靜革命」。

說實在的，任務所以能圓滿完成，主要就是宋楚瑜秉持以理服人，也就是以人性關懷，爲溝通的憑恃。凡事能先設身處地爲對方著想，問題的解決，自然容易多了。試想，老代表在有尊嚴的情形下接受勸退，和在一紙命令下強迫告老還鄉，結果固然一樣，意義卻迴然不同。

這些年來，國內社會快速變化，政黨惡鬥，族群對立，統獨爭議持續不休，許多政治人物只比聲音大小，但問立場，不問是非的結果，更扭曲了價值，混淆了視聽，以致人民普遍對政府、政黨或政治人物失去應有的信心，使台灣陷入了一個被嚴重撕裂而充滿不確定感的危機年代。在這樣詭譎多變的氛圍之下，宋主席自不能例外，有些作爲，不免也引起議論。尤以他一時失去展現個人能力的政治舞台，角色扮演，不僅困難，也甚爲尷尬，個人聲望顯然也受到不小影響。然而，有一個不爭的事實是，不管你喜不喜歡宋楚瑜，走到那裡，私下談起宋主席的治國治事、統御領導能力，幾乎沒有人會搖頭否定，特別是他主持省政的成果，令人難忘。

所謂「聽其言，觀其行」，要想比較公平的論斷是非，褒貶人物，最平心靜氣的方法，就是細緻檢閱這個人過去做過什麼事？又有過什麼樣的具體成績與貢獻？人非聖賢，但有心想要做一位「好官」，能力確是領導人應具備的首要條件，而進入廿一世紀民主化社會的今天，懷抱高度「人性關懷」，無私施展爲國爲民的卓越能力，恐怕更是贏得「好官」口碑的歷史必然。

不久前，資深記者馬西屏先生，推出了《90％的秘密》一書，那是他長期跟隨在宋主席身旁貼身採訪的紀錄。大致以宋主席這個「人」爲重心，看他所做的事，據說出版後很受好評；而方鵬程的《寧爲劉銘傳》一書則是以宋主席五年九個月省主席、省長任內所有的重要施政成績爲基礎，也就是以他所做的「事」爲重心，來看宋楚瑜這個人，這兩本書的先後出版正有相互輝映、相得益彰之功。

至於我爲《寧爲劉銘傳》一書所寫的引言也就到此打住，其中提到一些我個人早年追隨宋楚瑜的經歷與感想，主要也是用以爲《寧爲劉銘傳》一書，提供一些良心的見證；也藉此向鵬程兄辛勤筆耕的用心和據實報導的執著，表示勉勵與讚賞；希望讀者閱讀此書，也能產生「原來如此」與「深得我心」的觀感與印象。

（本文作者爲資深媒體人）

第一章

政治就是人性關懷

八九點七的成績，百分百的誠意／不做嘉慶君，寧為劉銘傳／相隔一世紀的交集／四大價值與「省長誓約」的奮鬥／人性關懷的施政／政府團隊的共同行動

都已是八年前的事了，一切彷彿如昨，任內最後一次霧峰省議會的總質詢裡，宋楚瑜以激動的心情說著：「人生權位不足惜，留得好名才是眞」。

一路打拚過來，最讓宋楚瑜感到安慰、引以為榮的，應就是曾經在台灣省服務。總計兩千一百個日子，將近五年九個月的時間，經歷這般的歷練與波折—「官派省主席」、「末代省主席」、「首屆省長」、「唯一一屆省長」。

這些都曾是各種媒體運筆的豐富題材，亦被賦予各種不同歷史上或現實的意義，但對宋楚瑜而言，只代表了一個恆久的、不會磨滅的理念與價值—眞心誠意的為老百姓做事情。

八九點七的成績，百分百的誠意

五年九個月，他走過全省三百零九鄉鎮市不止四遍以上，為的就是實現省民所託付的責任，為的就是報答省民支持的情意。

省民也肯定他，各種民意調查數據經常給他八成五以上的高支持度，幾乎全台灣的人心裡都清楚，宋省長做得很好，做得很稱職，做得沒話說，做得一級棒。

就在他卸任之前，省政府舉辦了「台灣頭尾走透透」感恩之旅活動，宋楚瑜分赴全省二十一縣市，以負責的態度，向省民的期盼交出成績單。這個成績單，對照宋楚瑜當初的競選承諾，一共實現了「百分八九點七」的比率，他說：「這份成績差強人意，但台灣省政府工作團隊的服務誠意和心意絕對是百分之百。」

可是，當他踏入省政府時，他眞的不知道會做多久，一年或兩年，能不能參選第一屆省長選舉，沒有人能給答案。

即使，當他選上了省長，他也想不到只此一屆，以後沒有了。

當感恩之旅活動舉辦時，正是北高兩市市長選得如火如荼之際，宋楚瑜難掩落寞的告訴鄉親：「看看他們都在忙選舉，我卻不能再選了。」想爲民眾做事卻有志難伸的鬱卒溢於言表。

瞭解宋楚瑜的朋友都知道，他的最大心願就是再選一次省長，把未完成的工作做好，把省政建設的精緻化工作完成，修憲廢省排除了他可以勝選連任省長的機會，反而同時間競選連任的台北市長陳水扁、高雄市長吳敦義卻雙雙敗選，這也是造化弄人，令人唏噓。

八十二年三月十六日，這天宋楚瑜獲得台灣省議會同意出任台灣省政府主席，三月二十日正式就任爲台灣省政府第十四任主席，這是一般所稱的「官派省主席」，他在省主席就職記者會中，透過媒體向省民宣示，將以天天競選的心情，推動省政建設。

宋楚瑜這麼告訴媒體：「民主政治就是民意政治，就是選舉政治，過去就有外國媒體形容經國先生，是一位天天都在競選的人，我會運用這樣打拚的精神，來做好省民服務及省政工作。」

這些話對久經民主選舉的台灣民眾而言，是很容易聽得懂的政治語言，雖有「競選」的字眼，卻未透露出任何訊息，但也蘊藏彈性。他藉此表明任內會好好做事的意志與決心，更靈活的轉移外界對他參選省長的懷疑。

在他擔任省主席之前，省長民選的時程業已浮現，但因他個人的省籍背景，一般評論都不認爲他是民選省長的適當人選，亦不以他爲執政黨屬意的目標人選，致使他曾與「末代省主席」畫下等號關係。

但是隨著蓋洛普的民意調查，宋楚瑜出任省主席之時，支持度百分之五十七，每半年就上升十個百分點，到做滿一年時，已高達百分之八十。

八十三年六月省政總質詢期間，六十五位出席質詢的省議員中，有五十五位明確表示了對宋楚瑜與省政工作績效的肯定與支持，包括多位非執政黨籍的省議員。

八十三年八月十四日的黨內初選，他成為中國國民黨提民的省長參選人，並於十二月三日的選舉中，以四百七十二萬六千零一十二票，百分之五十六點二二的得票率，當選首屆台灣省省長。

然而，首屆台灣省省長的光環不過兩年的光景，國發會召開，做成所謂的「凍省共識」，台灣省省長就這麼一屆，不再選第二屆。

宋楚瑜既是首屆的省長，也是唯一一屆的台灣省省長。

不做嘉慶君，寧為劉銘傳

平日宋楚瑜最常提到的是他的導師經國先生與他的父親，還有歷史人物張良的「淡泊名利，要得捨得，功成身退」、諸葛亮的「鞠躬盡瘁，死而後已」，都讓他心儀。

但在這裡，另有兩位宋楚瑜一再提起的近代人物須做交代，一位是延平郡王鄭成功，另一位是台灣首任巡撫劉銘傳。

不看宋楚瑜的過去，不看宋楚瑜的未來，若將時間駐留在那五年九個月的兩千一百個日子裡，「寧為劉銘傳」——這幅自述，不浮誇，不做作，不多不少，非常生動。

在宋楚瑜的心中，理性告訴他該追慕的是劉銘傳，鄭成功是開闢者，劉銘傳是建設者。

劉銘傳與他的任期差不多，劉是首任，宋是最後一任，一頭一尾。在劉之前是「虛」的，在宋之後也是「虛」的，他仰慕也期許自己與劉銘傳一樣，打拚建設台灣。

宋楚瑜對這兩位曾有功於台灣的人物，甚爲熟悉，有次在省議會詢答中，一位省議員對鄭成功有不當的評語，沒想到宋楚瑜反將一軍，順口背出這一首詩：「誰能赤手斬長鯨，不愧英雄傳裡名，撐起東南天半壁，人間還有鄭延平」。

而在同樣的霧峰省議會的場合，宋楚瑜面對省議員「盍各言爾志」的逼問時，也曾經做了「寧爲劉銘傳，不做嘉慶君」的表白。

相隔一世紀的交集

劉銘傳與宋楚瑜先後在台灣省工作，雖然相隔一個世紀又十年，但兩人有著很大的交集—爲台灣老百姓打拚。

宋楚瑜說：「劉銘傳之前的建設大都是軍事上的考量，眞正關心民生建設是從劉銘傳開始，他是以現代化眼光，全方位建設台灣的第一人。」

劉銘傳玄孫女劉學馥女士曾經來台，宋楚瑜特別請她到中興新村省政資料館參觀，讓她了解台灣省對劉銘傳建設史蹟的保存。宋楚瑜作東的晚宴上，特別這樣突顯的說：「妳的先祖是清朝第一任台灣巡撫，可以說是第一任官派省主席。我是最後一任的省主席，也是首任省長。這一前一後，都很有心爲老百姓做事。」

台灣四百年史，起於一六二一年顏思齊、鄭芝龍等人登陸笨港（今之雲林縣北港與嘉義縣新港），此前一年，載運英國移民的「五月花號」在北美普列茅斯港靠岸。鄭芝龍即是鄭成功的父親，鄭成功子承父業，不僅趕走了殖民的荷蘭人，更開闢了台灣。

到了一七七六年，北美十三州宣告脫離英國獨立。傑佛遜執筆〈獨立宣言〉，宣示政府是爲保障人民的權利而存在，人民有權推翻任何侵犯人民生命、自由、幸福的政府。就此同時，乾隆大帝皇恩浩蕩，允許赴台官吏攜眷上任，士兵和一般人民只能孤身前來，在台灣作「羅漢腳」。

台灣地處海隅，在廣大的「大陸中國」裡，只是個邊陲，但卻是浩瀚的「海洋中國」的中心。清朝中葉，鴉片戰爭之後而有海防運動、自強運動、維新運動、新政，而這些現代化運動雖大多功敗垂成，但延續到沈葆楨、丁日昌和劉銘傳的在台經營。

沈葆楨與丁日昌，都是兼辦性質，主持台政期間亦短，沈的頭銜是欽差大臣，丁是福建巡撫。劉銘傳從一八八五到一八九一年，約做了六年，是清廷欽命的首任台灣巡撫。

幾乎除了軍事之外，劉銘傳許多關於民生建設的用心，都是宋楚瑜從事省政建設的原型。劉銘傳清丈土地，重訂田賦，籌資開採煤礦，提煉樟腦，創辦西學堂、番學堂，改善番民生活，設通商總局，鼓勵對外貿易等等，都爲民生，都爲嘉惠百姓。

劉銘傳非常重視交通建設，台灣鐵公路交通的基礎從此奠立。劉銘傳鼓勵地方官府建築道路與橋樑，做了第一條碎石路，從淡水到新竹，也就是今天台一線最先的規模。宋楚瑜推崇劉銘傳，說億萬人中，「獨他洞悉鐵路重要性」，台北基隆線於光緒十七年通車，兩年後台北新竹線也通車。宋楚瑜以有限的任期，積極推動建立台灣路網，是應地方發展之需，亦是來自劉巡撫的啓示與影響，兩者前後輝映。

四大價值與「省長誓約」的奮鬥

宋楚瑜在辦公室裡，特地擺了一幅台北縣一位老前輩送給他的「先民渡海圖」，用來緬懷先民開台的辛酸血淚。當時渡海是一件極爲冒險的事，必須渡過當時稱爲「黑水溝」的台灣海峽，上了岸還得面對瘴癘之氣的挑戰，再下才是基本的溫飽需求。

這種與天然搏鬥的情形，要到劉銘傳時代才有比較全面的改善。宋楚瑜說，在此之前，有鄭成功在南部的建設，其餘地區都是一部篳路藍縷的拓荒史，也是血淚堆積的滄桑史。他在美國看過許多西部拓荒的電影，但「想一想他們的遭遇，恐不及我們先民。」

從台灣移民這個大環境來映照自己，他一直強調熱愛斯土，雖然他是外省人，但他七歲來台，「不是台灣人是啥米?」「我是吃台灣米大漢，我知影吃人一口，報人一斗。」

宋楚瑜最感欣慰的，是省民對他「從不見外」，讓他感覺到「咱台灣是一個有感情、有公道、是個眞正公平的社會，肯打拚、肯努力、有能力的人，就能出頭天」。

撫昔觀今，滄海桑田，但宋楚瑜認爲台灣人有一種精神，那就是台灣人不認輸、不怕輸的精神，他歸納出台灣人追求四大價值：「追求族群的和諧」、「追求社會的公義」、「追求機會的均等」與「追求生活品質的提升」，同時認定台灣人還有一種個性，老百姓不管誰做什麼官，老百姓所關心的是—誰在眞正替他們解決問題。

凡此使他堅信「民主政治，天大、地大、百姓最大。」也讓他一再竭誠盡力——「祇要這個社會還有人生活在陰影之中，生活在痛苦之中，我們就永遠不會滿足。」

以下這幾段文字，可視爲一直刻在他心版的「省長誓約」（見宋省長就職演說全文）：

——如果我們大城市的自來水普及率高達百分之九十八以上，但卻仍有民眾生活在缺水的陰影下，我們絕對不會滿足。

——如果我們的教育水準和品質不斷提升，但仍有偏遠地區的居民，他們的子弟上、下學必須爬山涉水，而教育的軟硬體設施卻又極其的簡陋，這些問題如果不能解決，我們永遠不會滿足。

——如果這個社會還有弱勢團體照顧不週的問題，我們永遠不會滿足。

——如果低窪地區的淹水問題不能解決，我們絕對不會滿足。

——如果我們的農民終年辛苦，所得到的卻是菜價跌到祇有兩塊錢，仍無人問津，而漁民長年在海上捕魚，卻只夠溫飽，我們永遠不會滿足。

——只要我們的榮民眷村一家十幾口人擠在一個不到十平方米的小房間中而不能解決，勞工朋友眼看房價節節高升而無力購買，我們也絕對不能坐視不管。

人性關懷的施政

在台灣，宋楚瑜會說各種不同的方言，他的詞鋒應可名列前矛。他可以娓娓道出複雜的道理，也擅長將複雜道理說得很輕巧，例如他說省政建設就是一部「媽媽經」，省主席、省長就是「管家婆」。而且他認爲，這個「管家婆」所展現「媽媽經」的一切，應該是一種「人性的關懷」。

國家建設、省政建設如此，縣政建設、鄉鎮建設也是如此。省長、縣市長、鄉鎮長、部長與行政院長，這些人等都是「管家婆」。當你去做了，做了「管家婆」，家家有本難唸的「媽媽經」，總有忙不完的「媽媽經」。

當民主愈進步，這些管家婆就愈來愈不好當，宋楚瑜以一句閩南語形容：「有功無賞，打破要賠」，做了千百件事情，做好了大概不太會有人稱讚，但是只要有一件出了問題，大家會說這樣做不太好，要趕快去改、去完成。

宋楚瑜認爲，民主政治的政府與民眾的關係，就好像家裡頭的夫妻關係，天下的夫妻都是一樣的，譬如先生在外面忙了一整天，也知道太太在家裡從未閒著，回到家裡頭總會問太太：「你今天都忙了些什麼？」

這本應該是一句「體己話」，但通常不會說得「肉麻」，太太回答得也不會「有趣」。就有那麼一次，宋太太萬水姊姊正經八百的回答說：「如果我在家裡，床都沒有整，碗筷都沒有洗，灑得一桌的菜餚飯屑，你一看就知道我在家裡沒有做事，但是把這些事都做的乾乾淨淨，把家庭整理的清清楚楚，看不見有什麼凌亂的話，大家又覺得我好像沒有做什麼事情。」

此一當下，忽然讓宋楚瑜覺得，他做省主席、省長的工作，有時就和太太做家裡的工作，竟然是如此的一模一樣。不僅性質、境遇一樣，就連其中的道理，也是一樣。

他說：「太太照顧家裡的一切，該做的就做好，是那麼自然不過，我們也沒有必要去將政治複雜化、高深化，而應將它簡單化、平易化，那就是凡對鄉親父老、老百姓有益的事情，政府就要先想到，要竭盡所能去做。」

有關省政建設媽媽經及人性關懷的施政理念，從宋楚瑜就任到卸任，他都不間斷的闡述，對老百姓、省府同仁講，對省議員、縣市長、鄉鎮長講，八十七年赴紐西蘭威靈頓訪問也講，卸任之後八十八年返回母校美國加州柏克萊大學，也是以此為主題，來談台灣民主的前瞻與願景。

政府團隊的共同行動

「人性關懷的施政」—是經過宋楚瑜的一番思考與工作經驗的轉折，才完成。

起初，是宋楚瑜所受美國教育的背景。他在美國求學時，甚為熟悉一位和甘迺迪總統很好的前美國眾議院議長歐尼爾（Tip O'Neill）所寫的從政實錄。書名是《所有的政治就是照顧地方》（All Politics is Local），意即「如果我不照顧地方，我就不能當選眾議員，當不成眾議院議長」。

歐尼爾從麻省的州議員幹起，之後連任美國眾議院議員三十四年（一九五二年至一九八六年），並擔任眾議院議長達十年。歐尼爾所說的道理，是西方民主政治運作中的民意政治，也就是選舉政治的精髓。

引用歐氏名言的人很多，紐約前市長朱利安尼是其中一個，在《決策時刻》（Leadership，大塊文化，2002）中就有引述。

宋楚瑜也是引用的一員，不過他融入他個人在台灣為老百姓做事的體會，添加了政府工作團隊的概念，並將這一句話做了兩種不同層面的註腳。

一是改成：「**所有政治的道理，都是常識**。」（All politics is common sense.）

相對於法律政治，凡法令規定的事情，政府一定要做，而「常識說」所講求的，是政府領導者要帶領出工作成員的主動行爲。例如，讓老百姓喝健康的水、婦幼安全、老人等弱勢族群照顧，不都是一種基本的常識，那就不必由專家學者、民意代表來提醒，不必由老百姓三催四請，政府就應好好的重視，好好的去做這些的工作，盡到自己的職責，做到自己的本分。

這是公僕的本分，也是職責。

他也改成：**「所有政治的道理，都是人性關懷。」**（All politics is human concern.）

這講究的是政治上的責任倫理（ethics of responsibility），政府領導者帶領團隊的責任政治的表現。倫理常訴諸於比法律更高層次的人性，譬如讓老百姓都喝得到自來水，不會被水淹，都能公平的享有現代的生活水準，這是天經地義的事，那就不用成天打高空，只掛在嘴邊講，而是確實的負起職責，以實際的行動的去做，就像媽媽應該照顧孩子，那是出自於天性的一樣。

德國社會學家韋伯（Max Weber）分析政治人物責任倫理最爲透徹。他認爲以政治爲職業的人，要具備三條件：確實的熱情、冷靜的判斷力，對政治行爲可能產生的後果精於預估並勇於負責。

這在台灣可能苛求，但我們希望看得到。

宋楚瑜的「四大價值」或「省長誓約」，所說的都是人人很容易明白的道理。有太多人都曾以這些理念來贏得選民的支持，不論政治人物或老百姓都不陌生，這並不是宋楚瑜一個人的發明。

但是，政治不應是「吹牛皮」的工作，不該是「只會說，卻做不到」的職業，尤其他覺得台灣發展到現在，特別需要務實的追求這些價值理念，也有待政府領導者邀請他的同仁一起加入行動。

當政治人物，對於社會的不公平、老百姓的生活差距感到不滿足，而與他的同仁同心協力，將

「不忍之心」轉化成政府機構的工作與行動，即是「人性關懷的施政」。這也是本書各篇章所要著力的僕人領導的重點所在。

第二章

三R的政府

政府不能打瞌睡／開有效率的會議／六項理念，三Ｒ的觀念／無法面面俱到，但講道理／五項對應原則／不故步自封，也不輕舉妄動

「國家」在有些學者眼中，被當成是一部「機器」，來探討它的功能。既然是「機器」，就不會累，從來沒有人問過：「政府，你累了嗎？」相反的，卻被質疑：政府「死了」嗎？

不要忘了，政府存在的目的是服務人民。人民可以休息，政府必須不眠不休，這種道理就像我們要求執勤的員警不能打瞌睡一樣簡單。宋楚瑜曾要求他的省政府團隊不能打瞌睡，如果政府打瞌睡，與「死了」有分別嗎？

還有一些，他所強調的六項理念、三R觀念及五項對應的原則。藉著這些理念、觀念與原則，他轉動了省政府這個龐大的科層組織（bureaucracy），讓政府的功能活絡爲一個爲民服務的有機體。

政府不能打瞌睡

政府是朋友、盟友？還是敵人？這實在不容易得到答案，人類爲此曾經付出無數鮮血與生命，糾纏了好幾百年，迄今對傑佛遜執筆的〈獨立宣言〉的信仰亦未曾動搖。

然而，對當代人民而言，已經不再像他們的祖先一樣，認爲政府是權利的唯一的嚴重威脅。反而比較擔憂的，或是逐漸累積的不安，是如一九八〇年代末期，《時代雜誌（Time）》所揭舉的封面標題：政府「死了」嗎？

關於這個問題，任何人都有權疑惑，但政府的首長及其成員可不行，他們的任務是—讓政府的功能活絡起來。

以宋楚瑜的話來說，就是：「讓政府的體制，從所有的職位到所有的工作，都變得更有活力、更有希望、更有意義。」

宋楚瑜曾經對一個來訪貴賓講了一則政治笑話，應該沒關係，美國人開得起玩笑。堪薩斯州州長曾來省政府訪問，宋楚瑜當面告訴這個州長貴賓，說他父親過去在該州的美國陸軍指揮參謀大學受訓，他後來也特地去那裡訪問過。指參大學是美國著名學府，所有美國陸軍軍官要升將軍，包括艾森豪等都曾在該校受訓。當時引導人員帶宋楚瑜去看一個大禮堂，跟他開玩笑的說：「這是世界最大的 bed room！」因爲很多人在裡面上課時打瞌睡。

隔天，宋楚瑜將這個「笑話」又說了一次，場合是在中興新村省政資料館的大禮堂，剛到省政府才四個月的一場與同仁舉行的月會中，他勉勵省府同仁體認公務人員的重要性。還好，當時省府同仁「精神抖擻」，他講的內容也沒讓同仁打瞌睡，他特別強調省政資料館不是打瞌睡的地方，省政府不是公務人員打瞌睡的地方，「不怕多做犯錯，只怕服務落後，對於民眾服務的事情，千萬不可以後人。」

開有效率的會議

從過去擔任了十年的黨務工作，轉到了工作性質不一樣的台灣省，不少記者曾好奇問他在黨職秘書長與省政府主席這兩個職務，有什麼不同的感受？

宋楚瑜坦承相告：「前者，我是勝任但不愉快，後者，我是勝任愉快。」

他認爲過去在黨務系統服務，體認關於國家大政的方針、原則與方向的重要性，諸如憲政改革要做，要做好它，但在台灣省服務，對於基層民眾每天是否有水、身體健康、道路方便於行、路燈會亮等等，這些種種問題將更爲迫切重要。

政府首長與公務人員難免要開各種不同的會議，但人人心中都狐疑：開會，有效率嗎？

省政府除了每年有兩次須赴省議會總質詢備詢外，每周一上午舉行一次首長會談、省政府委員會議（第一屆省長民選產生後改爲省政會議，省政府委員改爲省政委員），每月舉行一次月會，這是紀念 國父孫中山先生的集會。經過幾十年，這樣的制度運作如常。

省政總質詢是省議會與省政府實踐民意政治的重頭戲，宋楚瑜不可能缺席。另外兩個集會是他例行與省府同仁會見的機會，除非必要的公出，宋楚瑜一定與會。他將很多時間用在地方行走，將發掘出來的事情帶到會議之中，因此所開的會議必是一個切中問題、非常有效率的會議，他重視並要求開會的品質。

宋楚瑜曾自信的說，「省政會議是個有效率的會議，是進一步確立共識，且加強執行決心的會議，而不是各自爭執、各說各話的會議。」

首長會談、省政（府）委員會議是與省府委員（省政委員）、各廳處局等首長，討論有關省民及省政建設的輿情反映、相關提案及業務協調。省政會議討論的重要提案，類似國會的三讀會，只對該修正的一些文字或各相關單位是否有補充意見進行徵詢，即可完成。

但是，各廳處重要提案在進入省政會議之前，都會先行召開專案會議。凡是有不同看法或需要彼此溝通、支援的事項，就在受指派的一或幾位委員主持的專案會議內暢所欲言。與會者可就學理、法規與實際情況深入研討，藉以整齊步伐。所謂「先禮後兵」，就是在這個層次的會議中進行。

不過，曾經有少數新任機關首長，剛開始不太熟悉或不適應這樣的開會機制，對原先經過省府委員（省政委員）協調過的案子，在省政會議另做新議，這樣的後果當然難逃當場被糾正。

為兼顧部門機構的分工權責與協調整合，宋楚瑜特別重視省府委員（省政委員）的角色與功能。他們有些是卸任的績優縣市長，或是在省內具有相當資望、在特殊領域擁有專業者，在各個機構之間，他們擔任起協調者與整合者，協調彙整各單位意見。

政府領導者掌握重大原則，事情諸多細節就請能人代勞，這大概就是曾國藩所言「為政之要，在於找到替手」的意思。

雖然宋楚瑜會利用年終檢討、擴大廳處會報，分別到各廳處與同仁會面，但他同樣珍惜每個月舉行的月會，集會的地點就是前面提到的中興新村省政資料館禮堂。他有很多對省府同仁的話，都在這裡講，包括所謂「凍省」之議後，發表以「請辭待命心情」繼續領導省政工作的談話，也是在這裡舉行。

月會有時會安排專家學者、相關主管做專題演講或報告，之後剩下的時間，就是他與各單位同仁的「私密時間」。禮堂容納不下那麼多人，他們不可能全部來，但他會把握這個時機，表揚他的同仁，和他的同仁談一些想法、貼心話，激勵大家的工作熱情與士氣。

在投入省政府工作後，宋楚瑜寧可將跑地方僅剩的寶貴時間，拿來與同仁互勉互勵，而甚少接受專訪或舉行正式的記者會。很多人會說他的曝光度「居高不下」，其實那是媒體記者追著他跑訪視地方建設，是順其自然的方式，並未刻意安排。

各項省政決策與業務推展，為加強省民了解，通常由新聞處長陪同主管同仁向新聞媒體說明，他曾要求新聞處不必刻意為他宣傳，他希望自己是一位努力工作以後，民眾會自然記得的省主席、省長。

六項理念，三R的觀念

六項理念在他就任省主席的第三天提出，這是星期一，省政府舉行了擴大首長會談。在此之前，宋楚瑜做了充實的準備，融合了八十二年三月十六日向省議會所提施政理念報告要點，以下所摘錄文字就是當時分送省府同仁參閱的內容：

- 民主：對於省議會各位省議員、地方民眾或輿論等所反映之意見，各單位均應予重視，並妥為研究處理。
- 均衡：對於區域間之均衡、族群間照顧之均衡、中央與地方，以及省與地方權責之均衡，均為嗣後應重視之問題。
- 落實：省政工作有其連續性，因此本府歷任主席任內所提諸多立意甚佳之政策、施政作為及計畫，請各單位繼續落實執行，俾使省政建設工作有整體一貫性之效果。
- 參與：省政建設工作除由政府各機關積極推動辦理外，同時亦應鼓勵民間共同參與。
- 協調：省府各單位今後應加強發揮溝通協調功能，以化解各種不必要之誤會，俾彼此凝聚共識，共同促進省政建設之順利推展。
- 團隊精神：政府各項施政非某單位或個人「單打獨鬥」所能奏效，必須有賴各單位及全體同仁本於團隊精神通力合作，才能發揮整體施政效果。

過了不久，宋楚瑜又在月會中，向他的同仁提出三R政府的觀念，亦即現代化的政府具備三個R：responsible（負責任的）、responsive（有反應的）及reasonable（講道理的）。前面的兩個R，他在新聞局時就已提出，到了省政府與民眾增加互動後，令他體會了第三個R。

這是宋楚瑜在省政府工作至為重要、貫穿前後施政的理念與觀念。前面所提民主、均衡、落實、參與、協調及團隊精神的六個理念，是同仁推動省政府業務與相關工作的方法，而所要達成的，就是希望能做到具備三R觀念的政府。一個現代政府，要讓它的功能活絡起來，必須是對民意立即反應、肯負責任的政府，同時也是理性的、講道理的政府。

三R無疑是政府為民服務的目標，更重要的，它是過程中的指標。如果過程與最後結果能三者兼具，這是最好的情況。可是在執行中，難免會遇到彼此衝突的狀況，甚至有如「三國鼎立」，這時政府就要能磨耐磨，花一番功夫不可。

無法面面俱到，但講道理

正如世界上的所有政府，不可能對民眾做到事事照顧，但為什麼不做或做不到，總要講出道理來，而非紋風不動，相應不理。

以接下來要舉的一個簡單事例，就足以回應前頭的問題：政府工作並非兩面討好，不可能面面討好，但讓政府的功能發揮出來，卻很重要。

「全省走透透，龜山島走不到？」龜山島是否開放的問題，曾經喧騰一段時間。

之前，宜蘭縣議會羅國雄議長曾在二十一縣市議會正副議長晉見李總統時當面提出，李總統也認為此一問題，應加以了解與考量。宋楚瑜到任省主席後，省議員盧逸峰、劉守成等，也再次反映地方的意見與看法。

地方對此一問題的呼聲非常大，既然現在又是民意高漲的時代，對於地方的意見與民眾的需求，迅速予以回應，給它立即開放，不就好了？

但是，只顧慮「有反應」這一項，是不是同時做到了「負責任」呢？

隨後，宋楚瑜立即利用各種機會，先與國防部部長孫震多次進行溝通，另一個應有的作爲是前赴該島做實地觀察與了解。與其說了一大推，不如親自走一回，同時倘若由省府主席或某一個機關單獨作決定，不如在與國防部聯繫後，由省交通處旅遊局會同宜蘭縣政府、民意代表及地方人士一同去看，這是面對民意呼聲的基本作爲。

然而，此行看到的狀況是，龜山島地形險要，地理位置對台灣本島防禦極爲重要，但島內物資缺乏，連固守那裡的官兵生活條件都不好。怎麼不好呢？令人想不到，這個島連碼頭都沒有，不是不建，而是建過，很快被沖毀，士兵登島得涉水上岸。全島的平地面積小得可以，多爲陡坡地形，還缺水，駐軍用水得靠船舶運補。

宋楚瑜綜合大家的看法：「在島內尚無水電、住宿等相關設備，民生物質極度缺乏，且船隻又無法靠岸的環境下，若是貿然開放，是要老百姓去觀光？還是去摸黑探險呢？龜山島在國家安全上是非常重要，如讓民眾自由進出，是否影響島內治安的維護與國家安全？」

現代的政府與政府人員必須「有反應」，對民眾的意見—如渴望開放龜山島，要有迅速反應的能力與作爲，但同時必須「負責任」，即對國家安全、社會治安與民眾安全等方面，一定要盡到必要的維護與責任。然而，這兩者間的結果，可能是相互衝突的，該如何取捨？

這時就需要第三個R——「講道理」，宋楚瑜強調「將事實告訴民眾，清楚的讓大家明白，爲什麼這個要這樣做，爲什麼那個沒辦法做到，站在講道理這個基礎上，才能開啓迎刃而解之門。」

最後，龜山島的觀光問題結論是放寬開放周邊海域觀光，有限度開放陸上觀光。

五項對應原則

講道理時，難免會遇到「公說公有理，婆說婆有理」的狀況，當你這樣做，而不那樣做時，可能使某一部份人或大多數人滿意，畢竟還是有人「不盡如意」。

要講「道理」，但要如何才能「講」清楚？做決策時該考量，又應根據什麼，才不致於於無憑無據，甚或進退失據？

在有回應、負責任與講道理的決策過程或民意整合過程中，宋楚瑜認爲至少必須要兼顧五項對應的原則：

- **分工與整合**：政府施政有分工，也有整合，比如像針筒等醫療廢棄物需要做特殊處理，然而假使法令規定，公營垃圾焚化場不受理民間機構醫療廢棄物，這就是分工欠整合。宋楚瑜曾請環保處與衛生處研擬辦法，反應給中央，後來獲得同意，可以一併處理。
- **制度與彈性**：有許多縣或鄉鎮的財政非常薄弱，像新竹縣尖石鄉自籌財源年僅二十萬元，如果省政府補助建設經費時，也一定要求鄉鎮公所提出配合款，可能他們的建設都要停擺。因此有制度，是必要的，但要在制度下保留彈性。
- **通案與個案**：像澎湖縣有一個島，只有六個居民，因爲輪流休假的必要，卻配有八個警察，望安有一個學校，頗具規模，也有一位校長，卻只有五十名學生，顯然不符合資源合理分配原則。

在通案與個案之間，必須斟酌取捨，最後都用併校或遷村的方式來解決。

•優先與正常：台南縣白河水庫附近因某家建設公司大興土木，破壞了水源衛生，引起民眾陳情。像這類的事，就必須優先處理，如果按一般正常程序處理，曠日持久，一定招致民怨。

•公平與救濟：政府施政必需秉持公平正義的原則，不能厚此薄彼，不須錦上添花，但對於雪中送炭，對於災難或特殊事故的救濟，應盡最大的能力，這不致產生圖利他人的問題。

不故步自封，也不輕舉妄動

當前社會變遷迅速，專業分工日趨精細，民意的需求日新月異，社會大眾也由同質性轉趨品味多樣，既多元又多變，愈來愈要求服務合乎個人或小眾的需求與偏好。

政府所扮演的角色及其所需具備的職能，是應隨著人民的需求與社會的發展而不斷調適。現代政府應該是一個有能力、有反應、又能主動發掘問題，並且樂於積極負責的政府。可是有時難免因為時機不對、條件不足或公權力不彰，以致事情無法有力推動，但如能以講道理的方式面對問題，民眾是可以理解的、接受的。

事情總有個道理，不論行或不行、可不可以，都站在民眾或使用者的角度，主動檢討經管的業務、不合時宜的法令。有些可以改的，千萬不要猶疑，馬上去做、去改，有些受到限制、無法立刻做到的，也要先跟民眾說清楚，交代何時可以改善。

這也就是宋楚瑜所謂「不故步自封，也不輕舉妄動」的意思。

政府不能打瞌睡，政府功能要活絡起來，但政府不能是「人來瘋」或「過動兒」，不經思考評估，不做利害權衡，一受刺激就貿然反應，反而害事，反而會誤正事。

第三章

宏觀施政

宏觀視界／從落後地區看人民的尊嚴與公平／不能忽視管線末端要加壓／不再只是點與線的經營／不分黨派族群地域／不再是「二等國民」／沒有明星，沒有英雄主義

以小不足以論大，隨手抓住一言一事，當然可以借題發揮，但那常常只是片面的、局部的反映而已。

以短亦無法衡長，再在前人做過的事、走過的路往來一回，沒有人會指指點點，但那樣只是慣例的固定常規而已。

以政治爲職業的政府領導者，願爲百姓多著想，想要激勵部屬的工作情操，要做到這些事情所需要的不是個人的才華，而是視界。

宏觀視界

九十五年七月，第六屆第三會期立法院在休會之後，又召開了一次臨時會，其中一項任務是要通過八年八百億元的治水特別預算，颱風帶來西南氣流，下了豪大雨，這時需要特別預算，以解民眾倒懸之苦。

八年八百億元，一年是一百億，宋楚瑜當省長時的治水經費，一年何只一百億，至少是五、六百億元。爲什麼要編這麼多預算，不就是要全方位的宏觀，從整體思考來對症下藥。

單以治水來說，他在省長四年任內，就做了基隆新山水庫加高工程、屏東牡丹水庫、台南南化水庫、台東綠島的酬勤水庫、供給六輕的南投集集攔河堰等五大水庫。集集攔河堰施工期間，還經歷一次颱風侵襲破壞之後，又加緊趕進度後順利完成。還有苗栗鯉魚潭水庫的維護，供應大高雄用水的高屏溪攔河堰，以及澎湖離島的水庫等等，都是宋楚瑜在省長任期內主動去做的，一任四年從頭到尾做完成。

以交通建設來講，他將全省的省道、縣道、鄉鎮道銜接在一起，不但標號、做路標，而且加以系統化，讓用路人方便上下高速與快速公路，一般道路也通暢順利，鄉間小路不會比城市道路差。

各項施政亦是如此，民政的加速改革，財政的增益改善，學校怎麼改建，醫療品質如何提升，自來水普及，農漁民、老人、婦女等弱勢族群的完善照顧，外省族群眷村改建，原住民的就學、就業，以及山區部落的交通建設等等，無不從整體資源、全局眼光著手，不會任意偏向誰、疏忽這個或欠考量了那個。

省府廳處首長都了解宋楚瑜的要求：「不要講單一的事情，給我通盤的、所有的狀況」，例如某個地方農民要補助購置蓄水桶或任何設施，所斟酌的絕不是一、二個鄉鎮的問題，而是整個相關區域一併考量，俾能舉一反三，徹底解決問題，又如銀行總經理、董事長的任用，財政廳長是將所有合格人選的資料都開給他，向他分析並建議，再由他與首長們共同決定，而不是「個人選項」。

宋楚瑜要宏觀，他也期許與他一起工作的首長們，共同帶領省府同仁走向宏觀。

從落後地區看人民的尊嚴與公平

台灣建省一百多年，第一個徹頭徹尾跑遍每個基層角落的人，是宋楚瑜。

對「台灣錢淹腳目」的富裕台灣，第一個慎重其事的指出政府照顧不公平的，也是宋楚瑜。

他深入基層，親眼所見的是，台灣省有些窮鄉僻壤，自來水、醫療設施、汙染排放、垃圾清運、衛生保健等等基本的建設工作，還停留在二、三十年前的水準。

他急切的是，整個社會比以前富裕了，但卻還有人生活在生存邊緣的陰影之中，生活在精神與物質兩相匱乏的痛苦之中，面臨缺水的陰影、教育水準和品質、教育的軟硬體設施極其簡陋的困境。

他不能坐視不管的是，在我們社會的基層還有雛妓的問題、殘障者照顧不週的問題、低窪地區的淹水問題、農民終年辛苦無所得的問題，勞工、榮民與低所得民眾眼看房價節節高升而無力購買的問題等等。

許多行政院的政策，省政府必須配合辦理，以六年國建來說，省政府負責的計畫有二百多項。然而另方面，直接與人民日常生活息息相關的基層鄉鎮市區，村里巷弄的道路、橋樑、水溝、涵洞、飲水設施，以及路燈、號誌等等小型工程與零星設施，卻往往最容易被忽略，而容易成爲基層建設的死角，直接影響到人民的生活品質。

宋楚瑜說：「省政建設固然要配合中央從大處著眼，也應從小處著手。」

如果宋楚瑜以前是「從中央看地方」，後來卻轉變了。

那是變成「從地方看中央」。

或者確切的說，是變成「從偏遠角落看整個社會」、「從落後地區看人民的尊嚴與公平」。

不能忽視管線末端要加壓

不深入地方，怎知民間疾苦。

宋楚瑜從不諱言，以前長期在台北工作，難免有「從台北看天下」的情形。

甚至有一次，他隨李登輝總統與高雄地區國大代表聚談，國代反映了政府徵收公共設施用地的民怨問題，當時他心裡先想到的是，土地不讓政府徵收，莫非要留著炒地皮？

後來到了台灣省，觀察的角度不一樣了。他實際深入了解，徵收價格不能反映市場價格，土地問題不斷累積民怨，對經濟民生發展造成阻礙，嚴重性與日俱增。

這促使他向中央建議「既不犧牲小我，又能成全大我」的原則，改以市價徵收土地、區段徵收、市地重劃等方式，來推動公共工程。

不少的土地問題，既是陳年積案，也是民怨，那城鄉的差距，沿海、離島、山區建設的嚴重落差等等，何嘗不也是陳年積案，何嘗不是民怨？如果沒有實地去看，實際去體會了解，又憑什麼來策劃施政的依據與重點？

「全省有八十幾個沿海的鄉鎮，三十個山地鄉，普遍缺少醫療照顧、自來水普及、道路及防洪設施。」宋楚瑜講得非常明白，這樣的事情他看不下去，如果省政府不去重視，永遠沒辦法解決。

他認爲，這就好像是人體的血液循環，或平常自來水所用的名詞，叫做「末梢神經」、「管線末端」，如果不去注意，沒有給它加壓，管線末端的水源永遠是不足的。如此深刻的形容，多少代表著他想要解決問題的決心。

台灣省的土地面積，占全台灣地區土地面積百分之九十八以上，台灣省人口占台灣地區總人口百分之八十以上。這樣大比例的人口與土地，一方面是與北高兩市相比較，在國家整體資源分配上是否做到公平的問題，另一方面，則是全省內部資源分配能否做到省民普遍照顧的問題，例如在台灣本島和沿海離島、南部和北部、東部和西部、鄉鎮和城市之間，如何縮短日漸擴大的差距。

對於前一個問題，省議會有很多呼籲中央重視台灣省的意見，省政府也不斷向中央反映，儘速修正〈財政收支劃分法〉，新訂〈地方稅法通則〉及〈規費法〉，調整對省補助原則，同時還具體研擬一套改善台灣省基層建設方案，報到行政院，充實地方經濟，照顧省民。

而對於後面這個問題，宋楚瑜則以「宏觀施政」，要求省府團隊採取比較關懷的立場，重新調整工作的重點與步伐。

不再只是點與線的經營

「宏觀施政」即是從全體省民的角度、整個台灣省的立場，來做整體的資源調配與行政支援。這與過去做法大大不同，或許以前只是「肢體運動」，宏觀施政則要邊陲的末梢神經恢復知覺與動能。

宋楚瑜強調，省政府施政特別重視資源整合，也就是將有限資源及以前分散的資源整合起來，發揮相加相乘的效果，將多年存在於地方的癥結與困境，從整體的觀點，全局的角度，全面的加以解決。

就如宋楚瑜深入每個基層角落一樣，省府團隊對於每一項施政，不再只是點與線的經營，而是「面」，關照到「全面」與「整體」。除了要考慮整體資源的有限外，還要顧及資源縱向的分配是否合理，橫面的分佈是否妥善，以及資源與資源之間是否有效整合。以下的整理，是一些宋楚瑜比較常提到的例子而已。

- **窮鄉僻壤的照顧**：長久以來，省政府和地方之間的聯繫工作，是從省到縣市而已，所有鄉鎮市被看作是行政層次上的問題。因而以前省政府撥款照顧地方，只是集中對應縣市的二十一個點，可是有些縣市政府本身的財源也很有限，即使比較富有的縣市，也得先去照顧人口比較密集的地區，以致形成縣轄市或人口稠密鄉鎮，會有比較多的建設，而窮鄉僻壤相對的嚴重落後。宋楚瑜認為不能再讓他們一直窮下去，他們的問題也是省政府的問題。

•**災害的救助與復建**：很多山區的人口約都僅五百到一千人，常常天災降臨時，他們就失聯了。災情通報從地方、省到中央的每一個環節，是否完全通暢？過去，都是以二十一縣市為單位彙整災情，但是台灣省的一些山區或部落，如何迅速而正確地將災情資訊送出，不能不從整體省民來思考。

•**水資源的經營**：以水庫管理方式來說，以往是以「點」為範圍，如今全球天候變化很大，以前可以的，現在卻變得不行，必須從整體面來籌策應對。水資源調配的道理，與鐵路局服務乘客、銀行面對客戶沒有兩樣。台鐵火車的車廂不夠，能謝絕顧客搭乘，勸乘客少出門嗎？如果銀行分行經理，遇到現金短缺，能說：「本分行因現金有限，客戶提款時一次不得超過十萬元」？

不分黨派族群地域

「宏觀施政」既然站在全體省民、整個台灣省的角度，那所有省政工作的對象，就不會分那個縣市是由那個黨籍縣市長主政，或那個地方得票率多寡來做一些政治上的考量。

人性尊嚴是至高無上的，不應因黨籍隸屬、族群不同、出身背景差異，就受到不同的待遇。原住民在社會的謀生能力偏低，這不是原住民的問題，是教育的問題，是社會的問題；榮民、勞工等弱勢族群買不起房子，這不是榮民的問題，不是勞工的問題，不是弱勢族群的問題，而是整個社會的問題，是政府政策該做調整的問題。

在宋楚瑜任內，是民進黨地方執政的高峰期，至少有二十位以上的民進黨籍縣市長與宋楚瑜任期重疊，但他對地方的協助，始終做到一視同仁，沒有黨派差異，當時民進黨的縣市長對這些事情都清楚，感受也比國民黨籍的縣市長深刻。

不再是「二等國民」

「把省民擺在第一位」，這句話幾乎是宋楚瑜的口頭禪。但「省民」是什麼呢？可以說，在宋楚瑜的心中與施政過程裡，「省民」存在著兩種不同層次的意義。

第一種層次是他心心念念所要照顧的對象。

他既是省民的父母官，不能離開省民，不能做有損省民的事。這可以從他對《貞觀政要》第一卷開頭一段話的解讀做說明。

《貞觀政要》第一卷開頭即說：「貞觀初，太宗謂侍臣曰：爲君之道，必須先存百姓，若損百姓以奉其身，猶割股以啖腹，腹飽而身斃；若安天下，必須先正其身，未有身正而影屈，上禮而下亂者。」

這是經國先生生前最喜歡讀的一本書，宋楚瑜也很喜歡讀，尤其那段話常觸動他，他對省議員做報告時說：「如果省政建設不把省民擺在第一位，正如割股以啖腹，那腹飽而身斃的日子也不會太遠了。」

另一層意義是，「省民」不能是「二等國民」。

他認爲，無論中央或地方政府，最初和最終的施政目標都是爲了人民，因而台灣省的省民，與台北市、高雄市的市民，乃至金馬地區的同胞，都同樣重要，不能有差別待遇。

不論那一個層次的認知，不都是他的「省長誓約」的孕育源頭。

沒有明星，沒有英雄主義

在任內最後一次的台灣光復節慶祝大會中，宋楚瑜非常特別的，特別表揚一個同仁，他請這位同仁站起來，這樣介紹給大家認識：

「蔡清水先生，是我們省公路局五區工程處的處長，服務我們省公路局四十四年，沒有請過一天假，沒有出過一次國，在工程所有的各種努力工作當中，曾經因公受傷，在工地裡被鋼板打得幾乎不在人間，到今天走路還一跛一跛的，我們給他掌聲鼓勵。」

一個公路局工程處處長的職等並不高，要做的事與要負的責任可不少，宋楚瑜卻特別注意到了。其實要在這麼重要場合接受表揚的人，須工作達四十五年以上，但蔡清水尚差一年，宋楚瑜請公路局斟酌「加上」。

他表揚的是蔡清水，藉此肯定了像蔡清水般許許多多默默工作數十年如一日的省府同仁。

他告訴每個同仁：「政府工作須有團隊精神，團隊精神就是是沒有明星，沒有個人英雄主義，只有共同努力的榮譽感，是大家共同齊心協力，無私無我的奉獻，讓所有的省民都感受到建設成果的一種喜悅。」

第四章

需求面取向：從使用者角度看問題

現在與過去「無同款」／由民眾接受度與社會效益雙高的區塊著手／率先開辦一地遷徙作業／以「菩薩心」感化人心／弄清楚「老闆是誰？」／就好像打開水龍頭一樣／S型曲道的辯證／讓兩種假設發生美好的際遇

許多人很有興趣，也經常問到：過去歷任者不能，爲何獨獨宋楚瑜能，究竟是如何能將省政府這一個龐大的機構，轉化爲有效率的行動團隊？

省政府在宋楚瑜領導下，不僅變成一個有效率的行動團隊，也是一個立即反應的政府團隊。省政府有做事情，在爲民眾做事情，民眾知道，觸摸得到，感受得到。

宋楚瑜認爲，道理很簡單，政府施政就像工商企業的經營一樣，以客戶需求爲導向，就是顧客至上、以客爲尊，要站在民眾的位置上，從使用者的角度看問題。他在省政府服務的日子，都以宏觀的視野，都用老百姓的想法，時時刻刻在動腦筋、做整合：不只是政府在爲民眾做什麼，而且是確實了解民眾需要政府做些什麼？

現在與過去「無同款」

以前的企業或政府，常常是：「我們所能供應的就是這些，你要嘛，就照規定來」。後來不斷有新的理念提出，主張「改造企業」、「政府再造」。但是，往往我們只看到企業比起政府進步神速，一往直前。

政府不是沒有進步，未必沒有動，未必沒有改革，不過總是忘了竅門——從使用者的角度進行改革。

過去有過去的背景，現在有現在的情境，宋楚瑜曾以閩南語「無同款」，來說明時代與環境的不一樣，政府的思維與作爲也應不一樣。

過去，政府主要是以「政府爲民眾做些什麼」的觀念來推動施政，這種模式傾向於「德政」的思考，民眾見到政府一些不錯的作為，也常存感念的心。

以前的人們在公務機關，為了一個小小文件申請，可以大排長龍，耗上幾小時的時間，而逆來順受，以為理所當然，但現在已是資訊時代，新人類與新新人類可不再理會這一套。

歐斯本與蓋伯勒在《新政府運動》（天下遠見，1993）指出，與政府打交道的人，最反感的是官僚主義的自大與傲慢；許多人對政府敬而遠之，因為他們認為沒有必要將自己的大好時光，浪費在毫無指望的事情上。

今非昔比，政治的力量消退了，社會的力量興起了，政府的「優勢地位」不斷消失，民眾的需求與期望越來越多，在政策不當或做法不符人民的期待時，還得面臨人民的「自力救濟」、請願與抗爭。

先進的民主國家，甚至鄰近的日、韓等國，都比我們早先經歷這樣的陣痛。跨越陣痛的學說各有千秋，目不暇給，重點不離這個：從使用者的角度看問題，而不是從管理者的角度來看問題。

由民眾接受度與社會效益雙高的區塊著手

政府必須要重新思考的是，民眾真正的需求是什麼？要提供什麼服務？為什麼要提供這些服務？如何提供這些服務？

如孫中山先生所言，政治是管理眾人之事，這是經久不易的道理，但孫中山先生的思想重心不在於「管」，而在於「治理」。宋楚瑜指出，若偏向於把事、把人「管」好，往往造成「便官不便民」，甚至「既不便官亦不便民」的情形。

他認爲，「管理」的精義，除了要去「管」很多事情外，還要「講道理」，要去「理」出事情的頭緒，找出最適切的辦法，確實讓民眾得到方便，把民眾希望解決的問題做好。

「管」的導向，比較注重供給面（supply），而「理」的導向，強調的是需求面（demand）。宋楚瑜經常提醒省府每個單位及同仁，在每年的施政項目中，要將民眾最迫切需要的事情，透過各個角度、層面的反覆思考，作審慎周延的規劃，「理」出優先順序與有效的改良方法，而所有問題的切入點，是人民與使用者的方便重於政府的方便。

由過去偏向政府的管理方便，轉而站在人民與使用者的需求面上推動政府工作，這就是所謂行政上的改革或革新。

雖然這並不是解決政府施政的唯一良方，亦非藉此即可解決政府所有的施政問題，不過，確實有許多問題可以因此而獲得改善。

政府衡量施政或政策的推廣，通常有兩項重要的互動指標：一是民眾接受度的高低，另一是社會效益的高低。

不用多說，政府是不該推出民眾接受度低，社會效益亦低的政策，這不只是擾民，根本就是本末倒置。

另一種情形，政府本應隨著社會變遷，隨時著手更化改進，卻常由於因襲，以致忽略。宋楚瑜強調，**「不要以為習慣成自然的事，就是應該如此，就應繼續如此，它可能在背後已經累積了一堆的怨氣。趕快找到應興應革事項，比較可以確立出施政改革的著力點，迅速為政府機構打起精神與朝氣。」**

這個部分有許多與服務人民的程序管理工作有關，如果夠敏捷的去做改革，若能眞正考量民眾的需求，民眾自然接受度高，而且社會效益亦高。

率先開辦一地遷徙作業

就在宋楚瑜踏進了省政府之後，民政、財政、建設、教育、農漁、交通、衛生等部門都啓動革新，一些讓老百姓方便、從使用者角度思考的措施出爐了，這些改變都是由台灣省開始推動的，但都未曾特別標榜。

先談戶政的便民措施及戶政資訊電腦化，這就是個很好的例子。

可能現在很多人都忘了，原先辦理戶口遷徙登記，必須先於戶籍所在地辦理遷出，再到遷入地辦理遷入，一件事得分兩頭辦理，多麼費事累人啊！

宋楚瑜認爲：「從人民的角度來看問題，我是個自由人，我有權力四處自由行動，今天在這裡，明天走到那裡，戶口就應很順利的遷到那裡，政府的責任就應以最便捷的速度與方式幫忙處理。」

因爲這樣的觀念，從宋楚瑜擔任省主席開始，立即開辦一地遷徙作業，民眾只須於遷入地辦理遷入登記，不必到原戶籍所在地辦理遷出登記，免除兩地奔波之苦。那時電腦作業在政府機關仍未普及，省政府在宋楚瑜指示下，就先以傳眞方式接受民眾辦理，這一個轉變，讓所有人都方便了。

台灣省二十一縣市的戶政資訊電腦化，可說是「平地起高樓」，由無到有，從基本資料建檔、核校到網路的便捷通暢。電腦化完成後的一般戶籍登記，如出生、結婚等的申請，只需五分鐘就可以完成辦理；在外就學、就業的民眾可以就近到任何一個戶政事務所申領，大大避免了時間、金錢及人力的浪費。

改善後貼心的服務還有許多，如全省各縣市戶政事務所全部降低服務櫃檯爲七十五公分，爲民眾代塡申請書表、提供老花眼鏡與愛心傘、代換硬幣、法令疑義解答，對於年長、重病、傷殘民眾無法到所申辦戶籍案件，都由戶政事務所派員親赴辦理。

以「菩薩心」感化人心

但難免有時會遇上一些棘手的問題，可能是民眾接受度高，社會效益低，或者是民眾接受度低，社會效益高的情形，例如，騎機車戴安全帽、垃圾分類等，都是社會效益高的政策，一開始民眾接受度卻低，政府得花不少功夫宣導，不是一個命令，就能一次ＯＫ。

遇到這種狀況，必須視當時情況與各種社會條件審愼因應，不能也無法使蠻力，但不妨「借力使力」。

宋楚瑜在台一線四線道拓寬工程的「觀音托夢」，應可說是政府公共政策作好與民溝通的範例。

但是，它的成功要訣，仍在於站在人民需求的角度上，是省長以「菩薩心」感化人心，如此而已。

台一線曾是台灣經濟發展過程中最重要的動脈，高速公路搶走了它的風華，但它仍具紓解功能，仍是省民短程交通要道。當拓寬工程進行到苗栗通霄路段時，因爲必須拆移地方供奉觀音的慈雲寺，引起了強烈的反對。

宋楚瑜親往通霄，鎮長向他提到遇雨成災的通霄溪亟須整治，但整治經費約需一億二千萬元，宋楚瑜答應配合，而且馬上要做，此時他順便提出拆廟開路之事，鎮長回以地方人士要求遷建費六千萬，以示對神明的敬意。

宋楚瑜先請人了解要拆移的是什麼寺廟，奉祀的主神是觀世音菩薩後，又去了通霄一趟。在和地方人士溝通時，他告訴鎮長與民眾，他也是觀音的信徒，昨晚正巧觀世音菩薩托夢給他，願意犧牲她的左手作堤防，讓通霄不再淹水，願意捐出右手作道路，讓通霄一路順暢，指示省長全力配合。

他說得誠懇虔敬，大家也能理解省長的用心，最後感動了慈雲寺對面的一間工廠老闆決定捐地，自願將自己的用地向裡面多退一點，路彎了小小一段，結果兩全其美，整溪、建路全都能順利完成。

類似情形也發生在台九線與特一號道路的開發，這項公共工程建設關係東部發展，但花蓮居民不願自己的土地被政府徵收，要求道路不必過於拓寬，拉起白布條激烈抗議，王慶豐縣長就讓陳情民眾與宋楚瑜直接對談。後來這條貫穿花東、連接西部平原的道路也如期施工完成。

這一回他直接向民眾剖析利害：「你們現在不做，那省政府只好將經費拿到其他地方做，到時候別人發展得更好，你們就不能埋怨了。」

弄清楚「老闆是誰？」

公務人員也與平常人一樣，比較喜歡在「習慣領域」裡工作，不過公務人員是「一人對眾人」，如果習慣成自然、自然變老氣，長久積習下來，民怨必然浮現。

公務人員平日從公服務眾人，有時也會以個人身分赴公務機關辦理私務，角色易位後的感受可能是百味雜陳。「爲什麼會這樣？」「爲什麼要這樣？」常是接洽公務機關的人的共同經驗。工商業界不乏「受挫顧客」，政府機構服務櫃檯前的「受挫公民」會少嗎？政府公務人員難道不想加以改善嗎？

要改，的確要改，但要窮本溯源，要對症下藥。

「窮本溯源」所指的是，要弄清楚：「老闆是誰？」與「顧客是誰？」

「對症下藥」則是將選擇權還給使用者，是使用者在使用，不是經營者、管理者在使用。

企業對這些就非常清楚，他們與同行激烈競爭，所要賺取利潤的來源，就是消費者，誰掏錢給他們，誰就是他們的顧客，就是他們的老闆，所以他們想盡辦法，一切以客爲尊。

宋楚瑜指出，政府經費、公務人員薪水的來源，不是上級機關，不是管預算、決算的機構，不是民意代表或立法機構，而是來自老百姓的納稅，不能因爲老百姓沒有直接將錢交到公務人員手上，就忘了他們才是應該好好服務的對象。

他要省府同仁，學習企業改革所追求的精神與優點，要視民眾爲「顧客」，爲「政策消費者」，要奉「以客爲尊」爲金科玉律，來調整政府的工作流程、方式與內容，絕不能再像過去，「我們就是供應這些，你要嘛，就照規定來」。

宋楚瑜指出：「必須從需求面來看待問題，也就是從過去政府或管理者角度看問題的習慣，改爲以民眾或使用者的角度看待問題，才能發現更有效解決問題或提供服務的途徑。」

從顧客的觀點來看，才能找到該做什麼改進的方向！

就好像打開水龍頭一樣

日本經營之神松下幸之助有一套「自來水經營哲學」，台灣省長宋楚瑜則有一套「自來水服務哲學」。

松下的使命感是要將電器產品賣得像自來水一樣多，一樣便宜。宋楚瑜則是將政府所提供的服務，讓民眾像打開自來水一樣的方便與好用。

從使用者的角度考量，民眾不需了解一大堆複雜的原理，或面對繁瑣的程序與塡不完的制式表格。宋楚瑜要省府同仁做到的，就是**要讓民衆感到「便利」與「好用」，就好像打開水龍頭，自來水就來了**，按下開關，燈就亮了，瓦斯就燃燒了一樣。

幾年下來，省政府推動簡政便民，遍及戶政、社政、交通、監理、醫療、工商、建管等方面，改革措施數以百計，但宋楚瑜認爲可以改革的空間仍多，也無法停止，必須隨著時代與社會變遷的腳步，完全滿足民眾的需要，否則不能算是眞正完成爲民服務。

例如，省建設廳受理公司登記等案件，業務量非常龐大，每年約二十二萬六千件，占省政府受理人民申請案件百分之六十八。如果管理的手續弄得很繁雜，不僅民眾要費時傷神，公務人員也累了自己。建設廳投入不少精神加以研究改進，實施核發證明及抄錄的中午不休息服務、開創公司登記及民眾親自申辦當天就可領到執照，大家都方便了。

剛當省主席的第一年，宋楚瑜會見了十大傑出青年，其中一位顏面傷殘的傑出青年，是陽光基金會的理事長，當場對他建議簡化殘障同胞慰問金的發放手續。過去慰問金的發放或相關補助金的核發，都要經五、六道關卡，甚至每三個月才發放一次。此事宋楚瑜要求社會處唐啓明處長研究改善，以後就變成了按月發給，而且將補助款直接匯撥到殘障同胞指定的郵局帳戶。

鐵路局各站售票，每天有數不清的客人，可曾想過在寒風站立等著購票的民眾，有多辛苦？到底還有多少車票，電腦看板上可以清楚顯示出來，如果還剩十張票，從第十一位起就不必排隊了。這樣的做法既「透明化」，又可避免浪費排隊時間，何樂而不爲。

台北縣與台北市間原有幾座橋樑，過橋時都要收費，交通流量甚大，尤其尖峰時段更爲嚴重，常因停車繳費造成壅塞，各級民意代表迭有反映，強烈要求取消徵收過橋費。就政府而言，這是一大筆的收入，但對於使用者，在意的是「時間至上」，而且改善交通上所帶來的無形效益，則遠超過這些過橋費。後來宋楚瑜在省議會宣布，省府代管的重陽、中興、忠孝三座省市共管橋樑及高雄市的過港隧道，停止徵收過橋費，這主要也是從使用者角度來設想。

S型曲道的辯證

民眾對政府施政有怨言，有時會當面反映，有時則口耳相傳，公務人員不是不知，不是不改，但站在管理的制高點上，牽一髮則動全身，要改革談何容易，但也因此因襲拖延下來。

以前宋楚瑜就聽說交通路政或監理的單位，很「機車」，很會找民眾「麻煩」，眞的這樣嗎？既來了省政府，就相信他的同仁不致如此，更何況這類問題不只是發生在台灣省，這是全國性的問題。

但他也確實知道民眾有抱怨，不能也不該漠視。他雖是一省主席，可也不能忘了「一介平民」才是他最長久的身分。

他強調要站在民眾的立場，從需求面來看待問題，但不能只是要求同仁如此，自己卻不奉行。有些事情必須自己做給人家看，於是他先找出一些觀察點。

例如試問自己能不能從台北出發開車南下，不用下車問路，一路開到屏東？又，如果他這個「老駕駛」再進監理所考一次，能不能通過S型曲道進出？

關於第一個問題，由於他常坐在旅行車上全省跑，特別花了時間仔細觀察。他有了初步的結論：「如果不是我的駕駛開車，而是由我自己開，很可能因爲路牌不清楚，路況又不熟悉，一下了高速公路就迷路了。」這個問題經過交通處及公路局同仁的努力，將全省道路重新標號，樹立路名與指示標誌，並印製完整的公路路線地圖，帶給用路人不少的方便。

第二個問題，他親自去做了，就在到省政府服務的第一個星期，到監理所訪視時，他進入路考試場。他相當自信三十多年的開車經驗，應難不倒才是，特別挑選民眾反映最多、最難的S型試試，他努力的做，像極想要獲得駕照的考生，誰知不久壓線鈴聲就響了。但他並不覺得不好意思，他想很多已經考過駕照的省民再來一次，與他一樣做不到。

會開車、有駕照的新任省主席，竟然通不過S型曲道測驗，這可是「有價值」的新聞，媒體大登特登，還引起熱烈廣泛的討論。這些討論並非看省主席的笑話，主管機關的交通部亦未等閒視之，隔年就決定放寬S型寬度，由原先二點九六公尺增加到三點二公尺。

或許有人會以爲那次「S型事件」是個表演的 **event**，但宋楚瑜說：「那天測試我原本有信心通過，可是剛好試到的是老爺車又是手排，否則我仍會成功。」

這些理由不管成不成立，但眞是謝天謝地，還好省主席當時沒開好，S型寬度才多出了二十幾公分。

雖然已有改善，但省政府還是一再向交通部反映，開車考照不必再測驗曲線進退。宋楚瑜認爲，幾乎全台灣所有省縣鄉鎮道路都未見過如汽車考照的S型曲道，若眞有這麼一條路，也要趕快改成直路。假如台灣沒有這種路，爲什麼要去考老百姓呢？既然沒有這樣的道路，就不需要爲難民眾，「因爲民眾考領駕照開車，並非特權，也不是了不起的恩惠，而是現代社會必須的基本裝備。」

讓兩種假設發生美好的際遇

作爲政府機構的領導人，要精準掌握改革的區塊，要敏於選擇改革的事項，要站在人民是使用者的角度，來改良政府的服務品質。但是，並不是任何的改革，必然最後走向成功。

凡事因勢利導，硬來硬去的做，效用會遞減。宋楚瑜的方法，是先在心底預存了以下兩種的「合理假設」。

第一種假設是，自己的同仁個個或大部分是具有革新氣象的人，他們渴望組織內部產生改革的動力，想從固定常規（routine practices）的泥沼裡跳脫出來，獲得他們的服務對象的認可與肯定。

第二種是假設所有民眾都想藉著洽公的每一個機會，親身體驗政府機構是否追求進步或因循苟且？民眾才是眞正的主人，他們誠實納稅盡義務，都想獲得應有的尊重，而不願成爲受挫的公民。

這時候，政府機構的首長就必須設法，發揮領導力，引導服務團隊發揮最大功能，來滿足民眾的需求，創造這兩種假設發生「美好際遇」的可能性。

如果政府敏捷的去做了，而且民眾歡喜政府做對他們有利的改革，政府站在民眾立場設想，民眾自然歡迎它。另方面，又能適時誘導公務人員想要改革、想要進步的慾望，這正可謂爲順水推舟的最佳狀況。

第五章

僕人哲學：人民的小事，就是政府的大事

快工出好活／「歸納」出看不見的問題／可要注意民眾的需要改變了／省主席跑到鄉長家裡夜話／計畫裡還有中間計畫／不是自己的事也不推卸／利他的僕人領導

宋楚瑜曾經打比方，他和省府同仁共同經營的省政府，應該像是7-eleven便利商店。省政府既然如同7-eleven，只要省民有事，就必須立即回應。不只如此，還要主動的去接近顧客，省民還未提起的問題，要先設想去幫忙解決。

賴英照副省長是財政管理專家，比較懂得「精打細算」，曾經仔細算過一共在省政府服務了幾年幾月零幾天，不過賴副省長打趣的說：「不只，應該加倍」，因爲宋楚瑜與同仁相勉，「要一天當兩天，甚至當三天用」。

快工出好活

宋楚瑜的確說過，「要一天當兩天，甚至當三天用」。

那是勉勵同仁做事要積極、勤快，而且要把事情做好，不要停在「慢工出細活」的腳步，要跨入「快工出好活」的階段。

他經常強調「勤政」的重要性，「民眾有事，趕快辦，不能讓他們空等，人民的小事就是政府的大事。」

省府同仁都清楚，那不是要他們「天天加班」，而是公務人員要將民眾的事情，當成自家的事一樣，來求精進，努力加強，眞正做到爲民服務的精神。

宋楚瑜雖沒有要同仁「天天加班」、「經常加班」，但他幾乎是「天天加班」、「經常加班」的人。他的太太陳萬水每次見到義警消或公路單位等同仁眷屬，都會忍不住對他們說：「我們同時愛上不回家的人。」

每天工作十幾個小時，已是宋楚瑜長久維持下來的習慣，從追隨經國先生時期開始至今。人人皆以爲愛迪生是天才，可是他眞正的成功秘訣是─增長工作時間。

愛迪生最爲人熟悉的一句名言是：「天才是百分之九十九的努力和百分之一的靈感」。其實，他另有一句更爲簡明的格言：「休息就是生鏽（to rest is to rust）」。

「歸納」出看不見的問題

事情就是事情，本無大小之別，但若立場不同，在你來說是大事，對我可是小事。我們常爲了勸人息事寧人，會說「大事化小，小事化無」，但作爲政府團隊的領導人，可得將上面那句話倒著來。

許多地方上的事情，平時鮮少人提出，並非代表不重要，可是當被看作「小事」，就容易疏忽了。西方人叫 It's unfair 時，這通常是大事情了，可是那句話若用中文表達，似乎就沒那麼嚴重？

全省三百零九個鄉鎮市，有一個地方有一高、二高經過，全台灣最重要的兩條高速公路都通過這裡，當地居民卻沒有交流道也沒有便道可以上下，這是那裡？宋楚瑜告訴大家，這就是新竹縣的寶山鄉。鄉長與鄉民跟他講，他們並不需要「大便道」，只需要「小便道」就好，並問他說：「主席，你看公平不公平？」後來宋楚瑜親自到交通部找劉部長，協調解決這件事。

全省所有鄉鎮市中，有個地方擁有兩座水庫，卻沒有自來水喝，這又是那裡？宋楚瑜告訴大家，這也是新竹縣的寶山鄉。這個地方沒有自來水的問題，他與同仁們研究後，知道因地方偏遠，人口較少，接管的費用很高，一直沒有辦理。但他認爲這件事應該不計成本，政策性地予以照顧才對，終於幫鄉民解決了問題。

桃園沿海的蘆竹、大園、觀音及新屋等四個鄉，也是沒自來水喝。大園鄉應該是台灣一個很有名的鄉，而宋楚瑜如此這般介紹，全省只有這個鄉有兩個機場，一個是桃園中正機場，還有一個軍用機場，但是他們一直沒有自來水喝。

很可能他們的事，都被看成「小事」了，宋楚瑜特別運用大家最熟悉的「歸納法」，突顯了他們地位的「重要性」與問題的「迫切性」。

可要注意民衆的需要改變了

大家一定看過媒體報導澎湖縣缺水的問題，澎湖幾乎年年都缺水。這個群島，沒有山，蓄不住水，所以缺水。有一年，全省的水庫幾乎都滿了，只有澎湖水庫的水不到一成。

沒水怎麼辦？只好用客用的台華輪來運水，每天供應五百噸，但這樣的缺水現象，至少每天要一千噸到一千五百噸才夠。於是，宋楚瑜又找海軍來幫忙，請他們到澎湖時順便帶水，勉強湊足澎湖所需的運量。

那時有一段時間，中共的潛艇在台灣海峽附近頻繁活動，海軍必須嚴加看守海域，再無法幫忙運水，省政府另想辦法租了一艘新的油輪，但油輪路線比較無法搭配，後來找了一艘專門運蜂蜜、糖漿的船，暫時解決運水問題。但租這一艘船，每兩天運三趟，幾個月要花幾千萬元，不是長遠之計，就撥款一億四千多萬，興建一座海水淡化廠。

其實豈只先天地理條件不利的澎湖縣缺水。在台北縣石碇、深坑、坪林集水區的民眾，原來也沒有自來水。在台南縣白河水庫、曾文水庫邊上的人也沒有自來水。你也許會感到驚訝，爲什麼以前都不做自來水？不喝自來水，又喝什麼？

此事原不足奇，以前民眾覺得自來水並不是「自來的」，是要付錢的，他們不願意，有山泉水可接，有井水可喝，何必花錢買自來水。可是到了現在，以前打的井沒有水或汙染了，於是大家想要用自來水。

民眾的需要改變了，要政府幫忙做點事情，宋楚瑜說：「我們就必須馬上做，沒有理由推拖。」

省主席跑到鄉長家裡夜話

前面提到桃園沿海四鄉鎮沒有自來水，也是同樣的情形。這裡的人大多數是客家人，非常勤奮節儉，過去打口井就夠用了，現在工業化之後，打上來的水都是黑的，受到汙染的，不能喝了，於是現在想到要用自來水。

但這裡又另外夾雜一個環境汙染的問題，台北縣林口發電廠排出來的煤砂，經常飄流到這些沿海鄉鎮，當地民眾爲此抗議已經多年，中央好像曾經給他們一個印象，要拿出八億元做回饋工作。

宋楚瑜到省政府服務，立即問過相關部門，也與中央部會協調過。於是他和幾個同事，趁一個機會夜訪大園鄉鄉長和觀音鄉鄉長。他們都很驚奇，從未看過一位省主席半夜跑來鄉長家裡聊天。

「政府不講信用，過去答應要給我們每個鄉鎮二億元，一共八億元，爲什麼至今不給我們？」鄉長一開口就說。

「你拿這些經費做什麼用？分給大家錢嗎？」宋楚瑜問。

「也不是啊！很簡單，我們這裡沒有自來水，有了經費，就可以來做自來水了。」他們說。

「做自來水是一件事，不要跟林口發電廠汙染混爲一談。」宋強調。

「那當然，可以不混爲一談，我們要錢嘛，要錢就是爲了做建設。」他們的態度非常堅決。

聊了不少時間，宋楚瑜向鄉長表示，好好整合地方上的需求，提出一個書面計畫，省政府就會趕快做。但鄉公所沒有做這樣大計畫的經驗，主席只好請省府經建會主任委員來幫忙規劃，只要詳告地方的需求，省政府爲他們做紙上作業、施工接管。

過了一段時間，從過去不到三成住戶有簡易自來水，提高到八成以上的住戶有自來水。宋楚瑜想這個問題解決了，心裡面很開心。那天又到鄉鎮公所去，以爲他們應該謝謝省政府幫他們解決問題。

誰知他們又提出問題：「主席，只有八成，還有二成的人沒有自來水啊，還要五千萬，要幫我們做。」

宋楚瑜回說：「好，今年想辦法再來做。」

計畫裡還有中間計畫

從供水成本來看，愈是基層偏遠地區的供水工程，成本必然愈高，然而這些地區的居民，往往愈是弱勢的省民，政府沒有理由不予照顧。宜蘭縣冬山鄉的沿海村落，又是一個例子。

或許大家聽過台南沿海地區民眾有烏腳病的問題，沒想到宜蘭地區也會有。冬山鄉沿海村落居民因爲飲用含有砷的地下井水，在傳出病例之後，省政府立刻由省政委員尹祚芊女士組成專案小組督導，進行醫療上的處理，同時全面檢查尚未發病的民眾，但這只是治標的方法，治本之道仍在於裝設自來水。

在偏遠地區，每戶接管費用就要二、三十萬元，省政府就以發展基層建設經費來貼補，比照桃園沿海改善自來水計畫，每戶最多只要花一萬二千元，其餘經費由省政府協助解決。

但是安裝自來水，不是幾天功夫就可完成，省政府擬定計畫要在半年之內將自來水安裝好，可是這半年內，要居民喝什麼水呢？

於是省政府又提出中間計畫，就是在還沒接好自來水之前，每天載運飲用水，供應到每個村莊，其它如澆花、灌溉等其他用途，才用井水。

不是自己的事也不推卸

屏東縣有個小島，叫小琉球，小琉球的民眾跟宋楚瑜說，省政府幫他們做了很好的雙線環島公路，島內交通比以前方便多了，但他們也需要對外的交通，能不能給他們造一艘船。

等到一艘做好了，他們又說：「省長啊！謝謝你花了八千萬元，幫我們造了一艘船，但就像公路有雙線道，應該也有雙線的船，所以你要再做一艘船可以對開。」

小琉球的漁船要加油，必須開到高雄或東港，很不經濟也很不方便。有些漁民還在家裡儲油，造成住處的安全威脅。設立加油站的事，說來與他無關，與省政府無關，但他們是省民，方便與安全是省民的權利，宋楚瑜就去跟中油董事長當面反映小琉球加油的不便，更協助中油用地取得。

這個情況與以前經國先生協助八斗子的漁民很相似，八斗子的漁民要加油，得到基隆港，他擔任經國先生的秘書，知道經國先生花了一段很長的時間，才把八斗子漁港加油站的事情做好。

宋楚瑜說：「當民眾向我反映問題，我如果回答這是某某單位的事，不是我省長的事，可以嗎？假使只是抱著上面有人頂，下面有人踩，可以不必做事情，這種觀念對不對？省府同仁與省長都不會這樣。」

宋楚瑜對小琉球的建設與照顧深得民心，難怪他兩千年參選總統時，他到小琉球去，人山人海，敲鑼打鼓，有人評論說好像「王爺出巡」，可見有做事，就有迴響，民眾的心裡是很明白的。

利他的僕人領導

宋楚瑜經常強調，政府最要重視的是團隊精神，任何單一機構只能滿足民眾的局部需求，必須各機構群策群力，才能涵蓋民眾整體的需求。

另方面，他認爲公務人員就是「公僕」，既然吃這行飯，做什麼就要像什麼。他說：「公僕就是大家的傭人，說得白一些，也就是現在所稱呼的『服務生』。身爲公僕，應盡全力爲民服務，具有服務他人的熱情，是絕對的利他主義奉行者，不能有多做多錯或謀一己之私的苟且心理。」

所謂「利他」的「他」，就是民眾、團隊成員、所有接觸到的人。宋楚瑜以身作則，也一再勗勉他的同仁要有獻身給團體、奉獻給民眾的崇高服務精神。

其實，宋楚瑜在省政府的許多服務觀念與作法，與後來在二十一世紀興起的「僕人領導哲學」非常類似。

「僕人領導」的觀念源於德國詩人赫塞（H. Hesse）晚期代表作《東方之旅》（Die Morgenlandfahrt）。僕人與領導的雙重角色幾乎是並存並行的，好的僕人等同於好的領導。該書描述一群人的東方旅行中，特地招募僕人李奧隨行，李奧聽從主人們的吩咐，照料任何大小事情，更在不同主人間擔負協調溝通的功能。有一天，李奧突然消失了，這時眾人不知所措，才察覺李奧這位「僕人」，才是旅途中眞正的「領袖」。

美國管理學者格林里夫（R. Greenleaf）因受此書啓發，於一九七九年提出「僕人領導」理論，但並未獲得回響。但隨著上個世紀末網際網路應用的發達，以及知識工作者的日益增多，中央與邊陲的籓籬逐漸消除，使得格林里夫的觀點在新世紀以後廣受推崇。杭特（J. C. Hunter）的《僕人》、彼得聖吉（P. M. Senge）的《第五項修煉》等繼之於後，更將「僕人領導」推向顯學。

無論是政府領導者，或任何的公務人員，他們應都是樂意奉獻、樂在工作的「李奧」，但不能無緣無故的消失或睡著了。

尤其身爲領導者的人生觀是「利他」的，而非自私自利、只圖一己，只顧維護自己的權力與地位。他必須長久保持一顆僕人的心靈，來從事服務，滿足人們的需要，更從傾心聽取團隊成員與社會大眾的意見中，做好領導任務，引領團隊成員與社會大眾一同創造未來。

對於自己想要做的事，只要堅持到底，就是一種哲學。

第六章

省長旅行車就是旗艦指揮部

今後不能「高枕無憂」了／走過相當地球六圈的二十五萬公里路／海軍「旗艦」的概念／以
下往上的方式來落實基層／上台與下台，台上與台下／講「三七五」的台語／「望、聞、問
切」

「全省走透透」就是宋楚瑜的政治標記，他走過相當地球六圈的二十五萬公里路，靠的是一部九人座的旅行車。

他力行機動式的管理，發揮了海軍旗艦的概念，一具行動電話、一台傳眞機，就成了活動的辦公室，重新界定了辦公室的定義。

領導者的辦公室不是一個固定不動的地點，省長辦公不一定要常在辦公室內，省長批公文不見得要在省長辦公室內。

但他時刻都在領導，團隊也知道領導者在那裡及正在做什麼事。

今後不能「高枕無憂」了

八十二年三月二十日正式交接的前一天，宋楚瑜與夫人陳萬水抵達中興新村，並將戶籍遷入，成爲南投人與中興新村村民。交接當天，行政院長連戰出席主持命令布達及交接，將省政府印信由卸任代理主席涂德錡手中，轉交給宋楚瑜。

上任的隔天，就是星期日，宋楚瑜沒有休息，立即踏出訪視的腳步，第一站當然是南投縣，他與南投縣長林源朗及地方民代見面，關切了地方殷切期盼的集集共同引水工程及集鹿大橋興建工程。

兩天之內，他兩度以三W加一W誇讚南投的好：三W是水（water）好、女人（woman）漂亮、天氣（weather）棒，而且這三項實在好（wonderful）。

但在中興新村官邸睡覺的第一晚，因爲枕頭太高，睡不習慣，不能安枕，出現落枕現象，他向省府同仁自我解嘲的說，今後不能「高枕無憂」了。

從此宋楚瑜開始了跑遍全省的行程，除了例行會議等必須親自主持或出席場合之外，他將大部分時間用在各個基層角落，旅行車、火車、直昇機、飛機都是他的交通工具，也是他活動式的「辦公處所」。

他靠著隨車攜帶的各種地圖，奔馳在全省每一條大小道路上，在車內喝白開水，吃三明治之類的簡單飲食，在任何地點下車跟人借用廁所、洗把臉，一站又一站的趕，見了一批又一批的人。回到中興新村時，代步工具換成了腳踏車，方便他與村民及「鄰居」打招呼。

到省政府一年，他已訪視了全省三百零九個鄉鎮中的二百六十多個鄉鎮。又過了兩個月，只差三個鄉鎮沒跑過。

有一回由台北搭車南下，車行至苗栗三義路段時，突然車子晃動的相當厲害，駕駛停車檢查，才發現輪胎已爆破，只好改搭另一部隨扈座車，匆忙抵達中興新村。

以後他知道「跑多了」，車子也會「受不了」。

走過相當地球六圈的二十五萬公里路

十八世紀英國文壇泰斗約翰生（S. Johnson, 1709 -1784）說過一句話：「偉大的工作，並不是用力量，而是用耐性去完成的；每天走三個鐘頭的人，七年內所走的道路等於地球圓週。」

宋楚瑜的同仁幫忙算過，在省主席、省長任期內，五年多來他坐過四百多趟飛機，飛行時數超過一千三百多小時，飛機上給他冷靜構思台灣省建設的視野。

他也坐過將近三百次的直昇機，宏觀去看台灣的道路、去看這些建設。

各單位同仁陪他走過包括台灣省所有省道、縣市鄉鎮道在內，可以繞地球六點四一五圈的二十五萬七千公里道路。

所有三百零九個鄉鎮市，至少都造訪四、五次以上，有些造訪次數比較高的，達四、五十次以上。

幾年下來，宋楚瑜曾經深入台北三峽利豐煤礦的地底礦坑一千公尺，去看在惡劣環境下辛勤工作的礦坑朋友，也曾登上台灣最高點—玉山，看台灣山川的秀麗與壯闊。他是少有常搭直昇機、飛機的行政首長，也是常在旅行車、火車上，商討公事的「管家婆」。他說省政建設就是一部「媽媽經」，無論在任何時間地點，都可以和同事、各地方的任何人，談與台灣省有關的「柴、米、油、鹽、醬、醋、茶」。

花蓮縣、台東縣和澎湖縣這三個縣，人口數相對偏低，也比較受忽略，他爲他們花了更多的時間和精神，每個月至少都要去一趟以上。

以澎湖縣而言，馬公市去了五十次，湖西鄉十四次，白沙鄉十二次，西嶼鄉八次，望安鄉七次，七美鄉七次。

又如台東市是四十二次，花蓮市是五十次，吉安鄉是二十二次。

全省鄉鎮走了又走，是爲了什麼？

就是希望到各個工程地點、鄉鎮市公所，以及許多沒人去注意的地方，去跟他們當面談，去聽取他們的意見。

每一次去的時候，至少鄉鎮長、代表會主席或代表一定會在，很多時候縣議員、村里長，以及關心地方建設的鄉親也一起參與，從這當中能夠直接了解民眾希望政府為他們做什麼。

例如，只要到花蓮，王慶豐縣長一定會提出一、二項建設需求，所求不多，也都符合需要，省政府不給說不過去。花蓮的幅員狹長，南下北上的跑來跑去，卻常忙得連落腳吃頓飯的時間都沒有，王慶豐通常就是一碗「扁食」打發，有時來不及坐下來吃，還要打包上機或在車上吃。

他常調侃王縣長的扁食真貴：「平均一碗都得二、三千萬元。」

海軍「旗艦」的概念

在台灣省服務的兩千一百個日子，他將大多數時間用在基層各個角落，雖然很多時間不在辦公室內，但省府同仁隨時可以聯繫到他，也都知道他在那裡或正在忙什麼事情。

公事逐漸增加了，媒體報導省政工作的篇幅多了，靜態的省政府轉型了，這一切顯得與以前完全不一樣。但一時之間，同仁仍在適應，同仁的疑問仍有：「省主席是不是要好好待在辦公室，仔細看公事、批公文，來做好全省的經營策略、整體籌劃就可以？」

但宋楚瑜認為，固然省主席每一星期應該花一些時間，在他的辦公室跟相關的同仁見面，甚至於開會處理解決相關的問題。但省主席，尤其是民選省長的任務，就是應該到全省解決民眾的問題，而不是只待在中興新村或台北而已。

他以傳播科技的發達，來重新解釋「辦公室」的定義。

例如傳真機、車上電話，隨時可以在車上、在任何一個著落點，跟同仁保持密切的聯繫。

這也就是說，對於辦公室的定義，不應只是辦公文的地方，只要是處理公事的地方，處理相關省政事務的地方，都可以成爲辦公室，不必要把人侷限在固定地方處理公務。

看公事、批公文，並不一定非得在辦公室內，至於經營策略、整體籌劃的事，他強調反而要實地去看、去了解，更何況還有很多是屬於執行面的、民眾急迫獲得回應的事務，這些事情若要做得好，做得有效率，必須藉著現場溝通、協調，馬上發覺問題，也就能馬上彙整與回應。

對於這樣的「新式辦公室」，宋楚瑜有一個非常基本的「旗艦概念」。

他說：「比方你問海軍總司令，有那一艘軍艦是專屬於海軍總司令的軍艦？當然沒有。海軍有一個制度叫旗艦，就是只要總司令到某一航空母艦，那艘航空母艦即會掛上總司令的旗號，變成海軍的旗艦；總司令若到了驅逐艦上，同樣掛上總司令的旗號，那艘驅逐艦也就自然變成海軍總司令的旗艦。」

換句話說，總司令到那裡，旗艦就在那裡，那是機動式、流動式，非常有彈性的運用，就任務的需要隨時作全盤靈活調配的運用。

對他與省府同仁而言，省長旅行車就是旗艦指揮部，一部九人座的小巴士上，一具行動電話、一台傳眞機，就成了行動的辦公室，這讓他隨時隨地與省民碰面，也隨時隨地與省府各廳處同仁保持直接聯繫。

很多省政府機關首長隨時可能接到「省長來電」，前後幾位的交通主管鍾正行、陳世圯、陳武正、梁樾等人常是「受話人」，更是感受尤深，他們經常「接聽」省長最新的「路況報告」，那條路有坑洞不平，那個路牌不清楚或又歪了。

省長一個電話來了，就是一連串事情要處理，人民的小事就是政府的大事，要趕快去辦，絲毫遲疑不得。省府同仁也漸漸習慣，知道省長的「嘮叨」，是爲了把事情做好，沒有責備的意思，要趕緊將事情辦好就好。

宋楚瑜也有自知之明，他說自己很像澎湖絲瓜，又黏又雜唸。

地方跑多了，他明白民眾常以澎湖絲瓜形容一個人，由於它有十稜，台語的諧音是雜唸，他知道自己是「雜唸的人」。

以由下往上的方式來落實基層

以勤走基層發掘問題，以快速回應解決問題，讓人在宋楚瑜身上烙下「全省走透透」這個不可取代的政治標記。但是，勤走基層的工作習慣，並非來到省政府之後的突發奇想。

宋楚瑜擔任當時行政院長經國先生的秘書，就開啓了他下鄉的難得經驗，經國先生是個到處與民眾接觸的人，宋楚瑜都跟著。在國民黨中央委員會服務期間，尤其是擔任秘書長時，爲了輔選黨籍候選人，宋楚瑜就經常一部車或搭乘火車南北奔波，東來西往。

從國民黨中央委員會轉進到省政府時，當國民黨中央常會通過提名宋楚瑜出任省主席，到省議會得對宋楚瑜行使同意權，這段「準備時間」不過二十天。這段短短時間，他很快跑遍全省一圈，目的是拜訪每一位省議員。宋楚瑜必須要用最短的時間樹立民眾好感，要讓省議員接受他。

宋楚瑜未必是最優秀的政治演員，卻肯用心學習，也有一定的天份，尤其他近身追隨經國先生多年，深諳官場亦熟稔如何與民互動。以八十二年三月十五日新竹市拜訪省議員爲例，他就表現得不錯。

雖然只是「準省主席」，拜訪省議員仍是地方大事，新竹市民展開熱烈儀式表示歡迎。會中另準備了一個七層大蛋糕，邀請宋楚瑜去切，眞令人意想不到，他特別以由下往上的方式切開蛋糕，並且愼重的表示，他如順利出任省主席，將以這種由下往上的方式與精神，來重視基層，落實基層的工作，可以想見他獲得他想要的如雷掌聲。

上台與下台，台上與台下

「上台與下台」說的是領導者的政治智慧，「台上與台下」則是領導者與民眾在一起的智慧。

宋楚瑜的湖南先哲曾國藩有句很有名的對聯語：「盛時常做衰時想，上場當念下場時」。宋楚瑜很機智，以前有位記者訪問他，關於政治人物下台的智慧，他拐個彎回答說：「我從來沒有想過自己上台，又怎麼會有下台呢？」這則軼事曾轉載在《讀者文摘》中文版上。

這則故事如有續集，該是八十三年三月三日這一天，他快幹滿省主席一週年了。

基隆市東勢坑溪攔河堰舉行開工典禮，照例由省主席主持，因而宋楚瑜等人坐在台上，參與的民眾坐在台下。

但主辦單位做簡報時，爲讓宋楚瑜看清楚，遂將簡報資料對著他，可是台下的觀眾就只能看到簡報資料背板。

宋楚瑜見狀二話不說，馬上起身走下群眾席，坐到台下與大家一起聽簡報，這時全場大小的官員都看傻眼了，忙著將簡報板轉向台下觀眾。

基隆四十幾年來，頭一次發生嚴重的水荒，民眾當然心急想了解對策，省政府端出辦法，除了調動水源應急，還要興建東勢坑溪攔河堰，西勢溪挖除淤泥，新山水庫要加高。

最關心這些事情的當然是這裡的市民，主角當然是市民。

講「三七五」的台語

宋楚瑜勤跑基層，也勤練閩南語。以外省腔調，講台語、客語、各族原住民語，這也成為宋楚瑜無可取代的特色。

他學閩南語，非始自省政府時期，而是中央委員會祕書長時，跟李登輝下鄉，與地方人士交談時，有如「鴨子聽雷」，才慢慢從收看閩南語節目學習。

剛開始的一些讀音，就弄得他頭昏腦脹，七渾八素的。

例如台「東」與屏「東」、士「林」與大「林」、楠「西」與東「西」南北、大「人」與「人」物的不同。

又如剛到省議會，一位省議員要他唸「去香港買香香眞香」，三個「香」的閩南語音皆不同，他唸成「一團」，笑得議員諸公人仰馬翻，合不攏嘴。

沒想到沒多久，他的閩南語「進步」了，因為他敢一段一段的講了。

該講時就講，該秀時就秀，講得「很破」，又喜歡講，還自嘲是「三七五」，民眾聽了卻感覺「很爽」，可謂「全台第一人」。

外省籍政治人物講台語，能講而且講得好的人不少，但帶動此風的是宋楚瑜，講台語的「效

（笑）果」，亦無人出其右。

但有人質疑他，爲何以前不擁抱群眾、不講閩南語？現在爲什麼又要學要講？

他這麼回答，說這是環境使然，過去在中央服務，工作上就不太用到閩南語。而且自小時候，中央政府遷台，各省人士到台灣，開始推行國語，加上他中小學老師不少是外省籍，很少有機會練習河洛話、客家話，連自己父親家鄉湖南話也不太會說，因爲媽媽是蘇州人，但日後工作性質不同了，必須接觸民眾，瞭解民情，爲了便利溝通，以五十歲的年齡努力學習，這種誠意不是値得鼓勵嗎？

即使這樣，他可以在穿著上、言行舉止上與民親近，宋楚瑜心理清楚，親民愛民要隨俗，但絕不是媚俗。他說：「我有誠意學好閩南語，也會學客家話，不過，最重要的是，要誠心誠意、實實在在爲老百姓做事，像經國先生也不會說閩南話，但沒有人講他不愛台灣。」

自國發會「凍省」風風雨雨以來，宋楚瑜遭到不少汙衊，諸如以「宋楚瑜出生於大陸、史豔文被禁」大作文章，但他相信民眾非常清楚，他出生於大陸，絕對無礙於對這塊土地及民眾的深厚情感，事實證明：「史豔文被禁的時代，宋楚瑜還未到新聞局工作」。

他說他一向是就說是，不是就說不是，他舉金馬獎爲例，他就任新聞局局長時，金馬獎已經辦了十六屆，這個獎根本不是他創設的，但是提到金馬獎，大家還是想到他，因爲他改變了頒獎方式，讓金馬獎變成大家的事，而不是演藝圈內的事。

而另一個事實是，他在新聞局任內，不但增加閩南語節目的播出時數，也開始了客家語節目的播出。

「望、聞、問、切」

省政業務是全方位、多面向的工作，每個層面都有學不盡的專業知識，宋楚瑜再怎麼勤勞，眞能什麼都懂嗎？不能全懂，又怎麼去領導同仁、推動工作呢？

出任省主席之前，他曾擔任新聞局副局長、局長，也經過執政黨主管的歷練，擔任中央委員會秘書長時，還綜理過全黨各部門事務，具有一定的行政能力與經歷。但有些省政工作極爲複雜，宋楚瑜承認無法全懂。包羅萬象的工作，很多是在他的知識和經驗範疇之外。

雖然無法全懂，但有方法：「望、聞、問、切」。

有心，想做事情，他將中醫懸壺濟世的方法做了最確實徹底的運用。

別無他法，就是這種苦工夫，除了大量閱讀相關的案卷及資料外，只有勤問、多問，時時「不恥下問」。他說：「用心了，問多了，看多了，聽多了，自然就會懂了！古人看病，有所謂望、聞、問、切四項方法，翻成白話就是用眼睛觀察，用鼻子嗅辨，用嘴巴詢問，再進而動手動腳去了解實際問題。診病如此，求知亦然，做政府工作與任何事情，也逃不出這些方法！」

宋楚瑜運用之餘，也樂於傳授，省府員工很多人都知「望、聞、問、切」，但這四法的管用，並非「閉門造車」可得，而是加上「一步一腳印」，走遍全台灣省每一個角落，經年累月、不斷累積出來的。

水利等工作就是最好的例子。

「在水的問題上，我原來只是幼稚園的程度，慢慢接觸懂一點，這些都是點滴在了解。」宋楚瑜雖這麼說，但曾是台大土木工程系教授的水利處處長李鴻源卻認為他已經可以到台大演講，對一屋子教授講台灣水利。

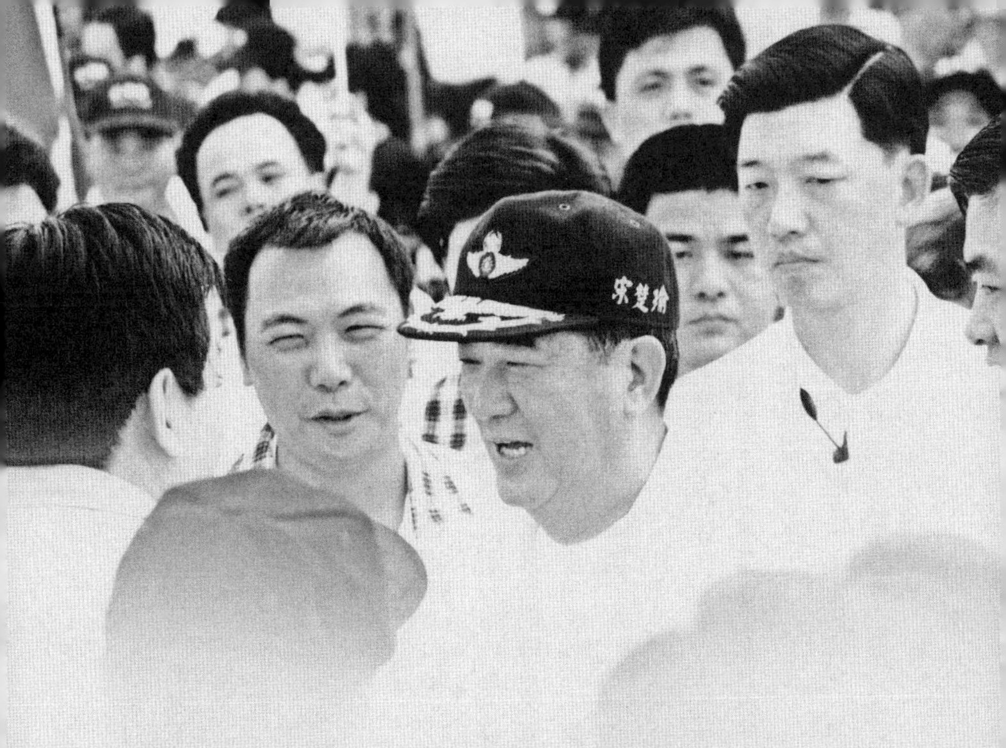

第七章

補位

因應現在也籌劃未來／還要做省民的依靠／水利還是交給省來管比較好／道路還是要繼續維護下去／「廢省」只能省十九億元／野叟村夫的邏輯

身跨地方自治的新舊兩階段時代，宋楚瑜的台灣省際遇，可謂爲空前絕後。在他卸任之後，省就被精簡了，如今物是人非，連具最後象徵意義的「省主席」，在今年也被「精簡」，不派了。

依據憲法規定，省是具有高度自治權的地方自治團體，有關「省」的研究可謂汗牛充棟，但在台灣眞正做過省的「高度自治」工作的宋楚瑜，又是什麼看法呢？

宋楚瑜說是「補位」。凡事務不屬於中央或中央不願意做的，地方又無力做的，省就來補位。

因應現在也籌劃未來

台灣地方不大，但是南北、東西卻有很大的差異，而在同一個島上，法規應是一體適用，但在適用過程中，卻常有窒礙難行之處。宋楚瑜曾舉山坡地開發爲例，依照規定必須十公頃以上，始可核准大規模的開發使用，但以基隆市的幅員來說，能有幾個十公頃可供開發利用？

台灣是一個典型的發展中社會，是一個不斷進步的社會，隨著社會變遷的加速，不斷產生新的需求與新的問題，宋楚瑜特別強調，這就要有新的方法、新的耐心，來解決處理新的問題。

他曾經分析，省政府有兩大任務：

其一，把過去認爲不是問題，而現在產生問題的事情加以處理。

第二個任務是籌劃未來，不要以爲今天辦好的事情就可以停頓，今天解決了問題，明天又有新問題、新的狀況，都要預爲籌謀。

身跨台灣省地方自治的新舊兩階段時代，擔任過同一個「位置」卻屬性不盡相同的省主席與省長兩個職務，同時是第一任也是最後一任的省長，宋楚瑜對於自己或省的「事務性質、責任輕重、能力大小」應是知之甚深的，而這種際遇，不僅史無前例，以後的人恐怕也是不可能遇到的。

他對省民毫無保留、給予始終高支持度的肯定，感到欣慰與感激，也窮盡最大最真誠的心力與省府團隊戮力奉獻，但他對省的工作定位，卻賦予一個非常中性卻頗爲靈活的解釋：「那就是補位，凡事務不屬於中央或中央不願意做的，地方又無力做的，省就來補位。」

還要做省民的依靠

既然是補位者，那就不是「主角」。

主角與配角一樣重要，宋楚瑜一向這麼認爲。

當然，既然是補位，就不可或缺。社會需要這種角色的人與功能，就如每支球隊有代打與候補球員一樣。

以下的摘錄，就是他在各種不同場合，對於省的工作或是他所謂的「補位」的相關描述。

—省政工作是擔任橋樑的角色，是一個協調的工作，是一個需要耐性的工作，有很多問題可能不是由表象的情況就能瞭解（八十三年十月三日接見中華民國專欄作家致詞）。

—省政工作的基本精神是縮短省民與政府之間的距離，實實在在為省民解決問題，一方面做民眾的公僕，另一方面也應做省民的依靠（八十五年十二月三十一日台灣省議會第十屆第四次大會省政總質詢總結報告）。

—省政建設上需配合國家重大政策，下至基層村里小型零星工程建設，衛生、環保暨社會福利措施等等都要面面顧到（八十七年三月三十一日研考業務協調會報致詞）。

水利還是交給省來管比較好

在宋楚瑜的施政中，最優先的是讓民眾喝到乾淨又充分的水，所以對自來水的水質、普及率、偏遠地區用水的照顧，常常列爲非常優先的位置。他花了很多時間在提高自來水的普及率上，像桃園沿海鄉鎮、宜蘭沿海鄉鎮、花東地區沿海鄉鎮、山區偏遠地區用水問題、客家鄉的自來水普及問題，省政府做了很多努力，更做得很細膩。

又像屏東很多人喝地下水，省政府先找到自來水水源，把管線做好，在一切都準備好後，就要屏東人不要再喝地下水。宋楚瑜卸任後，仍有一些攔河堰工程還在進行，屏東縣瑪家隘寮堰是其中一個。

高雄地區飲水不乾淨，紛紛建議要建水庫，但爲了生態環保，美濃地區的民眾不贊成，預算在立法院遭到刪除。未來高雄一天至少缺一百萬噸的水，既然不能建水庫，又不能坐視高雄人沒水喝，省政府就得作出替代方案，想辦法整治高屏溪，並做攔河堰。

這些經費的投資，並不是自來水公司能夠支付，而是「政策支付」，也就是不惜成本。自來水公司只是一個事業單位，有錢就做，沒錢賺就不做，宋楚瑜則是沒錢賺也要做，要替沒有飲用水的人找到水。

凍省鬧得不可開交期間，宋楚瑜曾爲一些省級機關做考量，台灣水利走過五十年，這些執行面的事情都是由省擔任中堅，他爲老百姓、爲未來著想，特別希望水利工程不能廢掉，還是留給有經驗的省政府來做。

他的語調很「軟」，他這樣說：「中央如果管太多執行層面的事，中央就常常要和民間對抗，省因爲平時和地方已建立感情管道，可以化解很多不必要的誤會。做任何水利工程，包括自來水埋管、堤防、河川整治、用地取得，在可預見的將來還是會面臨相當的抗爭，由地方政府來負責擋，縣市政府出狀況時再由省政府來面對，比中央政府直接面對要好得多。」

道路還是要繼續維護下去

爲了兩條道路，宋楚瑜跟中央有不同的的意見。一是台三線，希望中央給多一點補助，早一點把苗栗段拓寬，另一條是台東的台十一線沿海的道路拓寬，東部地區沒有國道，如果中央再補助一些，就可將省道提升具有國道的價值。

宋楚瑜這樣形容：「如果有機會去看看台東，那裡絕對不下於夏威夷之美，你看看海濱，看看那個快速的四線道道路多漂亮，但就差這一、二十億，如果把它做好的話，台東的十一線和台九線就非常的漂亮。」

以前澎湖許多地方連路面都沒有，最多只有石頭路而且是單線的，宋楚瑜任內做了澎一線、澎二線、澎三線、澎四線，從馬公一直到最南邊的風櫃，全部都是四線道。

這些縣道就是省公路局負責興建與保養，從馬公穿過跨海大橋，四線的跨海大橋一直到外按全都是四線的大道，宋楚瑜引以爲傲的說，如果到澎湖去看這條道路，眞有「落霞與孤鶩齊飛，秋水共長天一色」的感覺，漂亮的不得了。

有一回在台北開完會，宋楚瑜直接趕到和平鄉的德基水庫，他常來，一爲看水，一爲看路，當然還要慰勉在那裡辛辛苦苦工作的同仁。公路局工務段同仁告訴他，現在利用這條公路的人比過去少了八成，但是路還是要維護。

他了解守護路段同仁的辛勞，只要那個地方下雨坍方，就是立即出動搶修。他也特別注意一些危險路段及以人工開鑿的山洞，幾十年來花費多少心力在做維護。

他嘴邊念著「創業維艱，守成不易」，仍不忘提醒：「不能因為人們運用少了，就疏忽了維護，否則將來變成花大錢又無法處理。」

「廢省」只能省十九億元

「廢省」的人信誓旦旦，說「省」這個層級省掉的話，每年可以省下好幾千億。宋楚瑜說，包含貪瀆的各種影射都紛紛出籠，當時李登輝總統也公開說每年可以省掉五千億元。

後來省政府有位追隨過李登輝的人，透過老關係向李總統進言說：「你不能亂講，侮辱台灣省，不等於是侮辱你自己。」從此李總統再沒提了。

宋楚瑜反問：「如果真能省掉五千億元的話，那凍省至今，國家財政為什麼沒有改善？還是這麼困難？」

其實，在那謠言滿天飛的時候，宋楚瑜曾請省政府相關部門做了通盤研究，真正可以省掉的，只有十九億元。能省的部分包括省長、府本部、秘書處、經研會、法規會、政風處、人事處、主計處、財政廳。其餘省政府所有業務單位，像公路局、水利局、環保衛生及省立醫院、教育行政及各級學校等等，在這些崗位的人與工作還是省不掉。

宋楚瑜認爲，政府不僅應該精簡，有些工作還應該開放給民間來做，但政府體制的改造，如果只從精簡的角度來看問題，而不從整體流程的改造來看政府效能的問題，難免以偏概全，而且成本大，爭議多。

他舉美、日等國爲例，指出柯林頓總統的新政府運動，計畫精簡的組織與員額，都是聯邦政府的層級，日本曾於一九五三年，將全國九千八百多個町村合併爲二千六百三十四個町村，但首相橋本龍太郎執政時代，則將數以萬計的中央公務員移撥到地方。

野叟村夫的邏輯

宋楚瑜曾對花蓮、台東和澎湖三個縣承諾，每個月至少都要去一趟，這項承諾履行到卸任，並無一次爽約，只有去得多，絕沒少。

任期即將屆滿，精省的腳步也近了。宋楚瑜又到了吉貝鄉，有一位老鄉親用閩南語跟他說了一些話：「省長，您每個月一定到澎湖離島來替我們解決問題，我們知道中央政府很忙，他們長官不來，我們能夠諒解。如果省政府沒有了，把業務交給了中央，然後說以後他們會比較不忙，會跟您一樣常來看我們，我們絕對不太敢相信。」

宋楚瑜後來提到這事時，加了一段評語：「野叟村夫的邏輯，不必到大學去學，但他的言下之意，我們都能了解。」

「All politics is common sense」，此之謂也。

第八章

花錢大學問

巧婦難爲／省政府爲什麼叫窮？／前人借錢，後人還債／中央請客，地方付錢／中央承受省資產是利多／省產是省民的，不是省政府的／三個優先：「有病的，就要協助就醫」／五項前提：衡量施政整體性／不是「紅包」，而是愛心在爲民眾解決問題／不是多少錢的問題，而是持什麼方法做事的態度問題／不隨便允諾，做的比原來答應的多

省政建設被宋楚瑜比爲「媽媽經」，十根手指各有所長，也各有所需，這牽涉到就是經費的調度與分配問題。

經營省政工作，難免每天要碰觸錢的問題。每一分錢，都是人民的血汗錢。但該給多少、怎麼給、自己的能力又如何，還眞是個「大學問」。

宋楚瑜面對地方建設發展的工作，有所謂的「三個優先」與「五項前提」，一切均以省民利益爲最高考量。至於所有的省產，「不是你的，不是我的，不是省政府的，而是所有省民的。」

巧婦難爲

省民要的是效率與經濟，但再怎麼經濟，樣樣都需要錢，可事實情況是地方三級都叫窮。

在沒有辦法中的辦法，宋楚瑜曾特別加強省有土地、省營事業的開發經營；運用地政手段協助解決土地徵收及公共設施興闢的問題；以委託辦理方式，借重民間資源，分擔政府的功能，這些因財政困境而另做他圖的做法，具有相當不錯的效果，也讓他爲省政各方面經營開闢出不少嶄新風貌。

他常以台東縣爲例，當他到延平鄉去看颱風後的基層改善措施。一群民眾就圍過來說：「省長，我們曉得復建的事情已經做好了，但是今年的梅子大豐收，賣不出去，政府可不可以補助？」

他轉頭問縣長的意見：「應不應該補助？」

縣長說：「是應該，可是我那有錢啊！」

台東縣的稅收，一年只有六億元，支付老師的薪水、月退俸與學校的設施，一年就要五十六億元，這一看就知道，稅收的六億元只是付老師薪水的零頭，大部分老師的薪水和教育設施等等其它的錢，都得由省政府想辦法來補助。

包括台東縣、花蓮縣、澎湖縣等八個縣市，都是眾所皆知的「窮縣」，即使將該縣市國稅、地方稅等所有稅收全部補助，都不足以應付日常固定開銷，更不用談地方建設發展了。

宋楚瑜非常明白，大概除了大縣之外，其它的縣市政府、鄉鎮公所的財源都非常吃緊。縣市政府、鄉鎮公所的財政不好，省政府的財政也不好，甚至應該說非常困難，宋楚瑜做的正是「巧婦難爲」的工作，可說對上對下，兩方面都難爲，都很吃力。

省政府爲什麼叫窮？

其實，不容諱言，中華民國政府的所有經費來源，主要來自於台灣省。是由台灣全省的歲收來支撐中央政府的外交、國防等預算。但被人認爲是「財神爺」或「及時雨」，省政府爲什麼還叫窮？

這事要先從年度預算來說，就可以知道大概。

以台灣省八十六年度的總預算看，共爲三千六百九十二億元。可是全部的「自有財源」只有一千五百六十億元，還不到總數的一半，其它的錢怎麼辦呢？中央補助省政府一千零九十六億元，還不夠就借錢。借錢分兩個步驟：一個是發行「公債」，省政府發行二百億元公債，另外是靠「賒借」收入。

省府「自有財源」有一千五百六十億元，其中稅的收入只有八百五十六億元，其它的收入是，公賣局收益二百多億元（公賣局收益每年上繳中央），所有台灣銀行等省營事業，只能賺二百多億元，還有各種繳交罰款，也有二百多億元，土地和相關收入也有六十幾億元，這就構成省政府全部一千五百多億元的省收入。

在三千六百九十二億元預算裡，補助縣市政府一千一百二十五億元，補助農田水利會九十九億元，全民健保和老農及中低收入老人生活津貼等社會福利支出四百九十六億元。省政府眞正做造橋、鋪路、建公園、水土保持等公共建設，總共只有六百七十七億元。

省政府全部的稅收，只有八百五十六億元，但在配合中央政策的全民健保和老農及中低收入老人生活津貼方面，省政府一年要花近五百億元，單是這些項目，就花掉所有稅收的一半以上，這就是省長、省議會和省政府常常叫沒錢的原因。

以上是就一個年度的情形分析，但要眞正探討地方與省政府叫窮，還有歷史脈絡的原因。宋楚瑜指出因公共設施保留地而開啓大幅舉債是一大主因，關於這點，在接著的下一段落，會有詳細的敘述，另外，他還做了以下的歸納。

第一，好的稅都歸了中央，省與地方只分到不好的稅。

宋楚瑜一直強調，台灣省省民每年要繳的稅很多，光所得稅就繳了六千億到八千億元，以台灣省的土地面積及人口比例，省的財政怎麼會有問題，也不應該有問題，有問題的是制度。省的稅收有八百多億元，看來似乎不少，但細究起來，如所得稅、海關稅等大宗而且比較好的稅都歸中央。

第二，中央做好人，又不必花錢，說過的話也不算話。

雖然省政府頻頻叫窮，行政院依計畫開辦全民健保，立法院決議發放老農津貼，這對財政問題困窘的地方而言，簡直是「中央請客，省府出錢」。

宋楚瑜指出，為了全民健保順利推行，當時行政院副院長徐立德還出面，會同行政院主計處，與省政府進行協調，保證每年補助省政府幾百億元，但到宋楚瑜卸任為止，中央未曾補助過一毛錢，然而省政府咬緊牙關，卻始終未曾欠全民健保任何錢，相對於北高兩個院轄市都欠錢，「省政府是個模範生」。

第三，為了凍省爭議，中央該給的年度補助款及統籌分配款不給。

就因為好的稅都被中央拿走了，每年才有所謂中央撥給省的補助款及配給縣市的統籌款，這是由營業稅、印花稅、土地增值稅的稅收而來的，每年約有一千億元。

統籌分配款常被稱為省主席、省長的「私房錢」，但實際上它不是現款，均有指定計畫用途，即使省議員也只是有建議權而已，每一筆錢進帳都有帳目，支出也都有帳目，必須由地方先行提出計畫，再經由縣市政府編列為預算，並經縣市議會審議通過，最後送審計單位。

既是如此，省政府與這些經費的關係，只是轉交給地方政府而已，但後來因為凍省爭議，為了對付宋楚瑜，經主計長韋端簽奉行政院核定，在立法院將八十八年度的一千億零一百一十九萬元就連帶給凍結了，牽涉影響地方上治山防洪、堤防橋樑公路有關工程的推動，甚至縣市政府行政上的不便。

在那樣的情況，宋楚瑜仍然以高效率的財務管理，兌現他的施政承諾。宋楚瑜說，「還好，賴副省長有堅實的財務經驗，要挑這麼一個重擔，實在不簡單，賴副省長功不可沒。」

前人借錢，後人還債

省政府到了宋楚瑜交卸省長時，總共欠了六千七百餘億元的債，這都是宋楚瑜欠下的嗎？如果追溯歷史回去瞭解，當然不是這樣，主要是「前人借錢，後人還債」，他的前幾任主席都了解。

在謝東閔時期，台灣省政府負債不到一百億元，償還的利息每年不到二十億元。李登輝擔任省主席時，負債仍很低。邱創煥主持省政時，配合行政院加速都市計畫公共設施保留地的徵收政策，則使負債高達二千多億元。但這不全是邱創煥的責任，在行政院要求下，省得去配合。

「公共設施保留地」的用途，就是政府推動一般道路、公園、綠地、停車場、學校的建設的預定用地。政府爲進行各項公共設施，就先劃定許多民眾私有土地爲公共設施預定地，既然劃了就要徵收，但卻一劃幾十年來不徵收，讓人民對自己土地動彈不得，蒙受很大的損失，致使怨聲載道。

到了經國先生擔任行政院長時，了解民間很多怨言，做成十五年期限的決定，如不徵收就還給人民。邱創煥主持省政時是最後一年期限，在行政院要求下，趕快以公告地價，不管能否立即建設，先將這些預定地都買了下來，一下子舉債買了兩千多億元的地。

歸根究底，因爲預定地是作爲公共設施用，如果在十五年期限內不徵收，以後政府可能必須以市價才能買到地，所付出經費要多出更多，所以當時行政院正式要求省政府配合，這是台灣省政府眞正大量負債的始因。但基本上，其實這並不是負債，而是資產，因爲這是用錢換來的地。

邱創煥時舉債二千多億元，照理可以處理一些省政府投資公民營事業如三商銀（彰銀、一銀、華南銀行）等的股票，在銀行尚未開放民營的那個時期，當時股價高時達每股一千多元。但因許多原因，還有當時沒有「五鬼搬運」、圖利財團之類的情事，邱創煥沒有處理，連戰與宋楚瑜也沒有處理。

宋楚瑜說：**「我在省政府沒有把省政府的公股賣掉，更不賣任何的祖宗財產，和現在民進黨的政府不一樣。」**

中央請客，地方付錢

自八十二年宋楚瑜接任省主席開始，就承擔歷任省主席所留下三千一百九十一億元的債務。

接著，中央立法開辦全民健保、老農及中低收入老人生活津貼等政策，配合推動國建六年計畫、十二項建設計畫及其它重要經建計畫，還有支付縣市警政人事經費，以上合計支出總額，高達一兆零二百四十億元。

因爲當時民進黨每天都叫發老人年金，叫得讓行政院受不了，就提出老農及中低收入老人生活津貼等政策。原本行政院對老農津貼的規劃，是由中央出百分之七十，省出百分之二十，縣市出百分之十。

當時宋楚瑜就覺得這不對、不公平，比較富有的院轄市或縣市都是工商重鎮，農人少自然負擔少，但所有農民多的縣都是窮縣，他們連教育支出的自有財源都沒有，那有錢再去支付老農津貼的百分之十。

在行政院院會討論這個法案時，當宋楚瑜舉手發言，說完上面這番話，主持院會的連戰院長就直接裁示：「那縣市的百分之十，就由你省政府來支付。」

宋楚瑜心裡嘀咕：「我多講了一句話，就多了百分之十。」但他更清楚，再由窮縣去負擔那百分之十，突然增加地方困難而已，他再沒有爭辯。

二十一縣市警政支出也是使得台灣省政府大幅舉債的肇因之一。省政府曾經統計過，從七十一年至八十七年底凍省爲止，這項支出累計超過三千六百億元。

原來按法律規定，警察的薪水及警政開支依法應由縣市政府自籌財源，自行負擔，編列預算，並由縣市議會審查。但每到縣市議會審查時，縣市議員應付部份選民的許多人情關說，明顯影響治安工作的執行與警政工作的獨立性，因此在經國先生主政期間，由於省的財政狀況不錯，決定自民國七十一年起，由省政府編列預算代爲支付，形同補助，因而增加了台灣省政府重大的負擔。自台灣省政府凍省後，中央就順勢將警政預算交還給縣市政府自籌自付，這也讓縣市政府嚐到凍省的苦果。

債務不僅逐漸增多，而且還要還本付息，宋楚瑜任職期間，適逢還債高峰期，每年需還本付息六百億元以上，最高達八百八十億元。他在省政府五年多時間，省政府負債增加了三千五百多億元，但還本付息也支付三千九百多億元，然而省政府的貸款是用在建設上，因爲在宋楚瑜主政期間，也買了許多公共設施用地，省的資產增加了三千零十九億元。

從七十七年起到他任內，省政府曾連續十多次正式反映中央，修改財政收支劃分法。自他接任省主席，第一次向省議會提出施政報告，就明確表達希望能讓地方自有財源維持在百分之六十至七十之間，但中央始終「仍在研議中」。

過去省主席時代，省主席是中央指派的，省政府得向中央要求補助，但省縣自治法通過實施以後，省長不再是中央指派的，省長必須向省民負責，必須要有相當的自主財源，財政如有不足，也必須自負責任。

宋楚瑜做了一個比喻：

以前未成年孩子與父母同吃同住，大家一起吃大鍋飯，這並沒有錯。但是省縣自治法之後，情形就完全不一樣，那等於是分家了，省政府自立門戶，自己管理自己，我們仍是要孝敬父母，但不是在全部薪水上繳父母後，自己家的柴米油鹽全無著落，這如何養家活口呢？

一來財源無法自主，二來又得配合中央施政政策，每項政策都是大筆大筆的開銷，如此情境之下，硬說因爲宋楚瑜的關係，造成省政府很多負債，這是絕對不公平的。

宋楚瑜又做了一個比喻：

就好像做父母的抱怨說他們住的房子為什麼那麼爛，讓二十一個孫子沒法像其他有錢人家住超級豪宅，我說我沒有錢，父母又說為什麼不去借錢，問題是錢借了，又責怪怎麼可以負那麼多債？

宋楚瑜說，中央請客，地方付錢，那沒關係，但不能反過來說我「亂花錢」，是「散財童子」。他強調：「省政府舉債是增加了，但資產也增加得很多，很可觀。」

中央承受省資產是利多

由於凍省的關係，所引發出來的財政爭議很多，例如省政府負債超過法定上限、中央承受省的資產及負債是財政包袱等，宋楚瑜非常在意。

他在卸任前，將這些省的資產及負債加以整理，並正式簽呈中央政府，在省議會也以表列方式不厭其煩的逐項說明。

這些事情曾經在媒體反覆討論，弄得當時行政院主計長韋端與財政部長邱正雄均曾在立法院正式澄清，台灣省政府並未違法舉債。

根據八十七年四月省財政廳估計，在開源方面，預計到該年年底，可以增加繳庫盈餘七百四十五億元，而在節流方面，運用地政方法已取得公共設施用地，節省五百九十億元，繼續辦理的區段徵收，預計可節省一千七百三十六億元，而這些土地，都是省政府的資產。

另依據台灣省各機關八十七年度決算提供財產量值目錄，彙計省有財產總值一兆四千三百二十三億元（土地以八十六年公告地價、有價證券以面值、其他財產以取得價值爲計算基礎），如以市價計算，值約四兆多億元。這包括市價高達兩兆元以上的土地資產，省政府投資公民營事業擁有的台電、台糖、台肥、台泥、台航、農林、工礦、華紙、三商銀及台灣企銀的股票等有價證券面值八千五百八十五億元，以及省政府所持有的各種省營事業資產（建築、機械及交通設備等）有五千多億元。

如果有人說凍省以後使中央政府承受省政府許多的負債，宋楚瑜說這絕對不正確：「不是省欠了中央，省政府資產市值超過四兆元以上，是還有許多的盈餘，而非負債。中央承受省的資產及負債，絕不是中央的財政包袱，反而是利多。」

省產是省民的，不是省政府的

既然省政府欠了那麼多債，而省政府也有好多土地資產，如果把這些土地與資產賣掉，不是可以拿這些錢去做建設和還債？

眞正省有的土地，計分成兩大類：一是公用土地，一是非公用土地。「公用土地」共有四萬七千二百五十二公頃，機關、學校、道路、公路、河川等用地，能不能賣掉？宋楚瑜說：「如果可以賣掉，我們就把台一、台三線賣掉，從南到北通通賣掉，好多錢哦！但這樣一來，還有路嗎？我們若把學校土地賣掉，小朋友不是要到野外去上課？」

其它「非公用土地」，共二萬三千多公頃，其中有七千多公頃是環境保護地、國土保安地，依法不能處置，否則省政府把這些非公用土地全部賣掉，或可還省政府的債，但是省政府不能拿賣土地來當做眞正的財源。

省政府負債當然沒有超過資產，但大部分土地都是作爲公共設施用途，依法不能變賣，至於可以處理的部分呢？宋楚瑜說：「所有的省產不是你的，不是我的，不是省政府的，而是所有省民的，一切必須以省民利益做考量。」

宋楚瑜強調，省政府爲了加速省有土地的有效經營及處分開發，對於任何公共設施的興闢，都必須站在全體省民的立場。所謂「省產」，只是由省政府代省民依法經管，所有土地資源的運用，仍要還原到省民的利益之上。

配合各級政府施政的重大建設，省政府前後提供了三百八十八公頃新生地，例如台北縣板橋蓋公園綠地、台東縣關山鎭的環保公園、宜蘭縣大同鄉與嘉義市的河濱運動公園、花蓮縣廢土棄置場、台中縣烏日做垃圾焚化爐、雲林縣莿桐鄉垃圾掩埋場、玉里醫院、溪口療養院、台中教養院等等，這些省有土地運用的眞正受益者，是縣民也是省民，並不會因當時的台北縣長蘇貞昌、台中縣長廖永來是民進黨籍的，就有所不同。

台北縣樹林與板橋交界有一塊價值百億的省有土地，諸多財團很有興趣，但宋楚瑜認為板橋房子蓋太多了，缺的是公園綠地。板橋市民、台北縣民不都是省民嗎？省有土地歸省民共享，不會因省長與縣長的政黨不一樣，而有差別待遇，他將這塊地給了台北縣政府，讓民進黨籍的蘇貞昌縣長做公園。

台中縣長廖永來希望烏日鄉的一塊省有地，價值近百億，無償撥用來做垃圾焚化爐。廖永來先來電話，表示要過來看省長，但宋楚瑜當天時間滿檔，隔天晚上九點多他要到台北，利用北上途中繞道豐原，到廖永來的縣長官邸看他。

坐下來談，宋楚瑜只問：是否有完善規劃？環保與水利相關問題做過評估？地方民眾意見如何？鄉鎮之間協調情形又怎麼樣？

在回台北路程上，宋楚瑜馬上又打電話給秘書長蔡鐘雄，要他第二天一早再過來詳細了解。後來宋楚瑜又到台中烏日現場實地了解，在聽取簡報說明中，特別注意到一件事。因為民眾對垃圾車進出總是會有反感，就關心的問道：「垃圾車專用道路是怎麼規劃的？」沒想到結果是沒有規劃在內，於是在撥出一塊省有地外，再另行補助修建一條垃圾車專用道路。

這兩個事例的道理都一樣，只有省民利益，沒有政黨分別。

三個優先：「有病的，就要協助就醫」

省政府關懷基層省民生活，輔助地方經費，向有所謂的「三個優先」。而為考量政府施政的整體性，則有「五項前提」，這些就是省政府的「花錢守則」。

在宋楚瑜的宏觀施政下，補助地方並不是以經費多寡來衡量，即使他補助某些小型零星工程，但再小的補助，亦非「零星行爲」，而是從整體上加以考量。

三個優先的第一個，是與民眾生命財產有關的建設，諸如飲用自來水的建設、防洪排水的建設等，列爲優先的第一個重點工作。

其次是與民眾日常生活方便及生產需要的相關建設，這些與地方未來發展有關，不做會造成地方整體發展的阻礙，諸如交通網路的建設、農水路的改善、產業道路的興建、橋樑的增建擴寬等，列爲優先的第二個重點工作。

再來是對於弱勢地區、山地偏遠地區、沿海僻遠地區的學校、醫療、民眾謀生等相關問題的解決，列爲省政府優先支援地方的第三個施政重點。

宋楚瑜還要廳處首長特別注意：「我們不是去給錢，而是去承諾解決問題，每件事難免都牽涉到經費，但每一毛錢都不會落入任何私人口袋。」

對於承諾解決問題，宋楚瑜還有個比方，地方排水問題就好比一個人身體內的排泄系統，某某人排泄系統不通，看他身體不好，就趕快請醫生治療。地方交通問題就好像一個人心臟血管不通，醫生建議他加裝心導管，就如市內道路壅塞不通，做外環道路何嘗不是解決的方法之一。

宋楚瑜認爲：「對有病的人，必須協助去就醫，但對健康的，則不需要。」

五項前提：衡量施政整體性

就整體的政府施政而言，不因數目小而隨便同意，所考量的不是以金額大小做爲承諾的先決條件，是以需求緩急與民生關係及省府負擔能力爲考量。以下是宋楚瑜的「五項前提」：

●**需要性**：有些建設不是基層鄉鎮市公所、縣市政府這個層級能力所及的，但是確有需要，諸如區域排水系統的規劃、大眾捷運系統的規劃等，這是省政府責無旁貸的第一項建設重點。

●**全面性**：對於「全面性」的界定，並不是因「事情大小」，有些施政建設雖然涉及的工程項目不一定很多，但卻具備全省一致性質，諸如全民健保制度的問題、加入關貿總協的因應措施問題等等，則從整體性加以考量。

●**均衡性**：有些建設雖然乍看之下微不足道，例如農村地區蓄水箱之類的小型零星工程、牧草乾燥中心的規劃等項工作，卻與增進民眾福祉息息相關，也應從整體均衡發展加以考量。

●**迫切性**：這是因爲緊急迫切事件，例如震災、水災、風災、乾旱等等突發性問題，對地方及民眾生命財產造成慘重災害及難以釋懷的損失，這是政府整體施政的第四個重點原則。

●**前瞻性**：這方面是涉及專業知識，但須前瞻性加以解決的長期性問題，諸如沿海農村土地土壤鹽化問題，區域性汙染處理的問題，河川上游汙染防治的問題，沿海地區地層下陷問題，土地徵收補償的問題等等，均需要由政府負責，整體考量分年列入年度相關計畫內加以推動。

宋楚瑜說：「政府人員應該體會老百姓的期望，不要以爲老百姓可欺負、好欺騙，須知老天爺在上天看我們做事，這也就是我常說的，人在做，天在看。」因爲他不斷引用「爾奉爾祿，民膏民脂」、「人在做，天在看」，幾乎成爲省政府機關人人上口的流行語言。

不是「紅包」，而是愛心在爲民衆解決問題

到基層上訪問，宋楚瑜經常強調，這不是「走馬看花」，也不是別人誤解所說是去「撒錢」，而是深刻瞭解到過去四、五十年來的建設瓶頸和死角。他要廳處長及同仁，不光以一些城市的眼光來看，認爲建設已經做得不錯了。

通常地方上的習俗或客套說法，每當省政府給予經費補助時，地方人士或民意代表都很高興說：「謝謝，謝謝，省長給我們一個大紅包」。

其實這裡所謂的「紅包」，是出自一種感恩的心，或很自然的感謝口吻，在「金錢交流」的意義少，在「情感互動」的感覺多。

他們感受得到有這麼一個省長，在關心地方上的事情，所以才會這麼說。

「有人以爲省長到地方就是去撒錢，事實不是這樣，省長不是到處在給人家錢，而是到處去關心、在做事。」他常常講，中國的文字很奧妙，那個「愛」字，愛這個字的當中是一顆「心」。如果眞心愛這個台灣，愛我們民眾的話，就要把心放在當中，愛的當中不是一個「金」，也不是一個「錢」呀！並不是去撒了錢，給了經費，就可以得到對民眾想要解決問題的妙方。

也許有人認爲，宋楚瑜能花錢，我也能花錢，人家若要，給了就好？

沒錯，花錢誰不會。

宋楚瑜反問：「問題是有沒有那個心，要用像大夫去幫人診病治病的這種愛心，去幫人診病治

病，這個愛心才能夠幫民眾解決問題，這就是省政府的精神。」

不是多少錢的問題，而是持什麼方法做事的態度問題

看一個政府領導者如何花錢，可以連帶觀察他究竟用什麼方法做事，以及他的辦事態度種種爲何。政府花錢絕不能只是爲花錢而花錢，或者花多少錢，辦多少事，而應追根究底的問：到底花這個錢有沒有意義？有沒有徹底的解決問題？

政府從老百姓身上拿錢來做事，辦了一堆事情，可是經常錢花了，只看得見眼前漂亮，卻經不起時間考驗，過不了多久，問題依然存在。這就是頭痛時醫頭，腳痛時醫腳，醫了老半天，老毛病醫不掉。如果不針對病源去醫治，不找到眞正病因，所有的治療與花費，都是浪費，都是虛擲。

宜蘭縣羅東鎮北成圳的治水工程，就是一個「有名」的例子。

之所以「有名」，是因爲宜蘭縣兩位「老縣長」游錫堃與陳定南，在二千零四年總統大選投票前五個月，去翻了這個「舊帳」，扯出這個問題。

「要五毛給一塊」、「要五百給五千」，這是一項對省政府經費是否涉及貪瀆與經費不實的嚴厲指控。當時游錫堃與陳定南擔任行政院長及法務部長。

這個案子原先是羅東鎮公所依據八十六年里民大會決議，行文宜蘭縣政府改善，要求五百萬經費補助。由於當時縣政府經費不足，又報請省政府補助，省政府趕著將它列入八十八年度預算，報奉經建會核備後辦理，核列經費不是五百萬，而是五千萬。

當初鎮公所提報，基於反映里民提議，確實提出的需求爲五百萬元經費，就鎮公所的立場與視

界，這並沒有任何錯。當時劉守成主政的宜蘭縣政府由於經費不足，再報請省政府協助，這也沒有錯。省政府依法行事，報奉經建會核備後辦理，五千萬經費通通由地方依核備計畫辦理，這當然也沒有錯。

放開來說，由於隸屬政黨、競選陣營不同，游錫堃與陳定南爲求勝選，藉北成圳一案「打宋」，希望給予連宋陣營重擊，就選舉戰略考量，這也沒有錯，但必須查究事實。

然而，還是有些失算，經此一役，反倒爲宋楚瑜的做事風格加分。

的確，當時羅東鎮樹林里只要求北成圳排水路護岸，能從土岸改爲漿砌卵石，提報區域僅四百公尺。案子呈轉到省政府，經過了整體評估，認爲倘若只治理中游一段，治了等於白治，錢花了等於白花。

後來經省政府會同縣政府、鎮公所、宜蘭農田水利會及當地里長現場勘查，結論是應整體考量上游的冬山鄉部分及下游的綠美化工程，俾使整治後的北成圳兼具遊憩、排水功能，並落實羅東運動公園整體景觀建設。

宋楚瑜明白指出，省政府一貫做事情的態度，不是「要五毛給一塊」，而是看符不符合人民需求，如果眞是地方所需，「要五毛可以給好幾塊」，反之，不符合人民需要，「要五毛，我們一分也不會給」。

他也強調，他主持省政，從不因黨派問題，而在經費上有所分別，不論羅東鎮民或宜蘭縣民，都是台灣省省民，不會因宜蘭縣長是民進黨籍，而大小眼，而疏忽照顧。

宋楚瑜更藉著這事說明：「政府做事情的方法與態度，絕不可以是『鋸箭法』，以爲把箭鋸掉了，就解決了，但箭頭在那裡？如果只治理中游，那是矇著眼睛看不到地方民眾為水患困擾的痛苦。」

立法院院長王金平那時聲援宋楚瑜說，如果要五毛，真給一塊，那多出來的五毛怎麼報帳？這一切都有預算、決算的程序，假如宋楚瑜敢給，宜蘭縣又如何敢報「假帳」？北成圳如此，宜蘭縣如此，台灣省其它縣市難不成都可以作假報銷？這是省政府提供地方建設，考量到需要配合改善的工程，王金平說：「他們拿這個做文章，有點可笑。」

後來監察院總算還給宋楚瑜一個清白，該院調查報告指出，後經省政府、縣政府、鎮公所等單位現場實勘後，將原工程調整擴大，經費需求自有增益，而且依據鎮公所函請縣政府轉陳省政府的工程預算書，即重新估算經費為五千六百餘萬元，省政府核定補助五千萬元，尚屬合宜，所謂省政府浮濫撥給五千萬元之「要五百給五千」情事，並非事實。

不隨便允諾，做的比原來答應的多

紐約前市長朱利安尼也有類似的看法，在《決策時刻》中提到「承諾力求保守，成果超乎預期」，認為領導者天馬行空式的承諾風格，假以時日只會折損威信。

宋楚瑜的說法是：答應的事不要講得太快、太大，做的比原來答應的多。之所以如此，仍是以整體為考量。省是一個完整的省，雖然底下還有縣市、鄉鎮市，但這不是建設的分界線，省之外還有院轄市與中央，都必須與之做整體的考量。

雲林縣大埤鄉農會反應酸菜生產的汙染防治問題，提出的需求是四千萬元，宋楚瑜沒有馬上回應，而是交由農林廳、環保處與住都局共同設法。在作成的整理規劃方案，認為必須徹底解決問題，工程經費高達二億元以上，比地方原來需求高出四倍。

在省政府的規劃，這個案不只是大埤鄉土地鹽化問題，還有隔壁溪口等附近鄉鎮的環保問題，必須將鹽水排放分等級進行，重級者設在工業區，輕級者設在酸菜專業區內，不是僅為一鄉一鎮著想。

賀伯颱風侵襲時，宜蘭縣南澳南溪大水高過河床，颱風後洪水退了，可是還有滾滾的河水沖向道路，南澳鄉公所向宋楚瑜做了簡報，希望道路早一點修復，需要經費一千多萬，這當然不是鄉公所財力所能負擔的。

宋楚瑜聽了，省政府相關單位研究了，認為如果只修路，不做相關的水土保持、河道整理，下次颱風來，道路照樣沖垮。所以不但要修路，也要做蛇籠，也要整理河道，不致於讓河床受到直接的衝擊。經過大家交換意見，不僅只是撥款修路，而且針對相關的問題做完整考量，一次將工作做好。

苗栗縣民眾希望由獅潭鄉打一個簡便的山洞連接公館鄉，供農用車輛通過，並改善一般性聯外交通，當時單純的山頂隧道工程估計約需八千萬元，宋楚瑜在競選省長間承諾這件事情。

後來經過公路局多次研究，再三考量台三線及台一線的交通動線及交通流量，最後總經費卻高達七億元。這是一筆龐大的數字，在宋楚瑜卸任兩、三個禮拜前，省政府終於籌到這筆經費順利動工，也兌現了他對省民的承諾。此地區確實需要一條輔助性道路，但基於道路設計標準及安全的理由，道路的坡度必須降低，隧道的標高必須移至山腰的位置，就不能以山頂隧道工程交差了事。

「重然諾」是宋楚瑜信守的待人接物原則，不論作為省府團隊的領導者，或回應縣市地方的需求，起先絕不輕易說是，但若應允了，絕對講話算話，甚至要做到當事人的縣市長、鄉鎮市長滿意了，才算大功告成。

這樣的行事風格，還要繼續在緊接著的下一章〈講話算話，不是只有一句話〉另做分明。

第九章

講話算話，不是只有一句話

救難救急斷然因應調整／不能只看數據漂亮／省政府：一起「傷腦筋」的地方／好幾顆腦袋一起思良策／眷村改建有方法／多少的血汗與功夫／要訣在協調溝通

八十三年元月十七日，美國南加州洛杉磯西北方發生大地震，規模芮氏六點六級，約有二萬六千人無家可歸，六千多人露宿街頭。對於這個大災難，柯林頓總統特別提撥一億美元協助救災，還透過媒體的宣傳報導，傳送到世界各地，當作聯邦政府一件非常了不得的事。

洛杉磯大地震前不久，苗栗等部份地區也發生了水災，殃及農田，範圍並不大。省政府經過仔細評估，補助了十億餘元復建，算算也有四千萬美金。

國情不同，做法也不同。在中華民國的政府體系中，補助地方建設是上級政府的責任。但補助地方，絕不是批個可字，給錢了事，宋楚瑜強調講話算話，不是只有一句話，而是多少的血汗與功夫。

救難救急斷然因應調整

八十五年是「災害連連」的一年。那年五月下旬，本省連續豪雨造成部分地區積水成災，七月二十九日賀伯颱風襲境前四天，有葛樂禮颱風，賀伯颱風善後未了的九月底又有薩恩颱風。

台灣年年都有天災，政府每年的年度預算，都編列有災害準備金以資因應，包括對於地方與民眾要求的補助經費，省政府每每動輒以億元爲單位。但對於賀伯颱風這種超大型的災害，境況則迥然不同。

各種救難救急措施迅速有效展開，但在規劃長遠復建計畫上，總經費高達二百八十億元。即使省政府各機關竭力調整支應，再加上行政院同意補助一百億元，仍有七十七億元的差距，賀伯復建所需龐大經費，顯然已非救災準備金所能支應。該怎麼辦？

窮則變，變則通，宋楚瑜與各相關機關首長同仁再三研商，終於擬定一項準則：在不影響省政推展、不影響基本公共建設的原則下，暫緩辦理部分營建工程計畫，來達成災民早日重建家園的願望。

其實，包括地震、風雨災等天然災害在內之類的救助，省政府隨時都在做，但因經費受限，或事有輕重緩急，也必須隨時因應調整。每遇有調整調動，牽涉到的皆是地方事務，多方協調聯繫在所難免，而往往這些繁雜瑣細的事情，就得由研考單位擔綱，宋楚瑜靠他們的特殊專業與經驗，掌握個個事項的來龍去脈、輕重緩急與利害得失。

不能只看數據漂亮

以台鐵的車廂採購爲例。以前宋楚瑜在國民黨中央委員會輔選基層時，就有搭乘火車的習慣，親身體驗到鐵路交通是一個民眾不能忍受的大問題，尤其開往東部的車位更是一票難求。

宋楚瑜到省政府即行協助鐵路局採購車廂，第一批三百四十四輛電聯車的採購即於八十三年完成招標作業，隔年就可以交貨，使得台鐵的車廂總數達到七百多輛。

效率蠻快的，看來這事辦得不錯，以後的火車好搭了。

那時作這項決策時，離參選省長時間還很遠，宋楚瑜能不能、要不要參選，是很後頭的事，大可以不用爲後來的事傷神？

宋楚瑜是毋需爲後來是否參選省長之事傷神，因爲省主席若做不好，誰會要他繼續做民選的省長。

但是，不管未來如何，他不能只顧自己任內圓滿，不能不爲後續之事傷神，而不管將來誰接任，留下一堆怎麼也銜接不過來的事。

仍以鐵路局採購車廂繼續來說，增添到七百多輛車廂，是克服了眼前的問題，但如果向前看，到了八十六年底，卻有四百多輛的車廂必須淘汰，到時候車廂數量將更爲短缺。政府的任何工作，都是延續性、前瞻性的，不是只顧此時，還要向前看，即此一例，見微知著。

宋楚瑜常在各種會議上或與同仁會見的場合，反覆提及一種要特別加以留心的情況。那是不能光顧個案的數據如何，而是要評估問題的本質是否達到改善？從數字上看，往往顯示某些工作計畫的進度十分良好，已經達到百分之八十、九十，甚至百分之百，數據亮眼，符合要求，有些更是超前，可是還得從宏觀的、整體的角度再看看，眞的已經做到全面的預期效果？

因此，不是單從車廂採購計畫符合既定的進度，就認爲問題已經解決，而應從整體的角度來看問題。換句話說，所要面對、要克服的問題，不光是車廂採購問題，並非車廂買進來了，就算大功告成，而應是整體運輸能量與交通運輸問題已否解決，民眾行的問題是否解決，才是管制工作與施政的終極目標。

省政府：一起「傷腦筋」的地方

中國時報的林照眞女士寫了《水的政治學》（時報文化，1998），這一本書談了有關宋楚瑜與台灣水利的種種。裡頭一段訪問省經研會主委夏龍，夏主委曾說了這麼一件事：

竟然有一個地方，二十年都會淹水，但是沒人知道。住在低窪地區的民眾心想反正每年都會淹水，所以蓋房子時就先墊高幾公尺，買家俱就買那些泡了水也不會心疼的，如果宋省長自己不去看，就沒人把消息送到這裡來。

台灣有許多地方，很早以前是不住人的，後來人口多了，不斷的與天然爭地，就形成上述的這種情形。比如說，前面在〈補位〉提到的高雄縣岡山鎮古地名叫潭底洋，從名稱就可能知道不但是在潭底，下雨肯定一片汪洋。台南縣鹽水鎮也很會淹水，古名叫做汫底寮，老祖宗早就告訴人們這裡是潭底、井底，不應該去蓋房子，但現在都蓋了房子，怎麼辦？

這也就是宋楚瑜經常往地方跑的原因，不去現場看一看，怎麼明白民眾如何過生活？沒有人去當場實地了解，眞實狀況又怎麼會出來，又如何將心比心，爲他們設想？都已經淹了二十年的水，還要讓他們繼續淹下去，即使老百姓有一點錢，也不敢買比較好的家俱過生活？

通常宋楚瑜去每個地方，不是爲去而去，不是去受人接待，更不是有些人戲弄的說是去做秀，去撒錢，滿口答應給個幾千萬，然後接受鼓掌就回來了。

所有的「故事眞相」是：**去發掘問題，帶著問題回中興新村，然後省政府通盤研究，與地方做好協調溝通後，帶著工作團隊到位做事**。

夏龍說：「如果宋省長自己不去看，就沒人把消息送到這裡來」，所謂「這裡」就是省政府。

宋楚瑜天南地北跑，所有訪查的問題還是集中回來這裡。省政府就是集中省民所有問題，由一群做事的官員一起傷腦筋，一起集思動腦、動手、動腳，來解決省民問題的地方。

好幾顆腦袋一起思良策

政府施政千頭萬緒，但絕不是拼圖遊戲，並非一個個或一片片的拼湊，就自然而然形成完整，就能讓成果突然冒出來，是不可能這樣的。

如果那位首長的績效，靠拼湊就渾然天成，那是賭機率，那是碰運氣，那是拚運氣，但運氣並非天天都有的。

臨陣思猛將，治事想良臣，大家都期望身為政府首長的人，必須有魄力，能做事，善做決策，但在這決策時刻之前，則有賴幾顆清楚透徹的「腦袋」，幫忙集思廣益，運籌帷幄，不然寸步難行。

就以彰化來說，彰化市有一個彰安國中，每遇大雨就淹水，附近的排水溝根本無法把水排出去。宋楚瑜還是省主席的時候跑去看了，答應要幫他們解決問題，錢也籌到了，撥了一億多元。但地方因土地徵收問題，事情只好原地踏步。

可是，到了第二年，工程無法做，又淹水了。宋楚瑜與林豐正、吳容明兩位副省長開會，他發牢騷說：「我還有什麼臉再去看？一年前承諾的事，到現在還沒有做，我們再去看有什麼意義？那就叫『作秀』。」

省政府原有一批地政的專業人才，如副省長吳容明、處長許松等，都是從省地政處培育出來的。吳容明是政治大學法學博士，土地行政高考優等及格，從台北市政府地政處副處長轉任台灣省政府，歷任地政處副處長、省府副秘書長、地政處處長三職。起初宋楚瑜與吳容明並不熟識，宋楚瑜剛到省政府時，吳容明已被邱創煥院長網羅到考試院任秘書長，兩人擦肩而過，只共事了不到一個月。

但宋楚瑜從省府同仁口碑中，了解吳容明的才幹與忠勤任事的風格，以及對地政事務的專精。當宋楚瑜當選省長後，即力邀回省政府接任常務副省長一職，並在林豐正轉任交通部長後，又委以政務副省長重任，倚爲左右手，甚是器重。吳容明在各種省政工作及土地問題上竭思盡慮，善謀方法對策，宋楚瑜用人唯才，信任人才，借重人才的專業與膽識，彌補了自己的不足，這是宋楚瑜主政期間省政工作得能大開大闔的原因之一，由此亦可略窺宋楚瑜有心消弭民怨、落實省民照顧的企圖與用意。

後來他們讓宋楚瑜瞭解這裡還沒有做的原因，是因爲這個排水，要經過八米以下的巷道，根據現有的法令規章，穿越的道路土地必須要徵收，才能做工程，但八米以下的土地是不須徵收的，一旦開了例後，全省別的土地也要徵收，全部經費將上兆，政府不可能有這個錢。

但是宋楚瑜無論如何一定要他們想出辦法來。地政專家出身的吳容明責無旁貸，和地政處、水利處的同仁絞盡腦汁，終於想出一個辦法，引用「下水道法」，政府若去做下水道，就不必徵收地面上的土地。

最後省政府眞的在地底下挖，結果就把淹水問題給改善了。

原來要花二億六千萬元徵收土地，結果以公告現値百分之五給予補償金方式，只花了六百多萬元。

因爲省下了錢，省政府又用同樣的方法，把其它幾個地區又做好。

這就是team work，省府工作團隊有特別的工作經驗，更重要的，肯動腦筋。

眷村改建有方法

再以眷村改建爲例，來看省政府肯動腦筋，做事有方法，也說明宋楚瑜的施政不分族群、不分黨派。

這是一個牽涉榮民照顧與都市景觀等層面甚廣的問題，省政府要推動這項工作，至少得與眷村民眾、地方政府、退輔會及中央相關部會多方面進行聯繫溝通。

宋楚瑜長年追隨經國先生，甚爲了解經國先生不忍榮民在歷經征戰遷居台灣後因陋就簡的生活環境。經國先生曾於六〇年代裁示並訂頒相關作業要點，才能完成九十七個眷村遷建工作。

這也是一件與時間賽跑的事情，愈往後拖延，榮民及其眷屬只能過著晴不能遮陽、雨無法避漏的日子。宋楚瑜到省政府之後，立即將眷村改建列爲重要施政之一，但聯繫溝通的事宜並非十分順利。

其中一項關鍵原因，是眷村改建條例尚未通過，立法院內對此多所爭議，宋楚瑜爲推動此項工作，並無法源支持。

同時，一方面當時社會大眾對於眷村改建問題，顯然受到民進黨不斷的宣傳，造成焦點模糊及認知上的差距，而認爲這是選舉過程中對某一對象的特殊照顧。

另方面因關係住戶之間權益，還有一些違建戶，協調工作本就不易進行。例如當初宋楚瑜前去新竹市公學新村協調時，當時由新竹市選出的立委謝啓大就與村民一同站出來抗議，說如果解決不了問題，就不要到這裡作秀。

宋楚瑜是軍人子弟，當然深刻了解眷村的辛苦，但他擔任省主席，更有責任促進都市更新及整體發展。他在就任省主席的第一天，就在省政會議中找了軍方出身的李建生擔任省府委員，成立眷村改建國民住宅推行委員會，並督導台灣省住都處，每月召開一次與軍方的協調會報。

萬事起頭難，但有了決心，也找對了人選，事情推展就順利。在李建生與住都處處長林宗敏相互配合下，省府同仁在宋楚瑜任內總共完成全省三十五處眷村改建，興建了二萬五千餘戶，開發經費高達一千一百多億元。

經費籌措極爲困難，但宋楚瑜毅然決定由省國宅基金先行撥墊，再於興建完工配售後歸墊。事實上，後來也證明，眷村改建後所獲得土地與房舍，亦可運用照顧其它層面，特別是勞工、中低收入戶等，不只是外省榮民而已。他們都能以較低價格承購，擁有自己的家。

一塊土地蓋成高樓，可以增加數倍至十幾倍的使用空間，而且原本雜亂無章的村子，也納入都市發展計畫中變成美奐的大樓。不僅如此，宋楚瑜還希望住戶享有更寬廣的生活空間。

以前面所提新竹市公學新村來說，謝啓大所說的沒錯，沒有辦法就不要來作秀。宋楚瑜面對民眾，根本不想作秀，是要來解決問題的，他前後與村民進行四、五次的協調，他的方法無它，就是人性關懷，就是宏觀施政，大家一起將週遭所有問題處理好。

宋楚瑜與省府同仁特地做了完整研究，將該眷村旁的一塊省有公園預定地，一併與公學新村改建規劃一同開發，有住宅也有開放空間，居民都願意配合。這村原有眷戶四百八十八，興建成十二樓大廈後，變成住宅二千零八十八戶，店舖五十八戶，甲區於宋楚瑜卸任前落成，乙區於隔年一月完工，至今仍是新竹市區域最大的國民住宅。

多少的血汗與功夫

五年九個月的任期，宋楚瑜跑遍三百零九個鄉鎮市，至少都造訪四、五次以上，對於基層民眾、地方人士、村里民大會、各級民意代表與縣市鄉鎮等地方自治機構的意見與建議，以及省民服務中心受理三萬三千餘案件、他的二千零九十七項競選省長政見等等，省政府都分項執行，無一遺漏。

不論是造福幾十萬省民的大型建設，或是照顧幾百戶居民的小型工程，省政府各機構都不曾放鬆，不隨便浪費納稅人的一分一毫錢。

而所有這些的大小工作，都必須經過省經研會，也就是省政府的研考機構的管考，做到「條目清楚、次序分明」。

宋楚瑜絕不允許講過話就算了，還要 follow up，經研會都有錄案管理，都要去追蹤。

宋楚瑜把工作拿回來，經研會除了對內協調管制，還要到地方上再去追蹤好幾次。

宋楚瑜也會一而再回去看，對於工程施工的說明講解，他都專注傾聽。

他還會說：「鄉長，這個工作完工後，你要打電話給我，我要再來看。」

站在為民服務的立場，宋楚瑜絕不能信口開河、隨意允諾撒錢，而必須實實在在，講話算話，說到做到。

否則，每個地方跑來跑去，到處天花亂墜，講話不實在，一定會「穿幫」。

宋楚瑜強調：「**講話算話，絕不是只有一句話，接下來的是多少的血汗與功夫；說到做到，也絕不是隨便點到為止，而是要到老百姓、村里長、鄉鎮長、縣市長的這些當事人滿意了，才解除原有的管制。**」

要訣在協調溝通

過去政府研考工作常被認爲，只是文件彙整與公文稽催，其實不應該這樣，這不是政府設置研考的目的。

研考理應從整體的考量和未來可能發生的問題加以盤算分析，應從宏觀及動態的視野透視問題癥結所在，作爲機關首長決策的重要參考，協助解決施政所面臨的瓶頸。

在省政府的大小施政項目，宋楚瑜都責由研考單位加以列管，俾使執行單位重視，促進相關單位協調溝通，並按照預定計畫與步驟完成，然後獎優懲劣。在台灣省政府，研考工作從靜態的文書處理作業，轉變爲動態的行政管理。

宋楚瑜對研考工作的深入，連民進黨籍的縣市長都讚不絕口，他的工夫實是家學淵源。原來，宋楚瑜的父親宋達先生是行政院第一任的研考會副主任委員，宋達行政的三聯制——計劃、執行、考核，到今天還是研考單位的基本信條，宋楚瑜小時就常爲父親作義務講稿騰寫員，所以管考的觀念早就深植腦中。

宋楚瑜非常重視部門單位之間的整合：「管制考核的主要內涵，應是協調溝通。它不能單獨從某一單位或某一角度來做管制考核，而是從全局、整體的施政績效，以及單位間的相互支援來看問題。」如此一來，首長對外的一言一行，才會有準頭，有依據，說過的話不會忘了，不會失信，不致於食言。

第十章

不只調查貪汙，更要深入了解民怨

心中的信仰／杜絕關說先由自己端正做起／一級主管及近親不可以承包工程／政風機構有如中西醫／機關功能隨著社會變遷改造／作聰明的政府／興利防弊鐵三角／杜絕弊端環環相扣／政風工作大家一起來／未先發掘不法，政風應負連帶責任

自行憲以來，政府從未實施過內閣制，但媒體習稱行政院為內閣，另以「小內閣」來稱呼省政府。在台灣，份量夠，足以被視同內閣的，也只有台灣省政府。

這應該有許多原因吧。例如，省政府的部門大都與行政院部門彼此對應，許多中央政策是由行政院各部會直接落實到省政府各廳處來執行，省政府所牽涉的人事、經費、工程發包等事項繁雜多端，幾乎僅次於行政院。

由是之故，省政府防堵貪瀆違法必須積極。宋楚瑜還要求政風機構，不只要防堵貪瀆，調查貪汙，而且要深入了解民怨，為老百姓出氣。

心中的信仰

由於祖父早逝，宋楚瑜的父親是由祖母養育成人，宋家的家訓就由祖母口述留傳下來。

每逢過年，他父親不管再忙，總要做兩件事，一是將祖母的教誨再告訴家人一次，二是用紅紙書寫家訓「忠孝節廉」及一些朱子家訓的格言，貼在牆上及柱子上，藉此講些做人做事的道理。

不論祖母留下來的或父親的教誨，都是簡單易懂、再平常不過的話。例如「舉頭三尺有神明」、「一粥一飯，當思來之不易」，父親就一再告誡，一再述說。

宋楚瑜說，「舉頭三尺有神明」就是「君子慎獨」，是祖母教給父親的，這在每個地方，城市鄉下，天南地北，都有很多人相信這樣的道理。

他認為，他與大家一樣，這種普遍對「神明」與「天」的信仰，並不只是在廟前拜拜或燒香就好，而是打實的從心裡面敬天畏祖，憑良心天理從事，規規矩矩的做人。

宋楚瑜是在這樣的信仰環境，再加上父母親的叮嚀之下長大的。

杜絕關說先由自己端正做起

宋楚瑜相信「舉頭三尺有神明」、「人在做，天在看」，也樂於傳播這樣的道理給他的省民及省府同仁，藉此表明願意清清白白做事的心跡。

他也眞正好好想過，所謂「政者正也」，就是要爲老百姓做事情，首先是機關首長本身要端正，然後才能以身作則，豎立模範，要求機關同仁也能端正。

「凡事應從我身上做起，從省府機關首長做起。」宋楚瑜說。

做行政首長、做機關首長的人，不能凡事說是，不能是yes man，yes man可能對上都說yes，對下都說no。做首長的人，有原則有操守，有時難免會向長官說no、讓朋友不悅，但這總比引起「上樑不正下樑歪」的壞效應來得好。

就宋楚瑜而言，並非不懂或不理人情世故，而對人請託之事相應不理，但作爲政府首長，前提要件必須杜絕不合法理的人情關說，這包括他人對他的關說及他對他人的關說。

如有人說某個人不錯，而非出自私心，宋楚瑜會以較長時間觀察留意，但必須要計較的，不能僅僅因爲人情關說，就昧著良心貿然行事。可是有人向他說了，他確實了解後做不到，則會以委婉的話答覆，他認爲：「如果仍不能得到諒解，至少我問心無愧。」

在挑選廳處正、副首長時，就更加嚴格，一定詳細查證人選的操守品德、專業能力、團隊精神、合作態度等等，而且還要向政風單位查證有無不良與不法的紀錄。

對於各廳處經管的人事，宋楚瑜給予絕對的尊重。例如教育廳廳長對校長的調動或任用，就從沒有過任何的干預，這不表示省長沒有職權，而是尊重制度、尊重程序的基本精神。

對於省屬行庫的經營，他也絕對尊重行庫經營者的權責與專業，從不介入任何一樁或個案的人事及貸款事項。宋楚瑜說：「我雖不為之，亦深知他們不喜歡我做這類的事。假如我這麼做，他們一定會為了省長的說項感到為難，勉強辦了，好的人才出不了頭，壞的帳會堆積如山，愈堆愈高。」

一級主管及近親不可以承包工程

宋楚瑜另有一項不成文的「一級條款」：省政府的一級主管及其近親，絕不可以承包與任何省政建設有關的工程。

當然，他這樣要求自己的主管同仁，他也做這樣的自我要求，絕對禁止他自己、他的家屬及任何親戚做這樣的事。

有一年，法務部廖正豪部長、調查局王局長等人，到省政府參加政風工作擴大會報，宋楚瑜就當著他們的面，提到對於機關首長的任用與考核，能建立新的政風規範制度，也談到政風單位通常有兩種壞的極端：一種是掩飾太平，與機關首長彼此間官官相護，另一種是好打高空或無的放矢，根本毫無事實的事，卻弄得機關內部不安不和。

宋楚瑜了解一些先進國家，在任用新任首長之前，都有一種「過濾機制」，必須經過一定的調查程序或所謂的安全調查，對於過去曾經作奸犯科、有貪瀆枉法嫌疑或具體證據者，都先行摒除不用。但因過去台灣政治環境的關係，將這項的功能看作是思想調查，而有所偏廢。事先未對新任人員過去曾犯品德或業務上缺失做好考核了解，而致用人失當，這對政府及全民的傷害，是頗大的。因此，一方面不希望這種人到省政府的機關來服務，以免造成對政府的傷害，同時，宋楚瑜還請政風處對於省府同仁的考核資料列入相關檔案，提供給政府作為未來用人的參考。

政風機構有如中西醫

「政風」這個名詞，難免給外界封閉作業、秘密行事，又令人感到畏怯的色彩。而它的正面功能，往往不為外人所知。

這是在政府各種建制中，將它行使的業務與職權，獨立於行政首長之外，來達到防止機關腐化的目的。

就此而言，政風工作不是希望自己同仁發生問題，不是希望把同仁送到監獄去，而是希望不要有弊端的事情發生，讓同仁知道有那些事情是違法的，要發生嚇阻的效用，成為一個非常堅強的工作團隊。

宋楚瑜對於機關首長或各級主管的任用與考核，品行考量是必要條件。因為他們不是「一人做事一人當」而已，而是領導一群人或一部分同事做團隊工作，他們可能造成一個部門士氣旺盛，或烏煙瘴氣。日常他們受到政風機關的「注意」比較多，當然非主管同仁也被要求守法。

倘若一個單位主管或人員不斷的被人檢舉，明顯的已經造成機關內部的困擾，在此之前必須立即加以「危機管控」。

通常對於這類的問題，宋楚瑜強調應該分兩個層次來處理。

一個是法律的層次，法律是講求程序與證據的，要花一些時間才能水落石出。

另一個是從政風的層面來處理，這必須是立刻且即時的。

端正政風所講求的就是要能防微杜漸，弊絕風清。如果機關內部出現問題，非得要有證據才辦，在沒證據之前就讓這件事情持續惡化，等到事情發生後才去處理，就太遲了。

省政府就曾將涉有貪瀆嫌疑的工程弊案，如省立醫院工程採購案、東西向快速道路彰化快官段弊案等一百四十三個案子，主動交由司法機關偵辦，而不是檢調單位介入才被動的處理。

宋楚瑜常和王廣生處長及政風同仁說，政風機構有如中、西醫綜合體，必須中西醫的兩種療法兼具。如果西醫是在發生疾病時以開刀的方式醫療，而中醫則是在病還沒發生之前做好固本培元的工作。他要求，要在器官還沒惡化前，早一點發現，好好的調理，這才是政風工作的根本要務。反之，如果一定要等疾病發生之後，再去開刀切除某一個器官，那為時晚矣。

機關功能隨著社會變遷改造

政府機構的功能並非一成不變的，能夠隨著社會環境的變遷與需求，來改造，做變化，才能算得上進步的機關。

省政府的政風機關是明顯成功的一例。

「或許有人不知道，為什麼省政府能贏得民眾的肯定與支持，其中一個不可或缺的條件，就是政風機構有相當大的貢獻。」宋楚瑜說。

宋楚瑜的考量是在防止機關腐化的功能上，再來個一兼二顧，作一些更積極、更有建設性的事情。在省政府的政風處，不只調查貪汙、防止違法，而且深入了解民怨，變成了改善政府與民眾關係的重要樞紐。

王廣生處長自台北調來中興新村，幫了省政府很大的忙。不僅要做好機關內部的整飭任務，還要跨出一步，建立民情反映的溝通互動管道，在全省各地蒐集民怨、民眾的意見。

宋楚瑜指出，省政工作非常龐雜，絕非省長與機關首長所能面面俱到，但有些民眾受到委屈，或是省政府受到民眾誤解的地方，就可以藉由政風體系深入掌握了解，提供各個部門做正確判斷，早一點去做調和、化解。

做聰明的政府

政風部門不單是端正機關內部的政風，平常等於是政府的「耳目」。

而這個「耳目」的作用，**不是在監督人民、控制人民的自由權利，或成為打擊異己的政治手段，而是探求百姓心聲的「千里眼」與「順風耳」**。

另一方面，省政府亦廣開民眾反映之門。省民服務中心的設立，是以中興新村的省民服務中心為主軸，規劃一個快速反應、便捷有效的全省服務性服務網絡，並在全省各地區成立省民服務處，作為省政府與民眾溝通聯繫的中介橋樑。

成立將近四年時間，受理服務案件多達三萬三千件以上，如果開設伊始，就是掛羊頭賣狗肉，口碑不佳，顧客不可能持續增加。凡民眾有所需求、困難或陳情的，省政府只要能力所及，一定立即且全力以赴。但也有受限於法令、經費或權責等因素，不能立即或無法協助時，都要說明原因，清楚回應，絕不有頭無尾。

有時民眾提到的事情，不全是省政府的業務範圍，有些是中央或地方政府的事，這裡也是一個直接接觸的窗口。省政府會先回函知會，並快速將案件轉到主管的政府部門。

政風機構主動察覺民怨，省民服務中心則受理民眾的需求與反映事項。政府施政有出（output）有入（input），這是一個開放體系，會張開眼來看、豎起耳朵來聽的政府，才是聰明的政府。

興利防弊鐵三角

在省長選舉期間，其中民進黨籍候選人陳定南極力的攻擊宋楚瑜，說什麼省政府每項工程款都要收取二成的回扣，一年總共要貪汙六百億、七百億。

當時在高雄縣舉辦的一場公辦政見會上，陳定南再次攻擊此事，而且是在公開場合，那場政見會人山人海，高雄縣長余政憲也坐在台下。輪到宋楚瑜發表時，他先說明省政府直接經手的工程與款項相對的少，所補助的大部份工程經費，都是交付縣市政府去處理，然後對著余政憲說，「如果按照陳定南的邏輯能成立的話，所有的工程都有拿回扣，那請余縣長從實招來，你究竟拿了多少？應不應該吐出來？台灣省民進黨籍的縣市長佔一半以上，是不是也都拿了，也都該吐出來。」此舉弄得余政憲啼笑皆非，底下民眾哈哈大笑。

經宋楚瑜這麼當面一堵，那場政見會之後，陳定南再也不敢隨便開口亂指，後來經過法院調查，總算還給省政府一個公道。但由此事件，宋楚瑜同時更關切的，一般民眾若是對省政府有所指責，有意見要表達，或對貪瀆、重大的案件要予揭發，省政府如何做到快速回應。前面剛提到的省民服務中心，以及廉政委員會與公共工程品質管制中心，就是十分便捷、超然公正的管道。

不論爲民服務、肅貪或工程品管，這些的機制與功能原本在省政府內就有，但卻是分散在各個機構內。宋楚瑜來省政府後，就有心以不增加人事與成本的方式加以整合與改良，後來將它列入競選省長的政見，當選後即加緊腳步實施。

以前省民在一時之間，通常不知道那件事情該找那個單位，有了省民服務中心、廉政委員會與公共工程品質管制中心，形同興利防弊的鐵三角，民眾與政府的關係改善暢通了，民眾找政府論事述理都方便了。

杜絕弊端環環相扣

公共工程要杜絕弊端，首先之要，全力避免不法或能力不夠者來圍標搶標。爲了防止違法者、黑道以不正當方法介入，省政府研訂防制公共工程圍標的改進措施，整合工程、政風、警察等單位的力量，利用電腦科技促進資訊的傳播與流通，來消弭各種犯罪的可能性。

公共工程再怎麼防弊監督，總有一些令人傷腦筋的問題。不只圍標，承包商按照程序得標後，不好好施工，或做了一半倒掉。還有工程延誤時間，拖得很長，半天看不見一個人在做工。

宋楚瑜指出，政府應該做到的是，對於好的廠商，能讓他們好好去做，讓他們一個接一個工程有事情做，壞的廠商列入黑名單，對他拒絕往來，不要再讓他去做。

他還曾發明一句順口溜：「大包換成小包，小包發成廢包，廢包變成草包，草包變成膿包」，這些廢包、草包、膿包等等，都是省政府不歡迎的對象。

花了許多錢，弄不出好東西，也是公共工程品質最為民眾詬病的地方，公共工程品質管制中心就是要負責改善這些事。宋楚瑜指示所有機關採取兩個重要的作法，一是列管考核經費額度超過五千萬元以上重大工程，另一是對於補助地方經費進行工程抽驗。這無形中對弊端產生不少的遏阻作用，對其他重大或相關工程，也有極大良性的導引效果。

公共工程只有在土地取得、工程設計、施工、建造等每個階段，建立透明化、合理化、公平化的制度，才能避免「官商勾結」的陷阱。因此，公共工程品質管制中心要求各工程單位，訂定合理的設計、發包、監工、驗收、完工及維修標準，而且指派高級工程人員負責嚴加督辦，如有循私或監督不周，必追究連帶責任，相關不良紀錄的廠商也以電腦建檔。

宋楚瑜認為這就好像一般人自己的房子在施工，隨時要查看一樣，平時施工就要查看是否做好每個結構與細節，不是全蓋好了，再來全盤照收。宋楚瑜強調這是非常好的方法，「倘若發現施工中有違原定標準或品質未符合要求的，我們不客氣要求拆掉重新再來，重做損失則由承包商自行負擔。」

政風工作大家一起來

如前所言，在省政府的組織裡，原已設有政風處，但是廉政委員會的設立，則與政風處各有分工。除規劃省政重大廉政決策、審議廉政計畫事項、督導考核執行績效外，在業務上透過與政風處的互相支援，查處民眾向廉政信箱投訴或電話檢舉的貪瀆案件，並藉由積極查案產生嚇阻的力量。

不只處理民眾提出有關政府形象、公務員操守的問題，甚至省長個人遭受民眾質疑時，廉政委員會也要擔負起公正超然、可昭公信的角色。「這是讓公務人員好好工作的機制，我們要使公務員知守本分，不貪不取，使操守不佳、心態不正的公務員，沒有混水摸魚的機會，使規規矩矩的公務員能放膽去做，而不致引起不必要的疑慮。」宋楚瑜說。

廉政委員會以合議制方式組成，未曾疊床架屋。省政府除了吳容明、賴英照兩位副省長、省政委員陳正雄、政風處長外，還聘請更多的民間和社會人士一起參與，所有委員都是享有卓越聲譽的一時之選。

這份名單沒讓社會失望過，包括營建工程方面學者李咸亨教授、財務會計專家張進德、消費者文教基金會秘書長尹章華、全國律師公會理事吳錫添，同時還有民進黨籍律師蔡文斌，另納入包括高等法院檢察署所推薦的主任檢察官、法務部調查局廉政處處長等機關代表。

廉政委員會另與其他兩個中心也有著彼此相互奧援的關係。例如省民服務中心會把牽涉重大風紀的案件，送到廉政委員會處理，另有關公共工程可能涉及到官員舞弊、偷工減料的案件，則由公共工程品質管制中心送到廉政委員會處理。三角合作，目標齊一：讓政府不單有能也有廉。

未先發掘不法，政風應負連帶責任

如此這般，就是不要將政風工作停在過去傳統的封閉方式，而能夠讓更多的人士來參與。宋楚瑜指出，我們並不鼓勵無頭告狀或是打高空，甚至於亂寫黑函來無的放矢，但是對於一些眞正關切政風、想要反映的民眾，他們所檢舉的內容則不掉以輕心，對於很多情況的檢舉，希望政風單位能將它作爲非常有價值的資訊，而作一些自清的工作，做到毋枉毋縱。

他經常勉勵省府同仁，在推動相關工作與公共工程時，在程序上要做到「無缺點」，在工程的品質上要做到「無汙點」。政風處不只調查貪汙，更要深入了解民怨，也與「鐵三角」合作無間，對於眾所詬病的問題，先行做好預防及內部自清的工作，而非等到事情發生之後，由其他的單位檢舉，甚至由社會大眾來揭發才知道。

宋楚瑜要求政風工作同仁，一定要做到先期預防，對於機關首長或同仁倘有不法情事，均應主動機先的去調查了解，假如省政機關內部發現問題，而政風單位本身沒有發掘出來，那政風單位就得負起連帶責任。

第十一章

我只能帶給你共同創造團隊的榮譽感

共同打造團隊榮譽感/工作熱情是可以傳染的/冷門業務也可以炒熱/耐不了熱，就不要進廚房/到廳長辦公室一起面對問題/不能只差一個沒做好/身體與組織都要「享瘦」/菁英一百：恢弘公務人員視野/讓團隊同仁適才適所/人人都是知識工作者/領導者不必然是主角

十口心思，思國思民思台灣，

寸身言謝，謝天謝地謝鄉親。

這對拆字聯，源自於布袋戲大師黃俊雄的「十口心思，思國思民思社稷，寸身言謝，謝天謝地謝君王」。這應不只是宋楚瑜的心聲，也是所有省府同仁的心聲。

宋楚瑜把它用在任內，最後一次在省議會省政總質詢的總結報告內，作為與省府同仁一起並肩走過的見證，也是當時心中最美麗感恩的一幅圖像。

事實上，省政府對省民交出很不錯的成績單。

不自誇，不浮誇，省府工作團隊努力做到了。

共同打造團隊榮譽感

回想起剛踏進省政府大門的剎那，宋楚瑜當時突然一個在新聞局服務時的念頭，閃過了腦際：「不管在這裡做多久，一年或兩年都好，我要使省政府受到民眾更多的認同，絕對不能使這個單位變差了，讓人覺得沒有好感。」

這像是對自己的宣誓，宋楚瑜覺得不錯。

以後他時常用來鼓勵同仁，要以這種「與自己對話」的方式，激勵期許自己。

他時常這樣激勵同仁：「因為你的存在，由於你的服務與奉獻，將使得省政府以你為榮，受到民眾更多的肯定、敬重與讚賞。」

初來乍到，所有的機關首長大都是前任連戰主席所培養選拔出來的，都是優秀的幹部，後來宋楚瑜也從學術界、地方與中央機關延攬人才加入，可是替換的比例不大。他與省府工作團隊在這段期間，爲省民做了切切實實的服務，即使後來要「凍省」，同仁面對的是不可知的未來，但是大家的態度非常理性，堅守職責到最後一分鐘。

他曾用「古意人」、「老士官」來形容這一個工作團隊，是出自感動、感激和帶有敬意的心情。

省政府有許多人都不是在冷氣房內工作的，而是在烈日下或大風大雨中，賣力維護老百姓的生命財產與權益福祉。

從一般的角度看，宋楚瑜是從台北到省政府當省主席，但嚴謹來說，應是他加入了這個久爲民眾服務的省政團隊。在他來之前，已經有太多的人在這裡奮鬥奉獻，但是他來了，又是來當一個大團隊的領導者，能爲大家做些什麼？

宋楚瑜說：「我是來做爲民服務工作，固然要體察民情，尊重民意，但另一面，不能忽略的，對內也要有領導力，不然，執行力從何顯現？身爲政府機構的領導人，好像擁有許多分公司的執行長（CEO），要讓每一支隊伍都動起來，不能沒有說服團隊的願景，我可以不唱動人的口號，但不可以不激勵士氣。」

工作熱情是可以傳染的

「願景」就是組織團體的重大目標，以及團體成員的工作意義。

蓋於一八八九年、爲巴黎舉辦第一屆世界博覽會而興建的艾菲爾鐵塔，所創造的三個建築工人故事，頗能說明團體成員的工作意義。

當年曾經動員三百多個技術工人，使用大小螺絲釘約二百五十萬顆。第一個工人對工作的詮釋：「我只是在鎖螺絲釘。」第二個工人認爲：「我在賺取足夠溫飽再加上一點點的酒錢。」第三個工人則不同：「我在興建世界最高的鐵塔。」

談「願景」的目標，則不能流於空泛，無關痛養。

如同奇異公司前執行長威爾許（J. Welch）所講的，必須直指所有成員每個人心中眞正的問題：「對我來說，這樣有什麼好處？」

既然宋楚瑜來省政府了，他能帶給這裡每一個成員什麼「好處」？

他對省府同仁這麼說：**「我不能帶給你財富，我未曾帶給你什麼好處，只能帶給你共同創造團隊的榮譽感。」**

宋楚瑜待過不少單位、機構，看過不少人的工作情形。有一種人比較沒有責任感，也沒有榮譽心，凡事推諉，事事請示。另一種人可愛得多，積極進取，勇於任事，能與人共事，展現正向的能量。

幾乎每個團體都有這兩種人。

義大利社會暨經濟學家帕列托（Vilfredo Pareto），在十九世紀末曾發現了一個有關所得分配的「八二」理論：「百分之二十的國民，支撐百分之八十的國民經濟」，這也就是大家非常熟悉的「八○／二○」法則。

以後被人延伸的說法很多，如百分之二十的人喝了百分之八十的酒，百分之八十的交通違規，是由百分之二十的人所犯的，或是百分之八十的工作，是由百分之二十的人完成的。

這個理論適用到政府機關的人員？能不能加以改變？

這兩個問題，宋楚瑜比較關心後面的那一個。

他相信，**個人的付出能量是可以提升的，工作熱情是可以傳染的，團隊士氣是可以激勵的。關鍵在於領導人怎麼去創造傳染原、工作氛圍、服務熱情等傳播的環境。**

冷門業務也可以炒熱

就以一些比較「細微」的事來說，如申辦公司登記或證件核發、戶口轉移、汽機車監理業務、火車購票、省立醫院批價與領藥等等來說，以前得讓民眾花上好幾個小時排隊等候。

但這樣，不僅受服務的人不耐煩，辦事的人每天見到的都是民眾煩躁不悅的臉色，服務的心情與士氣又怎麼能提升呢？

你想，人家要開辦公司，萬事起頭難，樣樣事都在忙，還從外地遠道趕來中興新村，一天辦不好，得要重來一次，這要花費多少精神。

可是，可以改啊，改成中午不休息，程序儘可能簡化，服務措施也加以改進，情況就會改觀。

當這些繁瑣的程序省掉了，配合電腦作業連線了，坐櫃檯的人員與民眾都享有最方便的成果，雙方的互動也就能改善了。

「很多情形都是這樣，如果領導人會帶動，同事之間又能力求改進，即使是冷門業務，也可以炒熱。」宋楚瑜指出。

這些改革可能都不必花很多錢，看起來也都是「小事情」，然而，宋楚瑜堅信「小錢也能辦大事」、「小動作也會產生大轉變」。

這些爲民服務的窗口，都是省政府廳處主管下的一個「小單位」，但當他們活絡起來，與民眾互動氣氛轉爲良好，不僅這個單位的成員彼此感染好的情緒，也會將這樣的好情緒，擴散到其它部門去。

如此一來，就可以讓這些好情緒的「益菌」到處傳播，帶動更多的同仁的服務動能。

耐不了熱，就不要進廚房

以往舊觀念總認爲奉公守法、規規矩矩、不拿非份錢、把本身分內事情做好，就是好的公務人員，這些舊觀念並沒有錯，但卻不夠用。

宋楚瑜希望同仁能改變：「今天民眾心目中好的公務人員，應該是要具有新的思維、新的效率觀、新的人生觀。」

宋楚瑜要大家一起展現宏觀的眼光、全局的視野與整體的策略，並且是具有合作、溝通、協調能力的人。

的確，眞心誠意的爲民眾服務，眞是不容易做到的事。他曾經說這可能要「三勞必備」——「非但要有功勞，而且要有苦勞，甚至還要永遠不感覺疲勞」。

或許有人要「吐嘈」，做官何必要做到這麼累，非要這麼累，乾脆不做了。

「是嘛，耐不了熱，就不該進廚房。既進了廚房，就要以處理自家事情的心情，來爲老百姓做事，當我們認爲這是自己的事、自家事情，就不會覺得那麼累，那麼疲勞了。」宋楚瑜說。

正因爲每天領的是老百姓給的薪水，宋楚瑜要公務人員不妨常常問自己：究竟爲民眾做了些什麼？是否戰戰兢兢、盡心盡力在解決他們的問題？

這些老百姓雖不說、不常常說，但都感受得到，連續劇「宰相劉羅鍋」劇中歌詞唱著：「天地之間有桿秤，那秤鉈是老百姓」，道理就在這裡。

到廳長辦公室一起面對問題

八十六年三月，全省發生豬隻感染口蹄疫重大疫情，農林廳立即成立防疫、撲殺、市場與協調四個執行小組進行危機處理，宋處瑜下令警政廳立即協助管制感染縣市豬隻外流，而且農林廳、衛生處與環保處等單位除透過農會等系統，加強與養豬戶溝通聯繫，並協調二十一縣市全面處理各項防疫措施。

疫情發現之初，宋楚瑜趕往台南縣麻豆鎮一處牧場訪視，藉由媒體說明口蹄疫非人畜共同傳染病，對人體不會造成影響，以及省政府與中央密切配合，緊急採購國外疫苗，免費提供養豬戶注射，先行消除消費者與省民的疑慮。

此一事件可能對經濟、社會、衛生、環保等層面造成一連串的嚴重衝擊。

宋楚瑜下令要緊急從國外採購幾百萬隻疫苗。

又要趕快撲殺好幾百萬豬隻。

撲殺豬隻時的人力非國軍官兵協助不可。

又需防杜病毒經由空氣傳染，抑制受感染區域擴大蔓延。

而且，國內對家禽、家畜等瘟疫尚乏處理經驗，還得邀請英國、丹麥等有前例國家的專家指導。

後續問題相當繁複，因而宋楚瑜在省政會議，將它界定爲「非專屬農政單位問題」。

宋楚瑜說，政府的工作就是團隊工作，**團隊就是功能性的組織，彼此協調支應，絕不是一個部門「有事」，其它部門「坐視不管」**，更不是省長一張嘴指示農林廳去應付，或等待農林廳長來向省長報告就可以。

「爲了減少業者的損失，爲了避免社會大眾與市場上的恐慌，也爲了縮短解決問題時程，是省長請相關單位共謀對策，是省長帶著各廳處長全力支援農林廳長。」宋楚瑜肯定省府各機關都不分彼此，投入最大的精神與團結力量。

不僅這樣，他自己親自帶各廳處長一齊到農林廳長辦公室去，和廳長一起解決問題。

不能只差一個沒做好

政府做事情時，政策方向與策略方法正確，那是必須的，但在執行過程中，一個個微小的細節是否中規中矩或有所偏差，都會影響施政的品質，都是很重要的關鍵問題。

政府領導者的主要任務，雖然是做好大政方針的掌舵工作，但部屬一個不留意的小細節，很可能是民眾終生的遺憾。

就好像企業賣出危險貨品，領導人絕無法置身事外。

賀伯颱風之後，大家都在檢討，有一個水門關不起來導致水患。調查的結果，原來是工人裝設顚倒。

宋楚瑜不斷以此事爲鑑，告誡同仁不能再犯：「人家賣給你東西時附有說明書，但是我們不按說明去做，就這麼一疏忽，害得很多民眾泡在水裡。」

全省一共有多少水門，答案是三千三百六十二個，但是一個水門沒關，就會引發嚴重的問題。假使三千三百多個水門平時不維護，或颱風來時未關，那麼發生的問題就更大了。

「可是做公務人員的我們，無顏對老百姓說，我們已經關好了三千三百六十一個，只差一個沒有關好。」宋楚瑜說。

身體與組織都要「享瘦」

台灣省政府的機構，有二百五十九個單位，各機關學校多達五千六百多個，公教人員高達二十八萬六千餘人，占全國公教人員總數的百分之五十。國外一些迷你型的國家，人口數可能都沒有省政府公務員人數之多。

對於這麼龐大的政府機構，宋楚瑜非常重視培育優秀人才。政府要爲民眾做好事情，根本之道在於 孫中山先生所說的「人盡其才」。省政府主要的作法有三：培育省政建設人才、留住省政建設人才及精簡不必要員額。

相對於中央機關，地方公務人員職等偏低，無法有效吸引留住下鄉人才，省政府的建議曾獲考試院及銓敘部的採納，讓地方建設人才的發展與升遷管道適度開放。

在他任內曾勵行精簡措施，主要方法有：簡化不必要的業務，推動辦公室自動化，將零散單位統合一起辦公，開放部分業務給民間去做等。

同時還進行調整行政支援單位與業務單位的員額配置比例，「這就好比一個作戰部隊，戰鬥兵人數不可少，但炊事兵、勤務兵卻不能一大堆。」宋楚瑜說。

省人事處長吳堯峰好發言論，常有不同見解，不太像「一般官場上的人」，原在民政廳副廳長停頓好一陣子，宋楚瑜用人唯才，用他的長處，特予拔擢升任。

宋楚瑜說這個處長常有一些意想不到的點子，像是例行年終贈送紀念品給人事主管同仁時，選了磅秤在上面還附加兩句趣語：「身體與組織都要享瘦，記得時時過磅」。

菁英一百：恢弘公務人員視野

在新聞局局長任內，宋楚瑜曾開辦各項訓練課程，先後和南非金山大學、美國華盛頓喬治城大學等知名學府訂有人才培訓合作計畫，讓同仁都有機會到歐洲、美洲、日本等先進國家參觀考察，以增廣見聞。這些訓練十分廣泛，還包括同仁夫人的國際禮儀訓練。

人才培訓的出發點，完全是「爲國舉才」，沒有個人因素的考量，至今新聞局的重要幹部，仍有他當時送出去培訓的人員。

爲了培育省政建設人才，以往省政府每年均考選二十人赴國外做專題研究，並委託東海、中山兩個大學辦理國內進修。他到任後又增加中正、交通與東華三所大學，開辦研究所程度的「公共行政研究班」、「管理科學研究班」，構建了全省比較勻稱而完整的在職進修體系。

宋楚瑜除了將省訓團改制爲公務人力發展學院，辦理主管人員的各項業務訓練之外，又訂頒「台灣省政府選送主管人員出國進修發展實施計畫」。

這就是大家習稱的「菁英一百」計畫。

自八十三年度起，每年選送一百名省屬荐任級以上主管參與進修，分行政管理、環保及衛生、交通及都市建設、社會及勞工福利四組，以三個月爲期，每期分成三階段實施：先集中省訓團講習，以一至二個月時間分赴外國觀摩學習，返國後回團做總結研討。

「菁英一百」計畫不全然模仿軍方培訓進修的方式，但它的原初構想，源自於老總統培育國軍將領的計畫，也與他父親宋達先生以前曾赴美國堪薩斯極具聲名的陸軍指揮參謀大學受訓不無關係。

他父親曾談過在那裡受訓的種種情形，他後來赴美的一次訪問，也曾專程到父親受訓之處憑弔，並蒙該校人士告知艾森豪在任職上校時在此受訓的情形。

當時老總統讓一些國軍優秀幹部，都來這裡訓練後得以一展長才，如高魁元將軍、蔣緯國將軍等都是。

讓團隊同仁適才適所

宋楚瑜對「菁英一百」，著重兩項要點。一是恢弘公務人員的見識（vision），所謂「見多則識廣」，或者是「人外有人，天外有天」也好，拓展國際視野，藉此提升省政高級幹部決策及處理問題的層次。另一是借鏡他山之石，從人家處理問題的過程中，擷取值得參考的程序與方法。

例如，省屬行庫人才培育，是送到最有名的美國哥倫比亞大學經濟學院進修，讓資歷完整的人才去國外學習觀摩，這些人若沒有國際化的概念，要如何能夠促進銀行經營現代化。

但是，有心挑毛病的批評就來了，說這是「宋家班」，而沒有參加的就不是菁英，硬被分成「宋家軍」與「非宋家軍」。

宋楚瑜說：「照這種說法，難道沒得獎狀的學生就是壞孩子？」

其實，除了省立醫院爲找到好的醫生、院長，積極對外網羅人才之外，包括行庫在內的各個省屬企業，宋楚瑜一直維持內升傳統，一定要歷練完整，才可能循序擇優升任，副總經理、總經理、董事長的基本排序從沒有斷過。

宋楚瑜指出，「在他省政府任期內，大部分都獎掖內升，偶爾有的是從國家級的交通銀行、農民銀行升遷過來，從來沒有空降部隊或非專業的人事安插，更不會由民股的來插隊。」

在培養人才與選拔人才上，宋楚瑜確實有他與眾不同的觀念與做法。他喜歡找勤於任事、勇於負責的人，尤其他不喜歡人事關說。

事後獲得升遷的同仁常跟他說，怎麼也沒有想到在沒有任何跡象下會被升任，非常驚訝：「怎麼會輪到我？」

一家省屬企業的總經理，他就拔擢了沒有大學文憑、沒有任何背景的人出任，事後的反應非常好。

宋楚瑜留學美國，獲得兩個碩士、一個博士學位，但他的父親宋達是三等兵出身，沒有什麼學歷，全靠著自課自修，所以他對沒學歷的人，會升做總經理，一點也不奇怪。

可能很多人不知道，宋楚瑜父親宋達連初中文憑都沒有，可是自修到什麼程度？是中國文化大學開創企管系的第一任所長，陽明醫學院是經他手上籌備創設的，美國參謀指揮大學第一名的高材生，陸軍大學兩次特優第一名，成績是歷年來沒人打破的紀錄。

宋達一直從事參謀作業，是國軍中沒有帶過兵、打過仗，而升到將軍的少數幾位將領之一。同時雖然不是出身黃埔軍校，而能得到先總統　蔣公的賞識。後來當到國防部負責後勤的第四廳廳長（即今後勤次長）、人事行政局局長，這兩個缺的編制是中將，但從來沒有去爭過升級。

應該有連續五年，應升中將，但因爲自己負責辦理人事業務，每次都要求把自己的名字拿掉，每次都自己打報告給總長，一再請求避嫌，不要讓人家誤解，自己管人事升自己。

宋達一直當了將近十五、六年的少將，後來當人事次長時到美國陸軍指揮參謀大學半年受訓期間，才升了中將。這個受訓是非常高層次的班級，受訓人員都是比較優秀的軍團司令、軍長，目的是中美聯合作戰時，可以相互配合。同班同學中有高魁元、劉玉章、王永樹等將軍。

原先呈上去的受訓名單中當然沒有他的名字，後來　蔣公寫了一個便條，在名單後加了一個人，用紅鉛筆寫著「宋達」。

宋楚瑜的父親常跟他說，「人一能之己十之，人十能之己百之」，要他工作認眞，要實實在在，人只要好好努力工作，根本不要去求什麼，長官會知道。這些得自父親的教誨，很深刻影響他。

不用談人才培育是爲國舉才，是爲國所用，就以帶領團隊來說，讓團隊同仁充實職能及適才適所，不僅是替他們找到施展抱負的職位，其實也是替自己設想，替自己領導有方籌謀。

人人都是知識工作者

他在任職行政院新聞局長時，還有一項難得的經歷，曾經由艾森豪獎金中華民國協會推薦獲選，赴美三個月參觀訪問。當時美國前總統福特是艾森豪基金會董事長，兩人相識乃從此時開始，後來有一年福特還以親簽函，邀請宋楚瑜參加享有盛名的智庫機構ＡＥＩ舉辦的政商高峰會。

這是他在美國讀書與工作八年之後，再一次密集深入了解美國社會的經驗，足跡遍及三十九個州市。他與太太一起拜會許多美國政府的官員、學術教育、宗教與工商界人士，接受二百餘名新聞界人士訪談有關中華民國的狀況與發展。

這趟美國之行有一段小插曲，宋楚瑜在美國過了四十歲生日。這麼巧，主要是艾森豪獎金有四十歲年齡的限制。

宋楚瑜在三十幾歲時就是該獎金的正選人選，但那時由於擔任新聞局副局長、局長，同時兼任經國先生的秘書及外賓翻譯等工作，尤其每次經國先生接見外賓時，宋楚瑜都必須配合翻譯工作，排開自己的行程，實在脫不開身，所以每年都跳過，讓給其他備選人先去，直到他四十歲那年，不去再沒機會了才成行。

宋楚瑜赴美三個月，必須有人代理經國先生接見外賓的翻譯工作，當時擔任總統府第一局副局長的馬英九被物色，接手這段時間，這是馬英九與經國先生直接接觸的開始。宋楚瑜的美國之行，也意外促成了一個政治人物的崛起。

另一方面，在拜訪福特汽車、ＩＢＭ電腦、柯達、通用等私人企業時，宋楚瑜發現這些公司內部在管理上，有值得學習之處。例如他們提供全體員工有關業務資訊的手冊（manual），協助每個成員一到新職立即能上手，迅速而完整認知對企業整體及自身權益等資訊。又他們都很注重在職訓練，甚至會在主管人員辦公室內設置電視錄影設備，方便模擬接受外界記者採訪實況演練，美國企業界對業務進步推展的重視，令人印象深刻。

因爲有這樣的經驗，宋楚瑜請省府人事處編訂「台灣省政府職員服務手冊」，人手一本，隨時運用。此是機關與工作傳承的一種做法，同仁們對組織沿革、體系與功能、自身權責與福利等相關事項，均可一目瞭然。宋楚瑜也鼓勵同仁在工作中，多做專業新知與相關知識的多元吸收，將自己業務心得、累積的知識載入服務手冊，作爲傳承之用，以便隨時運用，或移交接任者，幫助新人進入狀況。

雖然時代加速變遷，政府作爲爲民服務的機構，所承受的壓力及與民眾間的關係產生前所未有的變化，但追求提升服務品質的熱情反而不能冷卻。宋楚瑜指出，今天從事公共服務的公職人員，都是「知識工作者」，也應是善用專業知識與管理才能的「價值創造者」。

然而，宋楚瑜認爲這必須站在這樣的前提上：公務人員個人隨時要有補充新知的體會，以及政府組織要做有計畫的培育訓練。

他說，這就像「啐啄同時」，當小雞要孵出來的時候，小雞以嘴吮卵殼，母雞也從外吃殼一樣。

宋楚瑜將公務人才培育看得非常重要，「否則原經嚴格考試、百中挑一的優秀人才，進入機關幾年後，可能逐漸變成庸才，乃至笨才。」

領導者不必然是主角

以前年輕時，宋楚瑜也很喜歡聽音樂，不過不是古典音樂。

後來為了追女朋友，也就是他太太，陳萬水從小愛好音樂，才陪她去聽音樂會，而她也從古典音樂的入門開始，點點滴滴的教宋楚瑜。如今不敢說是內行，但對一些著名的曲子，宋楚瑜只要聽幾個音，還能說得出是那位作曲家的作品。

他家裡的小女兒宋鎮邁，讀過光仁音樂班，是學拉低音大提琴的。他太太曾說：「她應該去學小提琴，後來女兒與我想想，還是拉低音大提琴好。」通常小提琴是交響樂團最重要的靈魂人物，那為什麼女兒會去選擇這樣其它的樂器呢?

他們常拿宋楚瑜開玩笑：家裡已經「有人」很出風頭了。那麼應當讓孩子瞭解，怎麼樣去幫人家忙，來共同演奏一首好的曲子，而不是要去同人家爭做主角。

宋楚瑜藉著這個故事說：「其實，**每個團體都需要領導人，但他不必然時時刻刻都是主角**。」

救災救難時，第一線人員就是主角。

颱風來前，關水門的人就是主角。

口蹄疫侵襲時，農林廳長就是主角。

讓民眾很順暢買到票、協助民眾辦好各項證照的人員，也是主角。

但他們要做好這些事情，旁邊還有許多人幫忙他，配合他，大家既是主角，也是配角。

音樂和人生一樣，有主角有配角，不管是主角或是配角，每個角色都重要。

第十二章

愛心要整合，資源也要整合

入世做功德／愛讓人做起事來就愉快／含悲見屍，「近親」不忌／怎忍視同一般的急難救助？／幫忙到他們能自行運用為止／從三0九鄉鎮市的尊嚴到省民的尊嚴／政府的行政資源要整合／民間資源要引進／解決長程問題的能力

「心中有愛」是宋楚瑜從事省政工作的一項核心觀念，他更同時強調「愛中有心，將心比心」，爲人設想。

有幾個場合，宋楚瑜在人前就掉下淚來，批評他的人，說他愛哭，但他告訴同仁：「有血有淚的人，是有情有義的人，也是肯爲社會奉獻的人。」

孟子說：「惻隱之心，人皆有之。」愛心很重要，愛心是動力，解決問題與苦難的動力。面對芸芸眾生的苦難之人，身爲政府官員，當然不是也不能光會掉眼淚。

在愛心之外，還要有許多能夠解決問題與苦難的能耐。

入世做功德

宋楚瑜在找社會處長的時候，曾告訴他選中的唐啓明一句話：「如果看到有人孤苦無依、遭受苦難，而不會掉淚的人，我是不會找他一起做這件事情。」

唐啓明做了省社會處長，幫了無數辛苦大眾，非常受到好評，任期與宋楚瑜一樣，都是五年九個月。唐啓明小時也是苦苦熬出來的，連住的地方都沒有，父子兩人就在辦公室裡打鋪過夜，求學向上考取政治大學。

宋楚瑜說：**「用吃過苦的人，比較能了解賺食人的艱苦。」**

經唐啓明細心的聯繫與協調，省政府在社會工作上開啓與民間合作的腳步，包括與行政院退輔會、天主教、基督教，以及長老教會等等單位與團體，突破政府以前「關起門做事」的方式。

原住民居住的山區都跑遍了，唐啓明以主動及最高誠意的態度，從不談意識形態，踏進各個教會，說明省政府可以提供那些資源與服務，可以在醫療、道路、救災等方面，不分彼此一起幫助弱勢族群，這些工作都是宋楚瑜最想做的事。

如果宋楚瑜不是省主席、省長，很可能他最想做的，或最適合他做的，是社會處長這個職位。也許是他善於形容，也許是出自內心實在的感觸，他將社會處的細瑣業務做了最深刻的譬喻，認為這是「入世做功德」的工作。

他賦予了社會處同仁、社工人員最崇高的責任心與使命感，都是像基督徒、天主教徒與佛教徒一樣，是充滿愛心、做善事的人。

他說：「有些人為渡生、老、病、死、苦，所以出家。可是從事社會福利工作的同仁，卻是看到社會上的生、老、病、死、苦，而採取比較積極的態度，來處理這些生、老、病、死、苦的問題。」

在宋楚瑜人性關懷的施政理念中，「愛心」是最居核心的位置，這不只顯現在社會福利、醫療、農民、原住民、老弱婦幼、身心障礙者及社會弱勢族群等相關層面上，更是及於所有的政策與施政。他十分重視：「為老百姓做事情，所有為民服務的工作，都要設身處地，要將心比心，去體會那些受苦受難者的心。」

愛讓人做起事來就愉快

有次宋楚瑜到台北縣坪林鄉衛生所訪問，特別留意到一位年輕女醫師，對病患服務十分細心。在他的各種訪視印象中，想是在坪林鄉這個偏僻的小地方，怎麼會有這樣的年輕又富熱心的醫師，實在是非常難得。和她談過話後，知道她是陽明醫學院畢業的，而且是根據自己的學習及工作經驗，認爲既然要深入鄉里，那就盡心盡力做好事情，讓病人能有滿意的醫療。

又有次在蘭嶼訪問，太陽高照，天氣炎熱。宋楚瑜遠遠看到一位嬌小的女士戴著草帽，和一位小孩從山上走下來。這引起他的好奇，走近打了招呼，知道她是蘭嶼國中的老師，從台南師範畢業分發到蘭嶼服務，正在做家庭訪問，因爲聽不懂當地語言，才找這一位學生來幫忙翻譯。

這兩件事情，他常擺在一起講，說很多人都是在角落裡默默奉獻，不見得有人會看到，別人不會特別注意做得怎麼樣，但他們還是依然拿出最負責的精神，宋楚瑜說：「如果不是愛心驅使，還有更好的解釋嗎？**因為愛，讓人做起事來都愉快，不怕累，不嫌偏遠，真正做到證嚴師父所說的，歡喜做，甘願受。**」

他看到政府與民間團體在服務人群時，都會特別強調「心中有愛」，這令他特別聯想到「愛中有心」。他可不是故意在玩文字遊戲，而是鼓勵要用眞心誠意來做實在的事。

含悲見屍，「近親」不忌

八十三年三月十七日下午五時，台中縣大肚鄉海線鐵路平交道發生嚴重的車禍，一輛滿載鋼片的大卡車煞車不及，撞上自強號火車，九死二十四人受傷，動員搶救達五百人。車禍發生當時，宋楚瑜正在台北縣新店山區，剛要進入烏來。

省政府的通報系統在他的要求下非常迅速，在第一時間他就知道這個訊息，當時二高未通，要趕到出事現場，至少五個小時以上，但宋楚瑜馬上決定改變行程，一路奔馳南下。

省政府相關單位主管及同仁都已投入協助搶救，在趕車的行程中，宋楚瑜隨時掌握情況，對車禍情形完全了解。趕到沙鹿童綜合醫院、光田醫院分別慰問受傷旅客及家屬，已是半夜。他心裡非常清楚，這麼奔波最重要的就是要給死難者一些安慰及處理善後。

根據民間的習俗，非親屬在夜裡是不見屍的，但宋楚瑜慰問傷者後又轉到太平間，對著白布裹著的屍體含悲凝視。隨行的省政府祕書長林豐正曾提醒他，依民間習俗不必如此，宋楚瑜只說了一句：「省主席是父母官，就是親人，中國人說，近親不忌，我就不忌。」

他還細心到罹難者家屬因傷痛均未吃晚飯，要在場的鐵路局人員準備便當，其實他與隨扈肚子也是空著。之後，再往車禍現場了解事故原因，慰問搶修工作人員，離開時已經清晨一時四十分。

事情未了，鐵路工人因同仁遭難，向宋楚瑜抱怨，過世的駕駛職等很低，照政府的撫卹辦法，全部撫卹金才二十多萬元，幼子才三歲半，太太連工作都沒有，未來的日子如何過下去。

宋楚瑜一聽心就急，找人事處問，人事處告訴他，如果因爲這個案子做成通例，日後省政府所有員工都要比照，這筆開支會不得了。

或許此事應可告一段落了，誰知宋楚瑜還不死心，又要他們往前去查，查出因鐵路意外十年死了四十多人，平均一年四人意外死亡。

政府預算不可能一年預估編列四人會出事的撫卹金，但總有預備金可用，用預備金來救濟，一個人一百萬，是合理的數字。

然後，他又找了教育廳、社會處，先把駕駛幼子列檔，政府照顧到高中畢業，發給清寒獎學金，太太列入低收入戶，並由鐵路單位找個工作讓她能養家活口。

怎忍視同一般的急難救助？

一次大颱風來襲前，宋楚瑜分別打電話給縣市長，關切防颱準備情形。之後，又突然想起宜蘭蘇澳港外面還有一些大陸漁船，於是他再打電話給宜蘭縣游錫堃縣長，讓那些大陸漁船暫時進港躲避風雨，以免他們發生意外。

游縣長熱心的提醒省主席，還必須再聯繫警政廳。因爲大陸漁工只要一上岸，警察便會以非法入境爲由加以逮捕。當宋楚瑜聯繫警政廳之後，大陸漁民就順利進港躲避風雨，卻有艘漁船突然拋錨，當地因而找了一位高姓技工，冒雨上去修船，但在修好上岸時，不幸人被風雨吹到海裏，宋楚瑜事後到宜蘭勘災時才知道這件事。

一個好端端的人，也是爲了做好事情，竟然因此喪生，這時要如何照顧這一位見義勇爲的技工家屬呢？老實說，省政府急難救助金只有五萬元，縣政府也只能補助二十萬元，像這樣爲公而犧牲性命的好人及其家屬的照顧，怎忍視同一般的急難救助？

於是，宋楚瑜請社會處以表揚好人好事爲理由，爲他的家屬籌了一百萬元，對於小孩的教育，則請教育廳以獎助學金的方式，照顧到高中畢業，另外也爲他的太太找到了工作。

幫忙到他們能自行運用爲止

特別的事件，就要特殊的處理，省政府對於因公殉職的義警消，也採取這樣的照顧態度。省政府爲義消、義警籌組成立了一個基金，義消、義警各有一億五千萬元，以基金的孳息來照顧殉職的義消、義警家屬，一位殉職義消、義警的家屬，大約能領到八、九百萬元的撫卹金，但不是只有發錢就算照顧了。

省政府不但幫忙籌募基金，還要幫忙保管運用，還要追蹤家屬子女往後的生活與教育。基金保管會就是基於這樣的思考產生的，用意在以最妥善的辦法，讓這筆撫卹金好好運用，保障罹難者家屬過生活、受教育。例如桃園火災，失去親人的一位原住民小孩，突然拿到了那麼多撫恤救助金，這些錢如被有心人拿去了，那這個小孩將來誰來照顧，是不是又要送到育幼院？

宋楚瑜說：「所以我們的考慮蠻多，不但要爲他們籌措財源，還要幫他們處理善後，由大家來幫忙處理這筆錢。錢是他們的，但是要幫助他們來好好善用這筆錢，直到他們能自行運用爲止。」

從前面所談到的婦幼保護、社會救助的幾個實例，不難看出愛心不是藏在心裡的念頭，或掛在嘴邊上的言談而已，而是一連串有機的行動。

不但要整合政府資源，而且要善用民間資源，不但要幫忙籌錢，而且要幫忙管理照顧，不但要顧慮到此時，而且要關心到他們的未來，不但是金錢的給付，最重要的是要加上愛心，要加上人性的關懷。

政府治理的愛心，是一種具體的、外顯的行為，必須藉著行動來實踐，才可能轉化為民眾的受益，實際照顧到民眾身上。

從三〇九鄉鎮市的尊嚴到省民的尊嚴

有一次，宋楚瑜到台中縣的一個鄉下訪問，親眼目睹各有一間分別由內政部、農委會補助興建的「老人之家」、「農民之家」，因爲該鄉沒有足夠的配合款，最後只建了「四面牆」，再也沒經費施工完成。

這就是他常舉來警惕省府同仁的一個例子，即所謂的「雙館並築，一館無成」，農民中心及老人中心各造一半，另一半沒經費了，就擺在那裡。

宋楚瑜後來將這兩建築合在一起，變成一個「老農中心」。

另外的，還有一個鄉鎮，同時造了八個社區中心，多年來各只造一半，宋楚瑜稱之爲「八大奇景」。

同一個縣裡，有些鄉鎮公所建設得很「豪華」，有些則「窮酸」，但「豪華」的鄉鎮，往往「有橋無路」，或「有館無書」。

也有些地方因財政困難，就用所謂虛列預算的方式來因應，全年收入包括規費只有幾萬元，卻編一億多元預算，這樣的計畫直接送上來請省政府補助。

年復一年，一筆又一筆的投資，但事後是民眾同蒙其利，還是同時閒置？近來媒體新聞一而再報導的一些「蚊子館」，背後可能各有許多的複雜因素，但命運一致——民眾享受不到。這些奇奇怪怪的事情，宋楚瑜都曾一一去幫忙解決。

從省主席履任之初，宋楚瑜對全省每個地方、每個角落，就懷有不可推卸的責任感，在他宏觀視野的施政下，全省三百零九個鄉鎮市發展的程度不一樣，需求也各有不同，但宋楚瑜總認爲，「他們的問題就是省政的問題，他們的尊嚴就是省政府的尊嚴。」

照此一邏輯推論，省民的問題就是省政問題，省民的尊嚴就是省政府的尊嚴，當然也是省長的尊嚴。但省長與省政府並非土地公，更非財神爺，沒有通天本領，沒辦法有求必應，一切得回到政府治理的本題上。

政府的行政資源要整合

政府分工設職，各有所司，權責分明，立意都是很好的，但若不能將有限的資源加以有效的整合，力量常是七零八落的。

政府首長的職責之一，是在做政策與決策的同時，要做好資源的整合運用，這是一項必須接受的挑戰或考驗，由此衍生出來的，政府機關的資源是否及如何在不知不覺中被分散、浪費，亦是值得全民注意的課題。

只有武俠小說才例外，現實世界裡的「拳頭」，比「手指頭」力量大。握緊的拳有力量，團結力量大，此種道理眾人皆知。但是，應該怎麼握，這在政府工作裡，就是資源調配及行政上的整合問題。

將政府部門以「團隊」來稱呼，可能不始自宋楚瑜，但喊響這樣稱呼的人，就是宋楚瑜。「省府團隊」此一名號，從他進入中興新村起打起招牌，從他就任民選省長起響遍全台，讓大家都知道，這是一支想爲民眾做事的隊伍，而且是能爲民眾解決問題的隊伍。

宋楚瑜對內一向強調，「團隊」即是功能性的組織，是每個機構與部門連結一體，一同發揮功能的團體。每個機構與部門或各有專業的職權，分工卻彼此協調，分立卻相互連屬。無論大小問題，所有相關部門配合，全力以赴，若一個部門有問題，其它部門一起戮力協助。

在省政府內，沒有一個部門或一個人是「孤鳥」。

以省府委員或省政委員爲例，他們手下雖無一兵一卒，但在宋楚瑜的授權下，卻是整合各部門的樞紐，本書描述的許多內容，處處可見他們眞正施展「不管部委員」的「實力」，乍看他們的作用，是一種跨功能式的協調，類似包粽子的主軸線，促使部門力量集中，整齊劃一，其實另有更深遠的意義，則在於作全面性整體考量，減少或避免政府資源的虛擲與浪費。

所謂「全面性整體考量」的反面，即是一個部門做一件事，只產生一樣功能。省府團隊通常是幾個部門一起做好每一件事的多項功能，前面所舉社會救助的三個例子即是。

民間資源要引進

引進民間力量，整合社會資源，讓有意願參與推動政府工作的社會菁英，共同加入政府建設的行列，是宋楚瑜從事省政建設的另一個重要方法。而這樣的理念與想法，源自於一位法國學者的見解及美國的經驗。

在美國他是攻讀政治學的，那時教授特別指定所有的學生，要唸一位法國人到美國訪問之後所寫的一本書。這位法國人名叫托克維爾（Alexis Tocqueville,1800–1885），是著名學者，以評論美國民主政治而名垂不朽。

托氏在一八三一年到美國考察旅行，足跡遍及美國，回國後以其細微的觀察、精闢入裡的分析，寫成《美國的民主》（Democracy in America）一書。在托氏的眼裡，美國社會能有樂觀遠景乃基於一個事實：高度民主的憲法是由社會中許多其它的層面來維持、支撐，民間團體的參與及運作經驗，是促進美國民主愈趨成熟的重要源頭。

在理論上，借重民間資源是可行之法，不過在現實層面上的政府財政困窘，更是直接的刺激因素。政府沒有充足的經費，卻不能不做事，否則建設工作無法持續，同時也不能一再毫無底線的舉債下去，否則債留子孫，總要有實際的方法，來突破困境。

八十四年九月，在當選台灣省長後八個多月，宋楚瑜在執政黨中央常會，報告〈台灣省政建設的再造（Reengineering）〉，提出以企業家精神建設省政，嘗試從「省」這個層級開始，引進民間的力量，來負擔原由政府部門負擔的工作。爲此，省政府研擬了「省政建設的再造——以企業家精神建設省政」實施計畫，內容計有十六項重點、十七項策略、六十六項的具體措施，由研考單位專案列管。

他認爲，在官僚體制和企業作風之間，在開源與節流之間，仍然有相當寬廣的空間可以開拓。政府經營應該是以競爭來促進卓越，不是任由獨占造成腐化。諸如鼓勵民間參與公共建設；借重民間資源，分擔政府部分功能；運用地政手段協助解決土地徵收及公共設施與闢問題等等，都是進行政府再造改革的重要方向。

解決長程問題的能力

如果將以上提到的社會福利及急難救助等工作，視爲「社會醫療」，宋楚瑜則以另一個名稱「社會保健」，說明對於家庭的健康正常及社會風氣維護的重要性。他認爲，「社會醫療的工作要做，社會保健的工作也要做，這個社會才不會再生病。」

「社會醫療」與「社會保健」，必須雙管齊下，不可偏廢。

但「社會保健」若做得好，就可使「社會醫療」的付出減少，兩者呈現互爲消長的關係。

「在照顧弱勢族群外，相對的也要減少弱勢族群的產生，這才是治本之道。」宋楚瑜說。

還有，「宏觀」與「遠見」是兄弟，宏觀施政必須以遠見來治理，宋楚瑜特別重視政府預估問題的能力，解決長程問題的能力。

政府施政不能只顧一時，政府領導者不能急功近利，只是一昧討好選民，貪圖眼前亮麗政績，那可能是今日的榮景而已，卻敗壞了明天的生機，也可能贏得短暫的掌聲，卻對下一代與未來毫無裨益。

「社會醫療」與「社會保健」，「宏觀」與「遠見」，都一樣必須做好行政資源的整合，另方面必須借重民間資源，分擔政府部分功能，才能出現成效，才能行之久遠。

政府各部門單打獨鬥的時代已經過去了，取而代之的是跨廳、處、局的有效分工，產官學及民間力量的整合，互補互利，相輔相成，才能爲民眾的疾苦或福祉，提供最適的解決方案。

接下來的幾個單元，就是從教育、原住民、農民、安養、醫療、救難、救災、治水、交通與生活圈結合等幾個層面，來看政府應如何做到資源整合，從事社會保健與克服長程問題的工作與任務。

第十三章

教育不公平，將使貧窮世襲化

貧窮是會代代沿襲的／脫窮致富是非常工程／以回饋之心設置獎學金／培養下一代，才能改變命運／尖石國中，你們好嗎？／這是有沒有愛心的問題／不能再做硬體上的盲目投資／不能只要小班制卻忽視人口下降／screwdriver／找回省教育廳的精神／撒下公平的種子

希臘哲學家亞里斯多德曾言：「教育是老年人最佳的糧食」，他的學生亞歷山大沒能活到老，可是很感激亞里斯多德教導他知識，甚於他父親腓力普賦予他生命。

我們憲法第一五九條明白寫著：「國民受教育之機會一律平等。」但事實上，這並不太容易做到，天下沒有一件事物是平等的。

唯正因如此，政府的責任與目的之一，就在於調節分配，讓偏遠的地區與弱勢族群享有公平的機會，讓窮人擁有更多的資源。要不然，貧窮人怎麼去找到糧食？怎麼會有光明的明天？

貧窮是會代代沿襲的

走到世界各地，再富庶的地方也都存在著嚴重不過的社會問題。繁華如夢的紐約市區裡，往往一條街道的兩邊，就是截然不同的世界，一邊富有，另一邊一貧如洗。

有許多的專家學者，經過不斷的研究，一再顯示貧窮問題的嚴重性。

這個嚴重問題的可怕，主要在於貧窮是會代代沿襲的。

這並非生理上的遺傳，而是由於家庭等因素的生活環境與習性所造成的。

生長在貧窮家庭的下一代，一方面因為物質條件的匱乏，同時在社會化最基礎的場所——家庭裡習得一些貧窮的因子，如果再沒有其他條件，例如政府公權力、學校或社會教育等因素的介入，那貧窮的延續循環，絕不是一代、兩代或三代的事情，而是代代皆與貧窮脫不了關係。

宋楚瑜認為，貧窮不只是個人的問題，也不應片面的歸類為社會的問題，「追根究底，貧窮更是文化的問題。這並不是靠社會救濟或再好的福利即可改變，非得由教育這個方法著手來解救不可。」

除了教育之外，沒有更好保障人的尊嚴、保障人一輩子的方法，個人要有這樣的理解，政府更應具備這樣的觀念。因而，宋楚瑜一向最擔心的問題——教育不公平，將使貧窮世襲化。

脫窮致富是非常工程

我們通常會說，教育是百年樹人的事業，意指必須經過日積月累、無窮無盡的心力的付出與灌溉，才能期許它的成就，顯現它的成果。

大致說來，教育又分成兩個範疇，一是指將孩子送到學校，送出去上學，另一個是家教，是家庭裡的教養，這兩樣都很重要。

宋楚瑜特別提到台灣人經常掛在嘴邊的一句話：「富不過三代」，來說明家教或教育是一種非常的「艱鉅工程」。

他讀過相關的資料，雖然已經忘了作者是誰，但仍記得這句話眞正原意，並不是「警惕」的意思，而是強調家庭教養與教育，重於一切。這句話是有下一句的，也就是完整的話是：「富不過三代，不會穿衣吃飯」。意思相當於孔老夫子所說的「衣食足，而後知榮辱」，是指人必須衣食足了，富有了，才會進一步懂得學習並做到禮儀與禮義。

宋楚瑜認為，教育就是不間斷的學習與累積，這一代為下一代付出與努力，要經過「三代」才見端倪，一代就是三十年，可見教育真是百年樹人的事業。

以回饋之心設置獎學金

宋楚瑜在美國留學，其實是一個「困」而知之的過程，不很順利，別人也許兩三年可以拿到博士，他花了八年的時間，其中一個重要原因是花了許多時間在打工。

剛到加州大學柏克萊分校，就在學校外頭租房子，房價是離學校愈遠愈便宜，只好「遠離學校」租房子，他住在地下室。房東是一對美國夫婦，當他們外出時，就幫他們看小孩，當保姆半工半讀，這樣他每個月可節省美金四十元。

他沒在餐廳打工端盤子，只在圖書館及研究單位圖書館打工。剛開始時是part time，後來是full time，直到喬治城才領到獎學金，變成了比較「富有的學生」。在加州大學時一邊讀書，一邊在圖書館打工，每個小時兩塊七毛五，每週打二十小時，一個月賺二百多塊錢，房租、吃住都夠，但蠻辛苦。

由於一時買不起車，上學的交通工具是巴士，當時那裡的巴士票價單程是兩毛五分錢，每趟來回就得五毛，而五毛錢挺值的，一本平裝本的袖珍書，普通售價都是幾塊錢一本。所以，要花五毛錢去搭車，他實在捨不得，只好走路上下學。

那時，女朋友陳萬水住在舊金山，連接柏克萊這頭的是海灣大橋，週末他才搭巴士去舊金山，但回來還是在加大校園山腳下下車，要再走一個鐘頭，回到住處，這樣又可以省下車錢。後來與陳萬水在美訂婚、結婚，一個結婚戒指是美金二百五十元，只好分期付款，加上利息每個月需付十二塊五，這些錢也是靠打工來的。

這樣的求學背景，讓他頗能理解留學生的辛苦。也就在當選省長後，宋楚瑜立即以政府選舉補助款，設置了三個獎學金，其中一個是捐給加州大學母校，宋楚瑜說：「以前我吃過苦頭，設置獎學金雖無法幫助有心向上的每一個人，但至少盡了心意。」

培養下一代，才能改變命運

當年華人在唐人街做任何勞役苦工的事情，只要是能養活家庭的工作都做，還爲這塊新大陸去開闢東西橫貫鐵路。然而，他們的子弟可以慢慢的展露頭角，這是什麼原因？

在美國留學期間，宋楚瑜有很長的時間，觀察那裡的各色人種，在那個民族大熔爐的社會裡較勁奮鬥，他也喜歡用這個事例說道理。

「那無非是中國人傳統上比較重視教育，寧願自己苦，自己苦沒有關係，希望培養後代進入好的學校就讀，慢慢地力爭上游，終而改變命運。」宋楚瑜強調。

由福建、廣東移民出來的閩南、客家兩大族群，移民去美國、全世界，渡海來開闢台灣，都非常重視教育、看重教育，大人們寧可做牛做馬苦自己，也要省錢供給小孩上學讀書。客家人更是講求「耕讀傳家」，即使自己事業輝煌騰達，功成名就之餘，若不讀一點書，沾染一些書香味，是會被族人瞧不起的。

台灣近幾十年的這個移民社會，曾經勵精圖治，開創一個令世人驚艷的經濟奇蹟。凡是生長在那個年代的人，雖然物質奇缺，生活簡單艱苦，但教育賦予人們無窮的希望，兩位蔣總統都曾經在教育方面花費了不少的心力。

宋楚瑜指出，「孩子，我要你比我更好」，可不要當它是一句憑空創造的廣告詞，而是某種程度反映了當時社會每一個人的心理狀態。

那時每一個人都有生存的危機，但更都有意志與勇氣向未來挑戰，希望下一代比這一代強，希望明天會更好。

尖石國中，你們好嗎？

台灣經過幾十年的建設，各地區教育規模原都具備良好規模，但宋楚瑜在全省各鄉鎮奔走時，就比較關心教育資源分佈與共享的問題。很多很遠的地方，他都去了。像澎湖吉貝、花嶼那些離島的學校，每次看它都在進步，看到老師教學非常辛勤認眞，學生充分運用電腦、圖書的設備，宋楚瑜非常感動。

建好的蘭嶼國小，也是設備相當好的學校，因爲這裡夏天很熱，教室特別挑高，又由於當地風沙很大，每一間教室都鋪設木質地板，學生進去要脫鞋子，裡面還有完善的洗手設備，改善得眞是漂亮、周全。

他也常到新竹、屛東等縣山地鄉，去看原住民國中小學，做了一番徹底的改善。以新竹縣尖石國中而言，在翠綠山林的環抱裡，有PU跑道、整潔明亮的教室與宿舍，整面大玻璃窗門透視著天然美景。師生宿舍裡有上下舖、書桌、廚櫃、茶几、沙發，文康室有書報、電視等設備，一應俱全。

好的當然要更好，不好的則不能遲疑，趕緊去做，去改善加強。那段時間，宋楚瑜與省府同仁爲台灣省的教育，做過不少彌補性質的工作。這種情形就如同看到一件非常好的藝術作品，不忍心它邊邊有了瑕疵，要投入許多專業與敬業的精神，想盡辦法去修復。

這些地區的學校，長期被忽略了，宋楚瑜曾經去看過，看了很難過，只好立即給予彌補。如今有好幾年沒去了，他問到：「不知道現在怎麼樣了？」

這是有沒有愛心的問題

尖石鄉是原住民居住極爲偏遠的山區，尖石國中則是當地唯一的國中。可是當他還是省主席第一次去看時，僅用了四個字能表達當時的心情，那就是「很不滿意」，或是「非常慚愧」。

當時這裡有三百多個學生，有一百多個學生每天長途跋涉，想寄居學校宿舍，卻只能提供四十幾個住宿，其他人怎麼辦？

不僅如此，宋楚瑜說，宿舍簡直像個「監獄」一樣，這樣的形容並不好，但確實情況是如此。爲了安全起見，宿舍門窗全都裝上鐵條，照明設備也不好，加上每個床位都非常破舊，想想自己的子弟在裡面怎麼住得好，他實在於心不忍。

要讓原住民學子樂於上學，不能沒有比較好的環境，來安頓他們的身心。

老師們也必須有優雅的住處，才能定下心來，爲山區子弟奉獻心力。

這趟回來，宋楚瑜立即同教育廳長陳英豪商量偏遠地區學校的改善問題，他神情嚴肅的告訴教育廳相關同仁：「尖石國中校長向省政府申請六百萬元增闢宿舍，這不是多少錢的問題，而是我們有沒有愛心、肯不肯用心，爲民眾與學生解決問題。」

隨後，他又在省政府委員會議，請省府委員陳鏡潭組成專案小組，計分七個小組，全面實地了解所有山地鄉及偏遠區的國中小教室與宿舍等軟硬體設備，統一規劃納入「教育優先區」，訂定專款補助辦法。

教育廳同仁很賣力，將這件事當做最迫切的事來辦理，大約兩、三年的時間，充實改善這些學校的各種設施。也多虧副省長兼財政廳長賴英照，籌措大概七億元的經費，才能完成這件心頭大事。宋楚瑜說：「這種經費絕對不能省，否則將來問題會更大。」

不能再做硬體上的盲目投資

爲了充實教育資源，五年多來，省政府所負責的高中以下各級學校，共增加了五百二十三校。不單單是只是擴充，還是得注意到資源合理分配。

在這擴張學校的過程中，如台北、桃園等縣人口比較密集的地區，都不斷請求增設高、國中，即使人口沒那麼密集，在逐漸形成都會的彰化縣、苗栗縣等，也要求增加學校。相對的，由於人口的變化與遷移，偏遠地區及原住民山區的學校，學生人數逐年遞減，有的學校老師加上工友比學生人數還多。

這牽涉到那裡該增、那裡該減該併，眞是頭痛的問題，宋楚瑜請教育廳算過，每增一所學校的軟硬體設施，至少要十億元，每年維持的開支得一億元以上。但是，人民有遷徙的自由，政府不能限制人民住那裡或不住那裡，而往往住偏遠地區卻遷不走的民眾，通常是弱勢的一群。

併校不是一件簡單的事情，增校更須龐大的開銷，然而兩者不能並談，不是將這個經費東挪西移而已。很明顯的，宋楚瑜對人口稠密地區的教育投資比較保守，他鼓勵以教育精神的發揮來看問題，而非今天蓋綜合運動場，明天要建那棟大樓。

他點出了一項關鍵問題：「向前看去，我們人口出生率已經到了瓶頸，如果還要在教育硬體設備上做投資，不加以因應調整的話，將來一定會形成資源上的浪費。」然而，來自家長、地方上的壓力畢竟不輕，大家都在爭取讓自己的孩子擁有更多的教育資源，更好的學習環境與設施。

他只能以自己的例子來說服，說他以前念士林初中時只有五班，初一兩班，初二兩班，初三只有一班，不要說學校連禮堂沒有，就是連教室也沒有，教室是向士林鎭公所借的，他們的校長邵夢蘭女士要學生坐在地上，大家一起背論語。

不能只要小班制卻忽視人口下降

過去因爲教室、師資的不足，台灣省的國小教育，在宋楚瑜去省政府之前，有些還是分成二部制上課的，後來宋楚瑜與教育廳廳長陳英豪及同仁經過努力之後，好不容易才完成一部制的上課。但宋楚瑜指出：「不僅一部制，還有小班制、國小英語教學等，每一項政策的推動與執行，都牽連著諸多互動的因素。」

在他卸任時，台灣全省國小每班已不超過四十一人，八十八年度再降爲每班四十人，國小一年級則爲三十五人。然而，爲了達成此一目標，全省在五年間共增修建超過十五萬間的教室，增添許多的師資與設備。

自教育部吳京部長就任之後，積極推動教育改革，如三十五人以內的小班制度，可以提高教學品質，家長們無不支持，宋楚瑜也非常支持。但在此同時，宋楚瑜更瞭解若要採小班制，初步估計必須增加三萬至五萬名新老師，開辦費用在五百億元以上。

這些經費假如由各縣市政府自行籌措，實在是一項難題。錢在那裡？資源在那裡？能否在現有經費中推動？宋楚瑜表示，「省政府難道不希望台灣省和北高兩市一樣實施小班制，但卻不能因爲經費不足，就推給縣市政府，一推了之或永遠不做。」

事情總得一步一步來，省政府的策略性作法是：配合中央政策，倘若不能全省立即達到小班制標準，是否選擇一些縣市先行試辦，若財力有所不足，則由省、中央設法支援，分階段、分地區的克服實質上的困難。

前項難題尚未克服，小學英語教學的問題旋即接踵而至。以台灣持續經濟發展與邁向國際化的需求，國民英語教學是遲早必然的事，但是師資何在？培養了足夠師資？如何達成英語教育的目標？

還有，台灣的人口成長，已呈逐年下降的趨勢，當爲調降班級學生數，從四十一人要降到三十五人而廣增建教室時，是不是應將人口下降比例與小班制推行，做比較周密的考量與銜接？或者是此時只看見小班制，卻未能預見未來可能形成的資源浪費？

宋楚瑜認爲，政策的制定與執行都必須有完整的考量，如果理念正確、決策沒錯，執行細節卻大而化之，是否又是窒礙難行？抑或只能做一部分的施行，又形成另一種教育不公平？

screwdriver

孔老夫子對教育重視因材施教，換成現代的觀點就是適才適性。學生是什麼才，什麼性，你要幫忙輔導，學生什麼時候確立自己的才性，你也要加以考量。自八十五年度起，省教育廳在全省核准兩所省立高中、九所私立高中、七所省立高職、十一所私立高職試辦綜合高中，就是這樣考量下的產物。

省政府積極試辦的綜合高中，在英美已蔚爲風潮。很適合部分性向、興趣分化較爲延遲或較早確定學生的需要，透過綜合性課程選修的規劃，不但能獲得普通學術和職業性向的試探，而且有助於未來職業轉換與調整。

在技職教育方面，省政府邁向建立技藝訓練與職業證照結合的制度。當時宋楚瑜爲了廣爲「宣導」，常舉日本廚師爲例，說明必先取得合格證書，才能殺河豚，如今風氣已開，已經不用多費唇舌了。

不過這個同樣是打工的故事，可是宋楚瑜夫妻兩人早年「共患難」的一個笑話，也反映各行各業的專業性，這個打工故事的主角換成是陳萬水。當年剛到美國時找事不易，由於又沒錢買車，只能靠走的，東奔西跑了一個月，皮鞋都走壞了一雙，還是找不到工作。

難得有一次，職業介紹所媒介一份調酒的工作。爲了打工賺錢，明知自己沒有經驗，陳萬水想雖然不會，剛好藉此可以學習，壯著膽去了。雇主問她「screwdriver」是什麼?

陳萬水當時並不知道 screwdriver 是「螺絲刀」，是橙汁混伏特加的雞尾酒，因爲不懂，但爲找工作，又不能不答，不答等於放棄機會，可是答了，反而更糗大了，他以「school driver」，答稱「學校駕駛」。至今談起這笑話，兩人還目目相視，大笑一場。

當然這個工作機會也沒了，後來才找到她本行的會計工作，她在美國都做管帳的事，管了好久的帳務，管到看到數字就害怕，也因此她回台灣就不管帳，她跟宋楚瑜說，「管帳的事千萬不要找我」。

可喜的是，在宋楚瑜省政府任內報檢的六十幾萬學生當中，有五成多約三十四萬名的職校學生，取得合格的職業證照，宋楚瑜頗感欣慰：「相信他們都能以一技之長，奉獻社會。」

找回省教育廳的精神

九五四期《商業周刊》對教育作了一個專題報導，深入分析目前一些很奇怪的教育現象，諸如爲了省錢，游泳池暑假關門；爲了省水，讓孩子便當盒發臭；爲了要家長捐錢，學校「冊封」四位榮譽家長會長、四位副會長；某某國小的「營養午餐」二素菜、一湯，孩童吃得面有菜色等等。

不過，更離譜的是，以九十二年度教育部的特定教育補助來說，台北縣拿到三十億元，是苗栗縣的一六八倍，但台北縣國民小學的學生人數，只是苗栗縣的六點七三倍。爲什麼非要獨厚一些地方，難道其它的縣市就活該倒楣？

如果省政府還在，如果換成省教育廳來做，如果由宋楚瑜來考量，可能就不會這樣！的確，國民義務教育是地方事務，主管機關是地方政府，中央是對地方提供補助，而且補助的金額難免不一樣。

但是政策決策者，絕對沒有憑一己好惡而行事的權力。

也不是躲在冷氣房看計畫、批公文，就可以發掘得了問題癥結。

作決策的人不妨多走出去看看，很多事情都不在公文裡。

以前教育廳存在了幾十年，費盡了多少心思，做了那麼許許多多的事，給了人感覺教育行政工作本來就如日月運行般的尋常。可是，等到教育廳沒有了，很多人開始懷念它了，在報章雜誌常可讀到。

再以《商業周刊》報導來說，受訪的高雄師大教育系陳麗珠教授特別指出，過去中央撥下來的款項，台灣省教育廳會把經費直接撥給學校，各校能拿到的經費差異不大，但是「精省」後，部分教育經費被行政院主計處收回，當作地方自主的「統籌分配款」，國民義務教育也由各縣市負責。

雖然，教育廳不見了，它的精神、功能與制度，還是可以找得到，還是可以找出來。

撒下公平的種子

對爲民服務者來說，教育不應是應景的投資，抑或是政績上的功勳，反而必須是默默奉獻、扎根在今日卻結果在未來的千秋萬世大業。

說白了，這是份愛心的工作、良心的事業，不能被利用或假借，施教的教職人員如此，做決策的主政者亦復如此。

宋楚瑜希望將有限的教育資源，寧可用在改進教學的教材、軟體設備之上，不夠的資源寧可向民間與社會的力量去尋找，作結合。不見得要花錢去蓋華麗的校門、圍牆或龐大的建築，如此省下的經費就能作更合理的運用。

英國哲學家培根曾說：「知識即是權力」。宋楚瑜經常引用這句話，來提醒教育的重要性，但他更重視的是，教育要公平，知識能共享，社會流動才無所阻礙。他常說，教育資源不能被壟斷，知識才不會被壟斷，窮人家子弟才有出路。

他說：「儘量做到資源公平分配，設法幫助偏遠的地區、弱勢的族群，爲社會打造更公平競爭的基礎。**撒下公平的種子，才能孕育公平的社會，這才是有希望的社會。**」

第十四章

原住民要的是尊嚴、公平，不是憐憫或同情

尊嚴與公平／劣勢者利益最大化／原住民同樣可以考進台大醫學院／吳秀蘭、張昭雄、王永慶的故事／一技在身最重要／讓原住民自己創造自己的故事／讓原住民自己培養自己爲社會菁英

每個族群都有自己的神話與詩歌，但是這些都必須由他們自心中說出來、唱出來。

每個族群都有自己艱辛的奮鬥歷程與故事，但是這些都必須經由他們的雙手再去創造昇華。

原住民各族身處社會邊緣，但他們曾經馳騁這個島嶼的每一角落，所需要的是尊嚴、公平，而不是憐憫與同情。

尊嚴與公平

宋楚瑜曾自述一件與殘障人士的故事。

有一個晚上，難得抽個空陪太太陳萬水，一塊去看午夜場電影《阿甘正傳》，可是這麼晚了，在排隊買票的時候，他眼盯著一位殘障人士還在販售口香糖，就上前打招呼問他：「你好嗎？」

這位殘障朋友笑笑沒回答，反而趁這個機會問了一句話：「省長，什麼時候可以開始再賣愛國獎券？口香糖生意不好，而且還有清潔的問題。」

宋楚瑜藉此例說，「這位殘障朋友沒有下半身，但想的不是同情和憐憫，而是尊嚴和公平的工作機會。」

這個故事會被說出來，其實有它背後的政治因素。

當時是省市長民選後的第一年，台灣省、台北市及高雄市三位新當選人無不卯盡全力，希望以優異表現回饋選民。陳水扁取黃大洲而代之，隨即大幅調高里長待遇為每月四萬五千元，吳敦義在高雄也想辦法提高到三萬五千元，唯有宋楚瑜不知如何是好，只好請省主計處合計合計，不得以也得調高村里長的待遇到三萬四千元，所須預算約三十億元，還得與縣市政府共同分擔。

不是只有村里長待遇的差別問題，陳水扁還進一步增加中小學教師與基層員警的津貼，一差又是兩、三萬元。同在一個小小的台灣，村里長、小學老師與警察超勤津貼，皆屬全國一致性事務，偏偏出現「一國三制」的情況，甚且建設超前的北高兩市，竟然領得津貼更優厚。

宋楚瑜迂迴的以那個殘障人士的事例，來說明「省民與所有國民都應一樣，都必須受到尊嚴與公平的對待。」

劣勢者利益最大化

「尊嚴與公平」就是宋楚瑜任內，一直積極追求偏遠地區、弱勢族群應受到政府更好政策照顧的道理所在。對於原住民、殘障者、老弱婦幼、不幸少女如此，對於醫療設施改善、自來水的供應、治水防洪、修橋鋪路等等，都是如此。

「愛心」一向是宋楚瑜人性關懷的施政核心理念，而「尊嚴與公平」則是人性關懷的施政原則，「資源整合」就是做到人性關懷的必要方法。他期許省民與北高兩市市民、所有國民都應一樣，亦許諾在他治理的台灣省內也應如此，不再有中心與邊陲、強勢與弱勢的懸殊分別。

他所堅持的是尊重與尊嚴。

宋楚瑜的一套邏輯是：「政府人員對社會秩序整建負有責任，最要緊之處，在於對弱勢族群的照顧，要建立在社會正義的基礎之上，它的對應取捨得超乎一般成本利益分析的範疇，再來是設法運用政策的力量，促使處在社會上弱勢的人，擁有更開放、公平、公正的機會。」

他甚堅持他的想法，認爲**「劣勢者利益最大化」才是社會正義的原理，才是社會進步的準則，**

才是尊重人權，才能眞心體恤弱小，才能眞正做到發揚人道精神，才能說我們的社會享有「機會均等」。

原住民同樣可以考進台大醫學院

原住民處於社會上的弱勢地位，到底有多弱勢，差距有多大，這又是怎麼樣的情形呢？宋楚瑜勤走基層，不會不知，但在一回的省政總質詢中，幾位原住民省議員聯合質詢以統計數字作表達，更讓宋楚瑜終生難忘。

他們說：「台灣住民的平均壽命，男人是七十四歲，女性是七十五歲，但是原住民平均的壽命，不管男女，只有五十多歲，原住民比一般人平均壽命要少二十多年。」

至今宋楚瑜還念著這事。

在各行各業裡的原住民子弟，均不乏優秀特殊與表現傑出的人才，原住民對社會發展也有長期付出的貢獻，原住民的智力、智慧，絕不遜於任何族群，但原住民在家庭經濟與生活等條件上，包括住的環境、衛生及飲食等，相對處於社會上的弱勢地位，以致壽命也呈現明顯的差距，這是不爭的事實。

八十五年三月，由教育廳舉辦的一場原住民教育研討會，選在省立花蓮女中舉行，承辦此項會議也是花蓮女中。這樣例行性的活動，原本不足爲奇，可是這次特別的是，花蓮女中校長田正美是桃園縣復興鄉泰雅族原住民，宋楚瑜在會中稱讚她是「原住民的驕傲」。

加上前一年的大學聯考，一位榜首也是原住民，來自花蓮，凡此都讓宋楚瑜頗有所感。他對與會人員，發表了〈點一盞希望的燈〉的講話，講述內容中的一個要點，就是他向來最重視的，教育是一把最重要的鑰匙，知識不能被壟斷，他以欣悅的口吻說：「只要教育機會平等，原住民同樣可以進入台大醫學院就讀」。

是啊，教育，宋楚瑜最最相信的就是教育。

吳秀蘭、張昭雄、王永慶的故事

談到原住民教育，一定要談宋楚瑜與吳秀蘭的故事。

張昭雄、王永慶是家喻戶曉的有名人物，但吳秀蘭，十幾年前一個鄉下的女孩，一個原住民的小女孩，是因爲她的一個偶然關係，讓有心於原住民教育的宋楚瑜，想到求助於王永慶，因而與張昭雄開始有了互動。

那是一回到宜蘭縣大同鄉訪視的途中，宋楚瑜無意中在街上發現一個面目清秀女孩子，雖然行程非常緊湊，還是忍不住停下來表示關心，當時她是國中二年級學生。她告訴宋楚瑜，因爲今天考試，所以提前放學，以及家裡的大致情況。

那一陣子，原住民少女被人口販子販賣的案例時有所聞，「拯救雛妓」是民眾關切的社會運動之一。宋楚瑜不禁多了一個心，就暫時拋下既定行程，幾個人一起到她家拜訪。

吳秀蘭的祖母已很老邁，父親是聽障者，在林務局打零工，沒有固定收入，母親也是打零工養家，還有兩個弟妹。宋楚瑜立刻請林務局爲他父親安排工作，每日有固定六百元收入，並由社會處申辦低收入戶救助，教育廳協助吳家小孩可以順利就學。

那趟回來之後，宋楚瑜心理仍在疙瘩，但馬上想起了台塑董事長王永慶。因爲他聽說王永慶一直關心照顧原住民，於是省政府立即與長庚護專協調招收原住民學生事宜。

起初教育部對只招收原住民學生有不同的意見，希望能一視同仁，以聯合招生方式辦理。張昭雄爲了教育部的意見傷神，正好在一次餐會上遇到宋省長，遂與之談起，但因會場太吵雜，談不了細節，沒有充分的溝通。令張昭雄吃驚的是，隔天宋楚瑜立刻請社會處長唐啓明跑了一趟長庚洽詢。

不久兩人再次遇見，宋楚瑜主動提起這件事，表示將在國民黨中央常會向教育部長郭爲藩反映。令張昭雄更驚訝的是，擔任省長的宋楚瑜那麼忙碌，居然清楚記得這件事的情況，並且關切事情的進度。以前兩人並不熟悉，自原住民教育之事起，彼此有了深刻的認識，兩千年總統大選時，張昭雄應允作宋楚瑜的搭檔，之後又出任親民黨副主席迄今。

後來教育部以專案方式通過該計畫，長庚則獎助全額雜費、食宿費，以及免費供應書籍，並按月發給原住民學生零用金。開學之後，宋楚瑜在王永慶夫婦的陪同下，與長庚護專一百四十多位接受獎助的原住民學生碰面，勉勵他們並共進午餐。

王永慶先生還允諾，在台塑集團興辦的明志工專，開辦原住民青年技能訓練班。這樣運用現有職業教育的單獨招生及整合社會資源的做法，來克服原住民的根本問題，還擴展到慈濟護專、大漢工專等學校的跟進。

原住民國中畢業生的升學管道，當然不是以上幾所整合資源的學校而已，其它還有省立花蓮高工等十三所重點職業學校，及省立蘇澳水產等三十三所教育廳指定職業學校。爲了減輕原住民負擔，除了學費、雜費幾乎全免了，另頒發助學金，每人每年四萬兩千元。

不僅如此，省政府另編列經費，讓原住民護專學生利用寒暑假返鄉工讀，宋楚瑜還撥空與學生見面，一再勗勉擔負建設家鄉的責任，將在學校的所學一切，趕緊帶給自己族人正確的衛生、醫療與保健觀念。

一技在身最重要

今天台灣地區的人口中，原住民同胞的比例甚微，約只有百分之一點六而已。若以眼前就業市場的現實情況來論，原住民要與一些強勢族群作公平的競爭，可能有些困難。

但如再原地踏步，成功不會從天上掉下來。

因而在爲原住民廣開升學管道外，另一種立地做起的長遠方法，就是開設原住民技能訓練班，施以職業技術的教導，讓原住民青年「一技在身，行遍天下」。

宋楚瑜這麼說：**「我教導自己的孩子也是這樣，不求他飛黃騰達，只要他具備一技之長。」**

廣開升學管道是省政府整合社會資源與政府資源，培養原住民優秀的菁英，讓原住民本身產生自發的力量，形成一種風潮。而另一方面，特殊技能教學、輔導就業與創業等，則是省政府整合原住民的自有資源、民間資源與政府資源，鼓勵原住民學生與青年，從認知與參與自有文化藝術價值中，建立自尊、自信，培養生活意志與社會責任感。

只要有一技之長，每個家庭就有寄託與希望，如果能從文化傳承著眼，將深具特色的原住民文化，轉變成更精緻高級的文化產品，讓原住民的文化占有一席之地，不僅可以使原住民同胞在現代工商社會中找到立足之地，也可以保存這些文化傳統。

「像泰雅族的鯨面文化，雅美族的飛魚文化，排灣族的百步蛇雕刻文化及魯凱族的石板屋文化等，既特殊又吸引人，若能結合旅遊、農牧、手工藝的整體性產業發展，使原住民的傳統文化、母語、詩歌、神話、傳說、編織、刺繡、雕刻，能透過某種機制加以復甦，甚至進入市場販售，這樣也是提升原住民生活品質的方法。」宋楚瑜這般細數著。

讓原住民自己創造自己的故事

在宋楚瑜的一幅未來的構圖中，渴望看到原住民朋友一代比一代強，在每個崗位上擔任中堅，在各行各業有出色的表現，**「不再是聽故事的角色，而是經由他們的雙手去完成，去告訴人家他們走過的艱辛，去告訴人家他們創造的故事。」**

由於傳統工藝已有斷層之虞，省政府在尖石、復興及秀林三個鄉，從事實驗性的教學方法，從族人中的長老去找尋聘請專業人才與特殊才藝老師，對學員施以訓練指導，也鼓勵學員返回部落後，以接力方式開班傳授族人，期使由點而線至全面，既保存傳統工藝技能，又能增加原住民收入。

省政府協助原住民的管道具多元性、十分多樣化。例如，輔導原住民運用田園景觀、自然生態、環境資源、農家文化，設立民宿村莊，使農業與觀光結合，發展具休閒功能的產業。

同時，積極幫助原住民取得公有地工作權、建地地上權、林地地上權，開發地區性的特產，如台中縣和平鄉的甜柿、花蓮光豐地區的劍筍、南投縣信義鄉的梅子，都有豐碩斬獲。

省勞工處職業訓練中心也投入原住民職業訓練，包括現代工商社會各種技能，如土木、家俱、木工、電工、汽車修護、電髮、烹飪等等。宋楚瑜要求省府同仁：「要開拓更多選擇性的工作機會，不是再沿襲過去只提供煤礦坑、漁船上的就業機會。」

不僅輔導就業，也協助原住民自己當老闆，經省議員林春德、楊仁福的呼籲，所成立的原住民經濟事業發展基金，省政府籌措金額累增爲二十億元，藉著孳息及低利貸款的循環利用，貸款額度提高到抵押貸款五百萬元，信用貸款八十萬。自八十三年至八十七年度，計貸放一千六百六十五件，金額達十五億元。

讓原住民自己培養自己爲社會菁英

貸款一千六百六十五件，不是製造出一千六百六十五個老闆而已。宋楚瑜強調：「這就是人們所說的，不是給人一條魚，而是教人怎麼去釣魚。原住民朋友自行創業，與其他鄉親朋友一樣，會經歷困難、失敗與成功，但凡是走過的，必會留下足跡，必會走出屬於自己的路。」

還有，教育只是一把鑰匙，社會上每個工作都是磨練的場所，都是開創自我的機會，必須靠自己，自己的力量才是無窮無盡的。宋楚瑜指出，「讓別人來幫助原住民，不是政府的終極目標，**原住民本身培養訓練自己成為社會的菁英，擴大影響，帶動風潮，這才是政府在原住民教育上真正應該去發揮的地方。」**

他相信社會上有很多像王永慶先生這樣的人，願意提供相關資源幫助原住民。

但他更相信，原住民要的是尊重、尊嚴與公平，不是施捨、憐憫或同情。

政府該做的，是爲原住民點燃一盞希望的燈，接下來的路，他們自己會去開拓。

第十五章

我不學農，但我有心

小時後挖過蕃薯／流在這塊土地的血和汗／「你很替爸爸爭面子！」／「三生一體」的大原則／我有心，也肯用心／不能不站在農民的角度想問題／農路壞了也要修／運用公共投資吸納農漁民成本／這件事的決策做得很慢／必須各個部門通力整合資源

在國民黨與「黨外」對立的時期，「黨外」的文宣打手首先以「宮廷派」、「大內高手」，大貼宋楚瑜的標籤。誇大不實的抹黑散佈成爲流言，讓人覺得他好像「不知民間疾苦」、「不食人間煙火」。

宋楚瑜曾費了不少唇舌，闢謠說都到了民國時代，尤其經國先生那麼平民化，何來「宮廷」、「大內」，又怎麼會有「宮廷派」與「大內高手」！

既然來到台灣省服務，才不管你是什麼派、何方高手，農業可是一項必要的考驗。學政治學、大部分時間從事政治工作的宋楚瑜，顯然與農業連接不在一起。但宋楚瑜說，我是苦過來的，「我不學農，但我有心」。

小時後挖過蕃薯

在台灣，農業是一項專業，要當省主席的，可不能對農業一竅不通、不聞不問。在中央常會通過提名宋楚瑜出任省主席之後，省議會還得對宋楚瑜行使同意權，這關過了才算數。

當時省政府事先曾爲宋楚瑜彙集省議員比較會提問的問題，並備答詢參考，讓他準備應考。在一疊厚厚的題庫與資料中，農政與農業問題就占大宗，資料最豐富，參考答案很詳實，就怕宋楚瑜當場出糗。

八十二年三月十六日，在宋楚瑜做完施政理念報告後，開始長達三個小時的詢答，太陽都下山了，還在奮戰。民進黨籍省議員火力十分集中，從「宮廷派」與「大內高手」，質疑到是不是「五穀不分」。

宜蘭縣選出的省議員劉守成一上場，就擺出五穀要宋楚瑜一一辨認。這是最基礎的、必備的常識，認得出來，並不代表懂得農政，但若認不出，「代誌」就大條了。

還好，宋楚瑜表現得很好，他告訴劉守成，小時候四十年代在士林唸書，學校附近都是農田，一眼望去到陽明山都是綠油油一片，對稻米、小米、黃豆、麥子都清楚，還曾挖過蕃薯、荸薺，生產勞動課也種過四季豆種種。

其實，至少還有以下兩個早期的故事，足以說明宋楚瑜對農村不致於那麼陌生，甚且，隱約可以看出他對這方面事情的細心之處。

流在這塊土地的血和汗

其一是七十一年十二月，宋楚瑜參加第一屆「政大節」，發表〈肯定自我，放眼天下〉演講，就提到他在行政院擔任秘書職務時，陪經國先生到南投縣名間鄉一家洋菇養殖場的故事。

他們一行人正要走向菇舍時，腳穿膠鞋、手持鐮刀的菇舍主人，剛好從田裡工作回來。這位菇舍主人一見是經國先生不期而至，先是加快腳步走過來，然後把鐮刀放在路邊，直到走到經國先生身邊時，脫下工作手套，誠懇恭敬的與經國先生握手，並鞠躬致意。

宋楚瑜對於一位鄉間老農，能夠那樣恰如其分的表現應對進退之儀，令他非常讚佩，他說：「我不如老農，正是我當時的感想。生活中的萬事萬物，都可作爲學習的對象，從這位農友身上就學到很多。」

另一個是他於七十九年，應一家出版社之邀，發表〈先投入和奉獻，才有不悔的摯愛〉短文，提到他就讀大學時的一次爬山，巧遇一戶果農人家，老農夫婦兩人年紀已大，兒女不在身旁。他看他們守著一片青山，不愁歲月流逝，心想自己日後年老時，有這樣的日子過，豈不甚好！

在好奇心驅使下，那時和他們聊了許多，但當一個話題切入後，才知道他們的日子並不是想像中的那麼快樂。他們的兒子因不願意過著山中的日子，到城裡投資做生意不善，兩位老人家還爲此背負了很重的債務。

基於善意的關懷，宋楚瑜向他們建議：何不將部份的果園土地出售，來還清負債？沒想到他們回答說：「是可以賣掉一些，但這些土地是從父親手上接過來的，幾十年下來，我們的血和汗都流在這塊土地上，如何能割捨它呢？」

「我們的血和汗都流在這塊土地上」，這是多麼震撼的一句話。宋楚瑜說，這次的登山之行大大不同，又讓他體會很多：「灌溉那一片果田的，是那四季的雨和水，更重要的是那對夫婦的血和汗。他們種植一生，所以永遠愛它。」

「你很替爸爸爭面子！」

宋楚瑜的祖父在他父親十歲時就過世了，他父親宋達先生十四歲就到青島去投效海軍。至今他都不知道祖父長什麼樣子，連照片沒留半張。

宋楚瑜說：「爲什麼會這樣，家裡很窮的關係，也是做農的，家庭人口多，不出外謀生是不行的。」

在宋楚瑜的記憶裡，他的根底是農人的家庭，然後才是軍人子弟。但他不是學農的，亦未曾務農，卻未必「不食人間煙火」。

作爲軍官的孩子，宋楚瑜從小穿的是父親舊軍裝改製的衣服，從他小時候照片上可以看到他穿這種衣服。當時隨便穿草綠色軍服，憲兵會抓的，所以要染成黑色，襪子也是一樣，穿後流汗使得襪子退色，兩隻腳都是黑的，內褲則是麵粉袋做的，這種粗布越洗越白。

有人說他是什麼世家子弟，他也沒有多講話，不過他母親會笑他：「你很替爸爸爭面子，人家還說你是世家子弟，可見你表現還不錯！」

「三生一體」的大原則

其實，對一個政府領導者而言，如何掌握對農民照顧的原則勝於一切。宋楚瑜特別重視農業的「三生一體」，必須「農業生產、農民生活、農村生態」三者兼籌並顧，缺一不可。

農民在台灣，已是一群弱勢的族群，農村人口老化，生產成本不斷提高，收成不穩定，宋楚瑜說，「要讓年輕人肯回到鄉村，不能光靠口號，不能靠道德勸說，政府一定得拿出具體的方法，提供充足的誘因，做到了這一步，台灣農村才不致一直衰落下去。」

首先，宋楚瑜與省府團隊致力的是縮短城鄉差距，主要是在生活品質、就業機會與生產環境等方面的改善。

宋楚瑜強調，農村有農村的風貌，都市有都市的繁華，兩者本有差異，但大家同樣生活在台灣，都市人享有的一般生活條件，在鄉村也必須具備。例如最基本的水電供應、便利的交通、免於淹水之苦、教育設施的充足，以及環境衛生的改進等等，這些政府都必須持續不斷的去做，當農村的基本生活機能不致於比城市差距太大，就會有很多人留下來奮鬥，進而創造更豐富多元的工作機會。

「與其坐視人口朝城市集中，不如將城市的工作機會與生活品質帶到農村，這才是國土再造、深耕台灣的根本大法。」宋楚瑜說。

其次，加強有關農會、農田水利會等為農民服務民間團體的功能。幾十年下來，這些團體與農民休戚相關，也有著深厚情感，宋楚瑜認為對於他們的資金運作、預算及人事的健全，政府有責任予以輔導健全。財務困難的農田水利會，每年省府全額補助人事及運作經費至少五十億元，以強化灌溉、防洪等功能。

省政府自八十三年度至八十七年度，宋楚瑜即逐年編列充足貸款預算，協助辦理農民購地貸款、農機貸款、輔導修建農宅貸款及加速農建貸款，計幫助四萬三千餘農漁戶獲取五百七十三億餘元資金。但他絕不把農會和農田水利會視為政治上「樁腳」，所以在省主席、省長任內從不到這兩個機構去講話、造勢。

宋楚瑜說，「台灣的農會與農田水利會，有如輔助農民生產活動的雙翼，直接裨益農民生產條件與生產技術的改善，恰可彌補政府農業施政某些的不足」。

第三，是盡全力協助農民的生產活動，讓農民終年辛苦有所得也能保障收獲。

事無大小，凡農民生產所需的條件與設施，宋楚瑜都要農林廳同仁為農民操心設想。舉如農民每天踏著的農路要修，而且要和鄉鎮道路、縣道與省道相連，方便農民的工作與生活，以及農產品運銷；能夠增進產銷機能的倉儲、冷凍設備、蓄水桶、乾燥機等，都要以整體考量，實際嘉惠到提升產能上；農林廳暨所屬機關、各試驗改良場所則積極於生產技術及品種的改良，轉化到產地的田野上，形成農民的具體成果，並增進台灣農業精緻化與升級。甚至產量調節、災害救濟補助等均需時時衡量，確切掌握，該收購就收購，該出手援助農民時則不能拖延，而以最快速的效率，來減少農民所承受的痛苦。

我有心，也肯用心

歷年來，農政向來是省政府一項非常重要、吃重的工作，到了宋楚瑜主政時，省農林廳列管案件計達七百多項，超過省政府其它廳處，更可說明農漁工作在台灣省的重要性。雖是如此，但宋楚瑜對於農業，卻一直沒有任何動人的口號。

在宋楚瑜之前的三任省主席，李登輝的「核心農家」，邱創煥的「精緻農業」，連戰的「富麗農村」，這些原有的農業施政理念都被宋楚瑜承繼下來。他說：「我並不是學農的，**將歷任省主席規劃的藍圖、答應農業界的事情好好延續下去，就是最好的施政口號。**」

另方面，宋楚瑜對自己說，不必提口號，有心最重要。他自認沒有別的長處，就是有耐心，願意花時間、腳踏實地的，從民眾的角度去思考事情。宋楚瑜這麼強調：「我雖不學農，但我有心，就是苦民之苦，設身處地的對每個問題、每個細節，用農民的心去想問題。」

舉例來說，台南縣左鎮鄉的農民希望每戶補助二萬元做蓄水桶，這雖然是一件小事情，他覺得非常實際，政府必須對人民的每一件事給予關心，用心去解決。做好蓄水桶，可供灌溉、救旱及噴藥使用，不僅可以解決山坡地用水問題，也可以增加農業的生產與收入。

另在主要稻作的地區，增設了六十六處大型穀物乾燥中心，直接受理農民收穫濕穀的統一乾燥工作，此舉有助於舒緩農村的勞力不足，減輕農作物重複搬運的成本支出。

宋楚瑜任內，省農林廳先後在邱茂英、陳武雄兩位廳長領導下，積極輔導無競爭力的農作產品轉作，對於有競爭潛力的農產品，則朝提高品質與降低成本雙管齊下，加強所屬各試驗改良場所的基礎研究、產銷班的設置、產銷資訊流通，爲農民開拓市場利基（niche）。

不能不站在農民的角度想問題

有許多的省議員都來自農業縣或出身農業基層，不只在省議會開會期間關心農民，時時刻刻、隨時隨地都在反映農民心聲。他們一提到稻米收購的數量與價格，已經多年沒有調整，農民辛苦了一年，可能連本錢都不夠，宋楚瑜就立刻請農林廳進行了解及協商，把收購數量加兩成，收購價格提高一成。

爲了減輕價格低落所造成農民的損失，省政府曾持續辦理甘藍、包心白菜、釀酒葡萄、大蒜、虱目魚等農漁產品的緊急收購措施。有一次颱風要來了，省議員先打電話來關心，要求省公賣局提前收購契作葡萄。但是根據契作，必須是以一、二個月的時間，每天一定數量收購。如果壓縮在二、三天時間內，是很困難的事，職責所在的省公賣局就很苦了。

宋楚瑜這樣權衡：「倘若我們從省政府的角度考量問題，這是吃力又麻煩的事，但我們不能不從農民的角度來想，不願看到農民遭受嚴重損失。」

過去果樹受災補助的標準，和其他農作物是相同的，後來遇上一次風災，宋楚瑜就請農林廳視不同類型的農作，研擬不同的補助救濟辦法。每一種農作物價值並不相同，補助標準應該有所不同才是。那次颱風，嚴重損害台東、花蓮、宜蘭等地區的番荔枝（釋迦）、文旦，而且果樹也死了，新植要好多年才能結果，如果仍然沿用蔬菜的補助標準，對果農顯然有欠公平。

過去，原規定颱風災害救助作業的工作天爲五十四天，省政府則縮短爲三十天。當災害發生時，由鄉鎮公所先行勘查災情，省農林廳就立即派員趕到地方，配合縣市政府辦理複查，提早將救助金發放，救助金是直接匯撥農漁民的帳戶，方便迅速復耕復建。

農路壞了也要修

那次颱風的勘災中，宋楚瑜也趕到台東，實地了解釋迦果樹受災的情形。一行人走在產業道路上，眼看著果農的損失，腳底同時感覺到的卻是農路很差。

雖然大家沒有提起，但他心裡先想著農路這麼糟，若不重新整修，是不是會影響農產品的收成？釋迦在運輸中一碰撞，受損就賣不出好價錢，因此他指示補助修農路。

省府自七十四年度起，已經陸續推動既有農路整修及改修計畫。宋楚瑜既然親身體驗了農民的苦，不幫他們設法改善，總是於心不安。這項工作後來列入台灣省基層建設計畫項下辦理，五年之間共計投資經費一百二十一億元，完成興建產業道路五百餘公里、改善農路一千七百公里、養護及路面處理一千九百公里，並完成宜蘭縣等十五縣農地重劃區內農路，長度合計一千九百公里。

農業在台灣，已蛻變爲非單純的經濟活動，而與國土保安、水源涵養、自然生態保育息息相關。如今從一些主要道路，轉入鄉野田間與基層農村，都不再不良於行，不僅有了筆直平坦的柏油路面，也有很好的道路護坡及排水系統等設施，農水路亦更具使用功效，適於大型農機操作，有助於農業機械化的實施。

運用公共投資吸納農漁民成本

當時爲了因應加入GATT、WTO的衝擊，台灣省政府進行了各種調整、輔導與鼓勵的措施，另還以政府的力量，運用投資公共工程的方式，協助農漁民。

將一些方便農漁民的公共設施費用，由政府來協助支付，農漁民相對的成本就會減低。雲林縣大埤鄉、高雄彌陀鄉是其中的兩個例子。

雲林縣大埤鄉是全省最主要的酸菜產區，醃菜用鹽水隨意傾倒，會使土地鹽化，政府爲加強環保，要求生產酸菜的農民要做好汙水處理。做酸菜的農民賺的是蠅頭小利，要求投資四、五千萬做汙水處理，農會或農民都沒有辦法做到。省政府就用環保公共設施相關的辦法來做，以政府投資公共工程方式來吸納，此舉做到了土地保護，也解決了幾十年來地區性的農業問題。

政府爲回饋農民，減低農民支出成本，所付出的心力不可不謂大，每年減免的田賦及農田水利費高達數十億元，省農林廳年度預算經費亦有五成以上，係直接嘉惠農民，包括農民健康保險、老年農民津貼等。

宋楚瑜關心漁民，全省兩百多個漁港都跑遍了。對於漁民問題，宋楚瑜曾邀請漁業幹部座談，並且晉見李總統。有人建議在彌陀鄉增設漁港加油站，免得漁船要到遠地加油；漁貨不能馬上賣掉，希望做冷藏庫，以及設置漁具設備倉庫等等。這些都由省政府以公共投資方式，一一獲得解決。

漁民在海上作業，與海搏鬥，眞是拚風拚雨，賺的是賣命錢，危險性遠較其它行業爲高。這樣的打拚，部分漁民朋友由於信仰及習慣的因素，不願投保人身險，如有不幸在海上作業失事時，眷屬卻得不到保障。自八十四年四月起，在宋楚瑜指示下，省政府自動爲出海作業漁民投保海上作業平安險，每人新台幣三十萬元，後提高爲六十萬元，保費全數由省政府負擔。

依照規定，漁船出海作業一定要帶信號彈，不帶不得出海，這是安全上的考量，遇有事故發生，即可發出請求救援，政府的規定沒有錯。但是信號彈容易潮濕導致故障，必須定期更新，因而增加漁民的支出與負擔，因爲這樣的事，漁民頗有怨言，常與駐警檢查人員爭執。

既然無法有效執法，人命卻比較重要，宋楚瑜告訴漁業局，漁民的信號彈由省政府補助。理由是：「這是政府該做的事，**只要這些信號彈在必要時，多救了一個人，那所有補助都夠本了！**」

這件事的決策做得很慢

台灣很少嚴重乾旱，相對於水災、風災，旱災少之又少，民國四十七年時有過一次，再過來是宋楚瑜剛到省府的八十二、三年間，居然又碰到一次，而且橫跨兩年。

乾旱這個問題很棘手，不同於其它災害，不是花錢就可能將事情作圓滿解決。其它災害透過經費補助，可以很快恢復生產，乾旱則關連到農民是否休耕的問題。宋楚瑜與農民互動不錯，也了解農民的心理，他注意很多人沒有特別注意的一點，那是農民長年辛勤下田，是已經養成的作息與習慣，叫政府白白付錢補助，樂得清閒在家睡覺，農民是不願意接受的。

有時作決策看似一件簡單不過的事，批個字、一紙公文，就下去了，問題在於做出來的是好的決策，或是壞的決策。宋楚瑜做了這樣的比較：**「好的決策可以影響千萬人，壞的決策也可以影響千萬人，這一好一壞、正負之間的來回關係，可影響了好幾個千、好幾個萬人、好多好多的家庭生計。」**

他反覆與農林廳、糧食局、建設廳等機關商量，一再費心思量，就是遲遲不能宣佈休耕。直到最後該做決定時，他也不猶疑，該休耕的就休耕，但事前的預警與相關準備，還有與農民的溝通等，都要求同仁確實做到。他考慮蠻多：「補助的經費再多，亦絕對彌補不了農民全部的損失，農民短少了應有的收入，一整年的生活都會受影響。」

這件事的決策，宋楚瑜做得很慢，原因之一是一直在等待，總是希望老天爺趕快下雨。下一場大雨，所有問題迎刃而解，可是政府公務人員不能只會靠等待，此非上策。凡事還得靠自己，省政府同時絞盡腦汁，運用調配水源等辦法，將原來打算公佈休耕九萬公頃的計畫，到最後降到實際只有休耕一萬公頃，將農民的損失一直降到最低最低。

必須各個部門通力整合資源

台灣大多數的農民，都在台灣省耕耘。日出日落，工作在這裡，生活在這裡，守著這一片土地。一年又一年，灌溉這一片土地的，是四季的雨和水，更是那長滿著厚繭的雙手，滴落在土地裡的血和汗。

政府在農業建設方面，長期投注相當多的心力，雖然如此，問題仍多。箇中原因錯綜複雜，卻往往只要一個原因、一個環節出了狀況，農民們的生活就不好過。例如，一遇颱風等天災因素，農民全年辛勤耕耘，可能血本無歸。好不容易風調雨順了，卻由於生產過剩而導致穀賤傷農。可能的因素還有滯銷、產銷失衡、價格暴漲暴跌等等。

宋楚瑜認爲，台灣社會結構的快速變遷，農民反而淪爲比較弱勢的族群，政府有責任，以回饋之心，爲農漁民設想，爲農漁民整合資源，爲農民解決問題，因爲，「農民們的血和汗，一輩子都流在這塊土地上。」

他同時更強調的，許許多多的農漁業問題，並不是單一農政單位所能完成的任務。如上所述，從建設、交通、衛生、環保、旅遊等各部門，到主政的農業部門，都必需透過整體的規劃，發揮協調一致的精神，以及中央到地方的溝通與合作，缺一不可。

第十六章

安養，絕非給錢了事

錢從那裡來？／將有限的錢用在眞正有需要的老人／資源集中形成好的循環／馬蘭榮家軍民同住／頤苑由公辦公營轉型公辦民營／新辦寧園作爲癡呆老人之家／建構整體性關懷老人服務網絡／責任倫理不可缺

「孝順的民進黨，大戰不孝的國民黨。」

「每個月發五千元，比自己的兒子還孝順。」

民國八十二年，台灣地區正式邁入世界衛生組織所謂的「高齡化社會」，順勢引發一場場「誰比誰孝順」的選舉議題爭戰，次年的省長選舉亦受波及。

這是「錢」的問題，也是「倫理」的問題，更是「人性」的問題。

錢從那裡來？

民國八十二年，應該是蠻重要的一年，這年年底台閩地區縣市長改選，民進黨率先提出「老人年金」的福利政策。當時國民黨執政的政府，推出「部分發給」制，自八十二年七月起，對六十五歲以下的中低收入老人發給生活津貼三千元，隔年七月調整對收入低於生活費標準一點五倍者發給六千元，至於低於生活費標準一點五倍至二倍間者，發給三千元。

民進黨老人年金的訴求策略，宛如滔天巨浪，他們告訴選民一視同仁，一律皆給，凡是年滿六十五歲就發給。此役，雖然民進黨沒贏，但從此之後，「老人年金」就成爲選舉不可或缺的議題。可是很快的，選後在民進黨執政的縣市就面臨兌現困難的窘境，他們轉而要求中央及省協助，但是政府那有錢？

民國八十三年底的選舉更重要，這次省市長暨省市議員的選舉中的省長選舉，正是所謂開台四百年來的第一仗，民進黨老調重彈，「老人年金」怎可能缺席？

民進黨省長參選人陳定南，在宋楚瑜成爲國民黨的參選人的半個月，就信誓旦旦的說，若在十二月選舉當選省長，一定在就職半年內發放老人年金，而且上溯至十一月份。

這筆半路殺出來的經費到底金額是多少，呈現各說各話的局面，陳定南強調，如果中央、省、縣市三級政府分攤，省政府一年只要負擔一百二十億元，但是省政府一算，如果全省都發給，一年至少需要七百二十億元。

將有限的錢用在眞正有需要的老人

走遍全世界，很難找到膽敢要人民增稅的政府，那難道人民會主動願意多繳稅？人民不會主動多繳稅，從那裡挪出錢來給老人家五千元？小孩子是不是也要發五千元奶粉錢，爲何沒有人提，是不是小孩沒有選票？但照這般情勢發展下去，「錢從那裡來」始終是解不開的難題。

宋楚瑜認爲，解套的方法是把有限的錢，用在該用的人身上。

他不惜搬出王永慶、蔡萬霖、許勝發等大企業家，還有李總統的父親李金龍老先生及他七十幾歲的老媽媽，向選民訴說：「一律發給五千元，只會形成資源浪費。與其齊頭式的平等，不如將這些錢用來補助眞正需要的老人。」

哈佛大學教授，也是當今被公認爲二十世紀中葉以來最重要的美國政治哲學家羅爾斯（John Rawls）的《正義論》（A Theory of Justice），主張法律之前，人人平等，但卻反對財富與權力的齊頭式平等，反而財多權高的人應運用財富與權力，爲貧窮無權的人謀福祉。學府的經典之言，不見得全可落實在現實社會上，但其立意及精神是可取的。

宋楚瑜做了某種程度的轉折運用，他強調政府如果有錢，他絕不反對發老人年金，甚至應該還要加強老人照顧的措施，政府許多的福利行政就是針對需要照顧的老人，給予必要的補助。

他用甚為淺顯的例子說服他的選民。

以省政府補助老人洗腎來說，一次三千，每週兩次便是六千元，每個月就是二萬四千元。宋楚瑜強調，「這遠比五千元還多出許多，問題不在給多少錢，而是在給得有沒有意義。如果每人平分五千元，其它殘障補助、輪椅補助、居家老人照顧等等，可能都沒經費做了。」

資源集中形成好的循環

當時省政府的老人福利項目受惠者，約佔人口比例的百分之五，而民進黨主張發給年金的六十五歲以上老人約佔百分之七，雖然比例差了兩個百分點，但兩者主張的意義完全不一樣。

很明顯的，如果老人年金的順位在前，只會造成政策上的排擠效應，該急該做的公共政策反而會被拋後，對整體省民的權益與安全，只有百害而無一利。反之，資源集中可以做些好的政策、好的建設，形成好的循環。

宋楚瑜在任內設立了很多老人養護所，如省立彰化老人養護中心，遷建省立澎湖仁愛之家，擴大收容老人，整建省立屏東仁愛之家，補助彰化縣私立喜樂保育院，興建癡呆患者住宿家園等等。

而台東馬蘭榮家、省立台北仁愛之家頤苑自費安養中心及台灣省寧園安養院，則是其中整合社會資源來照護老人較著名的案例。馬蘭榮家由省政府與國軍退輔會合作而成，頤苑由公辦公營轉型公辦民營，寧園由無到有，都以最少的錢，發揮辦理老人安養的最大效果。

還有一個最大的特色，這些成功案例都是為做事而做事，就地取材，就現有資源加以整合運用，從未大興土木，絕無一絲一毫浪費，非常符合宋楚瑜性格的特色，他很希望這些合作成功或公設民營的個案，能多多推展擴散，不僅南、北、中、西、東都有，而且普及社區化，以致達成「社區照顧」、「福利社區化」的理想。

「凡事都要為未來著想，總要跨出最困難的第一步。先一個一個做，接下來做的，就有了參考模式。我們必須趕快做，照顧的資源就能不斷的累積與整合。」宋楚瑜說。

馬蘭榮家軍民同住

顧名思義，馬蘭榮家是照顧榮民弟兄的，床位有一千一百四十個，當時住了榮民將近一千人，這是政府遷台時最早實施的社會福利機構。

宋楚瑜的父親是軍人，也做過退輔會秘書長，經國先生曾任退輔會主委，這些因緣讓他的腦筋很容易動到這頭上。

不過最主要原因，還是經費，要造一個新的安養機構，土地、房舍及人事，樣樣都得要一大筆錢。

在宋楚瑜擔任國民黨中央委員會秘書長時，就曾向李登輝總統建議馬蘭榮家可以好好重新規劃，沒想到這個事情等到他到了省政府，才從他開啓了省政府與軍方合作的先例，但這有一個背景故事。

在政府還未開放赴大陸探親之前，有些老榮民與一些智障原住民結婚，生下子女有的患有遺傳性蒙古症（或稱唐氏症），大約四百多個。當時退輔會因經費逐漸縮減，再也沒有充分資源照顧，宋楚瑜就主動拜訪退輔會主委周世斌，提出省政府與軍方「共享資源」的構想。

這個構想就是設籍在台灣省的蒙古症兒，交由省政府社會處來照顧，而馬蘭榮家的部分房舍提供省政府運用，省政府以委託方式，委由馬蘭榮家辦理癱瘓省籍老人及身心障礙者的計畫。

很快的，獲得退輔會的回應。宋楚瑜的一次台東行程中，跨進了這個榮家，去看榮民老兵，去看這個榮家大家長酈仲楝中將。酈中將遵循行政院退輔會的老人安養政策，在不影響原來榮民的安養原則下，騰出部分房舍，撥給省社會處運用。對馬蘭榮家而言，產權不變，榮民權益不損失，省社會處又以經費回饋馬蘭榮家的整建修繕工程。

馬蘭榮家位在台東市更生路上，院內卑南水圳貫穿其間，一邊住榮民，一邊住民眾，兩方面都受到政府妥善的照顧。

頤苑由公辦公營轉型公辦民營

省立台北仁愛之家頤苑自費安養中心位於新店市，隸屬社會處，院民及員工數眾多。八十四年省政府規劃改型公辦民營時，為顧及院民與員工心理上的調適，曾召開一連串的會議、公聽會、員工座談會，甚至協調會，仍引起員工與院民激烈反彈，一度還要準備聯合向總統陳情。其後採任務編組方式，由專業人士輔導員工、院民，才漸漸化解了阻力。

八十六年經公開公告，徵求受委託人，入選的是財團法人天主教會台北教區，委託期為五年。

八十六年七月起，原有關人員、設施、業務，全部移由天主教會台北教區接辦，教會所屬耕莘醫院，每星期都派醫生前來安養中心，為老人們做醫療服務。

以前醫師服務安養中心的意願並不高，自此問題迎刃而解。

既是公辦民營，省立台北仁愛之家仍對頤苑負輔導及監督之責，省社會處仍每年編列預算一千二百餘萬元支應，但支付用途改變爲補助原住民院民的收費差額，不過接受補助原住民的平均年齡爲七十六歲，這筆預算可望愈來愈少。

新辦寧園作爲癡呆老人之家

位於新竹縣湖口鄉的台灣省寧園安養院，屬於新辦公設民營委託性質，也是台灣省第一所公設民營老人癡呆症的專責收容養護機構。

省政府計畫依公辦民營模式來辦理，但乏經費購地建屋，設備也是一大難題。宋省長與社會處唐啓明處長再三研商，相中湖口新竹就業講習所土地與房舍，報請建議行政院無償撥用。

新竹就業講習所原作收容未滿六十歲榮民學習技藝與住宿之用，由於榮民逐漸年邁，功能日漸萎縮，設備和土地處於閒置狀態，省社會處有意重新利用，使它成爲全省中重度癡呆老人的養護處所，符合多數人的利益，行政院自是樂意成全，並由內政部獎助經費三千萬，加上省社會處八百餘萬元配合款，終能整修房舍使用。

宋省長欣悅老人癡呆症者有了一個家，親自爲養護所命名「台灣省寧園安養院」。

受委託者亦經公開徵求及評選產生，財團法人天主教會新竹教區成爲老人癡呆症者的照護人，也由耕莘醫院負責提供充足完善的醫療服務。

建構整體性關懷老人服務網絡

台灣省的老人有將近七成，與子女同住，一旦老人老邁或因失能而需要家人扶持時，常會造成核心家庭或雙薪家庭在照顧人力、體力、知識、技能上不足，卻又無其它社區資源可供支援的窘態。這樣的需求情形，每個地區都會發生，往後只會更加迫切。

照顧老人除了必須付出較多的心力之外，往往因為欠缺專業諮詢，令人常感心有餘而力不足。省衛生處所屬省家庭計畫研究所經過完善規劃，於八十七年七月在省立台中醫院成立「大台中地區老人照顧諮詢服務中心」，可說是省政府為關懷老人邁出最具體而微的重要創舉。

因應人口變遷的實際需要，該服務中心的特色之一，是設立「單一窗口、多元服務」的模式，來從事老人照護資源的整合運用，建立整體性關懷老人的服務網絡。服務範圍包括失能或失智老人居家生活照顧的醫護知識指導、技能訓練與教育服務、老人生活輔助器具展示與介紹服務，以及照顧者支持與喘息（暫托）服務等。

這個服務中心也是整合社會資源的一個成功例子，它廣泛連結社區公、私立醫療、養護機構，以及社政單位、民間公益團體的力量，只要民眾以電話或面談方式提出申請，該中心便能提供有關老人照護的完整、多元又廣泛的資訊與諮詢服務，並可提供協商與轉介安置，以發揮完整協調配合、積極服務到底的追蹤服務，減少民眾到處求助，往返奔波的辛苦與無助感。

責任倫理不可缺

依據政府推估，到了民國一〇六年，台灣的老人與十五歲以下幼年人口的比率相近，此後老年人口將超過幼年人口數，人口加速老化。

所有的人都必須體認人口老化的問題，也將在不久的未來面對這樣的社會發展趨勢。這些事都得未雨綢繆，時間非常迫切。

政治人物不能只顧一己意圖，責任倫理很重要，人性關懷很重要。尤其是作爲政府領導人，對於民眾的需求，要有確實的熱情，要有冷靜的判斷力，而且要精於預估，要深思熟慮，對未來及事情可能產生的後果，應負起應負的責任。

政府財政日益艱困，對於老人安養等種種的社會問題，絕非給錢、施捨式的津貼措施所能了事。

每遇選舉，支票滿天飛，老人變得很重要，究竟是爲了選票，還是有心照顧老人？

只會發錢，一時討到了選票，但是未來怎麼辦？

「與其發錢給老人，不如盡安養之責。」宋楚瑜這麼認爲。

第十七章

醫療，不僅是醫術的治療

醫院一定要人性化／幫忙他們換個小病房吧！／與中華民國萬歲有關／擦亮省立醫院招牌／先找到好院長，才能找到好醫生／公共衛生護士「趴趴走」／垂直水平整合法一起來

宋楚瑜到省政府時，國民所得已達一萬美金以上，但環繞他腦袋的問題是：省民的醫療品質是否也具備相當的水準？山地離島等偏遠地區的醫療照顧好了嗎？

愈是偏遠地區的醫療保健，宋楚瑜愈加重視。政治既然是人性關懷，那醫療服務與照顧，更應做到人性化。他特別運用兩個名詞來做區分：medicare（醫療的關懷照顧）與 medicure（醫院的治病），期勉所有醫護人員。

但是，醫療資源分配不均的狀況，又如何能改善呢？

醫院一定要人性化

在宋楚瑜的觀念中，法院與醫院是觀察社會的寒暑表。

「冷」與「熱」的分別，不僅在從外觀上作觀察，更要從內心裡來感受。

他認為，這兩個地方在最基本的環境與形象上，首先都要讓民眾有信心：「法院是維護社會正義的聖地，應該很嚴肅，醫院是維護個人健康的場所，應該整潔明亮。」

人們對於這兩個地方，通常有個認知上的共同點——能不去就不去，但若法院能維護正義與公理，這個社會就是光明的、有希望的社會，而醫院若能對病患做到最好的照顧，這才是健康的、溫馨的社會。

尤其人在生病時最感脆弱，需要更多的照顧，這時醫院應該給予病患什麼樣的服務呢？醫療的專業方面，宋楚瑜不懂，但他懂得病患的需要——人性化的關懷與服務。

上任一年，他已遍訪省屬醫療院所，深刻了解病患等醫生的苦，病患在排隊等候花了不少時間，可是和醫生談不上幾句話。這樣的現象被他稱爲「三長兩短」——掛號長、候診長、取藥長，問診短、治療短；用意在提醒醫護人員，多對病患盡最大的照顧。宋楚瑜還特別運用兩個名詞來做區分：medicare（醫療的關懷照顧）與medicure（醫院的治病），期勉所有醫護人員。

外國人不用medicure，而用medicare，cure是醫術的治病，care是還要加上關懷。他做了這樣的說明：「我們不僅要幫人看病，要cure病患，更重要的，還要能視病人如親的去關懷，要care病患。豈只是醫生要care，省長與公務人員應該如此，各行各業、各個崗位的工作者均需如此，不然做久了，就會產生倦怠感，服務熱忱也沒有了。」

「病患的心理最敏感，家屬也最能感受。**不論大小醫院、衛生所，都是照顧人的地方，這裡面一定要有人味，要人性化。**」

他認爲這樣，這個社會才會溫暖。

幫忙他們換個小病房吧！

醫院要人性化，醫生、護理人員要能視病如親，這種道理人人都懂，這種需求誰不需要。可是醫院也是人類社會最繁忙的地方之一，醫護人員經常片刻不得休息，可能多照顧了這個，卻疏忽了那個。

正因爲忙，忙卻不能盲，在忙之際，多留個心，多爲病患想想，病患的感受可以完全不一樣。關鍵不只在怎麼做，不只提供多好的醫療技術，更在於將心比心，理解病患的心。

有次宋楚瑜人在花蓮，南台灣的高雄煉油廠發生爆炸，他聞訊後立即飛去高雄，先看了現場救災，再趕赴左營海軍醫院看傷患。他在燙傷中心看了重傷傷患後，又去普通病房看幾位輕傷者，主治醫生陪同說明救治醫療情形，也告訴宋楚瑜都仔細查過了，輕傷者沒什麼大礙。

但是，傷患一看到宋楚瑜來，還是表示很不舒服。

宋楚瑜關心的慰問受傷情形，一問之後就了解了。

這些輕傷者被安置在通鋪病房，可是受傷的部位是臀部，屁股燒傷了，卻要跟很多人擠在大病房，確實不自在，不舒服。

隨即宋楚瑜與院長商量：「幫忙他們換個小病房吧！或許他們會比較好一些。」

後來他又接到醫院的電話說：「已經轉了病房，統統好多了。」

與「中華民國萬歲」有關

中西就醫情況有別。外國人通常把病患往醫院一送，家屬便離開了，我們不一樣，總習慣隨侍在病人身邊。可是省立醫院都沒有在加護病房外設置家屬休息室，有時家屬累了，只好在加護病房外打地鋪，一眼望去簡直就像難民營。

產房也是這樣，有一次在一家省立醫院的產房，宋楚瑜就看見一個大男人躺在床上，睡的很熟，情景十分奇特，但又不忍心吵醒他。問了旁人，原來是產婦到嬰兒室餵奶，陪伴在旁的丈夫累了，倒頭就睡。

花蓮的玉里醫院以前是省立玉里精神療養院，宋楚瑜初次去看時，心頭好像被一顆大石塊壓著喘不過氣來。

他沉重的問道：「精神病患難道就不能有尊嚴嗎？」

原先這個療養院非常簡陋，是個鐵皮屋的構造，病房還是大通鋪，男女病患共居一室，衣衫不整，隨處走動，而且一位護士得照顧上百位病患。宋楚瑜說：「我們的部隊，每個連隊都還有連長、副連長、輔導長、好多名排長與班長，分層負責來照顧弟兄！」

這個療養院接著被規劃重建，一如他所要求的「整潔明亮」，除了院內一百五十個床位，新設的祥和復建園區有六百床。

完工啓用後，宋楚瑜再去看，這次他滿懷開心，一一與患友打招呼，病患高聲唱歌歡迎他，還有人呼喊：「中華民國萬歲！」

擦亮省立醫院招牌

每當談起省民醫療問題的時候，宋楚瑜總有一種耿耿於懷的責任。

宋楚瑜有心加以整頓，但不光是硬體的設備而已，還有制度與軟體。

從花蓮、宜蘭、基隆，到竹東、旗山、屏東、台東，整頓省立醫院分爲新建、擴建與整建三部分齊頭並進。新建與擴建的醫院與分院不少，但包括所有的省立醫院則都全部加以整修整建，注入現代化的管理。

整建，是宋楚瑜嘗試擦亮省立醫院招牌的重點所在。不是花大把錢去蓋新大樓，而是把舊有的好好整頓，讓它恢復清新活力。

著眼點一方面在於經費負擔，如何花有限的錢，來發揮較大的效用，還有，老建築不一定要打掉，國外許多知名學府或建築物，外表古色古香，內部卻整修得很新穎、很現代化，給人完全不同的感覺。

一個個省立醫院開始「改頭換面」，同時在內部裝備方面也訂定了共同標準，包括各門診及病房的大小格局、病床規格，以及急診室、加護病房、洗腎中心等基本設施的設置及動線規劃，讓較好的省立醫院更現代化，爲落後的省立醫院立起一個向前努力的標竿。

省立醫療院所都著手建立從掛號、看診、批價、收費到取藥等流程電腦連線的一貫化作業制度，病患的病歷號碼誰記得住，全部改以身分證字號使用，各省立醫院網路要方便互相調閱病歷，例如省民臨時到省立台北醫院急診看病，可是平常他是在省立屏東醫院看病，就應可立即透過連線取得病歷資料。

先找到好院長，才能找到好醫生

首先起跑整建的是省立花蓮醫院，就讓人覺得成效不錯。這個醫院的老房子整理後煥然一新，他陪李總統去看，眾皆滿意。整修費用不過幾百萬元，比蓋一所新醫院花上億元的經費划算多了。以後他特別請郭瑛玉委員與衛生處處長石曜堂沿用這個方式，協助推動省立醫院的再造工作。

省立基隆醫院整修後的表現非常亮眼。後來張昭雄告訴宋楚瑜，過去基隆長庚醫院的業績與看病率，遠遠高於省立基隆醫院，但整建不久後就情勢改觀。整建後的省立基隆醫院水準提升很高，使得基隆長庚醫院面臨強大壓力，不得不撤換院長，重新訂定策略，否則競爭不過。

省立桃園醫院也是個成功案例，特別與台大醫院合作，院長是從台大醫院副院長徵選過來的，就是現任衛生署署長侯盛茂。當年有些省議員硬要推薦自己的人，各有各的人選，宋楚瑜就是不接受關說。

宋楚瑜說：「北部幾所省立的基隆醫院、台北醫院、桃園醫院，都跟台大醫院充分合作，台大醫院的人事也有瓶頸，兩方面有互補作用，將他們好的醫生聘過來，硬體設備我們來做改善。」

宋楚瑜爲了省立醫院院長的選拔，成立了一個遴選小組，包括榮總總院長、台大醫院院長、新光醫院院長、長庚醫學院院長等人，一同來面試徵選具有資格的院長人選，宋楚瑜則坐在一旁。

宋楚瑜就曾語重心長的，向這些院長人選說：**「你們所要就任這個院長位置的任務艱鉅，不同於往常的任何一個工作。假如你本人和你的家人，在患有重大疾病要開刀時，你會不會想到省立醫院就醫？你如果自己不敢，你說省民又怎麼敢？」**

另方面，醫療專業與醫院管理不是一件事，好的醫生不見得是好的院長，好院長的才能也不是與生俱來的，這些人才要多做培訓。

「菁英一百」計畫就與世界頂端的美國巴爾迪摩市約翰霍普金斯大學有合作關係，選送了三十幾名可能接任省立醫院院長的人選，進行爲期一年的密集訓練。

所有參與人員最後都拿到醫院管理碩士學位，畢業時該校的副校長、副院長都親自到台灣頒授學位證書，這在當時是一大盛事。

公共衛生護士「趴趴走」

全省共有二十一縣市衛生局、三百三十八鄉鎮市區衛生所、四百九十八村里衛生室，而且約有一半以上的衛生所設有群體醫療執業中心，這些基層醫療及行政單位都與民眾健康息息相關。

衛生所更是營造健康社區的前哨站，老舊的要整建，設備也要不斷更新。經過充實與整合，衛生所進步了，提供的醫療保健服務比一般人想像的多很多。

在各種集會地點或民眾聚集定點，經常可以看到衛生所的公共衛生護士為民眾量血壓，所使用的是全自動血壓脈搏測定器。又如購置新型超音波、生化分析儀、心電圖、視力檢查等儀器，民眾可以直接在衛生所得到方便的醫療服務，減少到大醫院排隊求診的奔波。

公共衛生護士的任務，是要走入社區的。省衛生處每年都補助購置機車，讓衛生所工作同仁能更深入基層的每一個角落。小兵也能立大功，千萬別小看公共衛生護士的功能，宋楚瑜就曾表揚過雲林縣一位公共衛生護士吳淑慧。

當時她是剛畢業到衛生所服務的「新鮮人」，但就在一次工作場合中，警覺的發現古坑鄉有一個學生疑似患有開放性肺結核症狀，再追蹤下去，又發現學生家人也有類似症狀，進而主動追蹤到大埤鄉該學生就讀學校，發現同班的同學、學校許多學生也出現群聚感染的現象，從一個人追查到兩千多個人，然後迅速全部列管、集體治療，避免擴大傳染的危機。

前一陣子，台北市也發生一起開放性肺結核的案例，病患是前總統李登輝。結果台北市政府衛生局的處理，竟然是處罰醫生與醫院為何將病例公開，可是對一些前去探視的行為和家屬防護，竟然放任不管，也沒有交代。宋楚瑜說：「保護病患隱私權是對的」，但台北市不妨可以將雲林縣公共衛生護士的例子拿來比較比較。

垂直水平整合法一起來

全省的醫療資源原是分配不均的狀況，倘若不從整體網絡系統固本，花再多的錢也不見得改善。「關懷社區，促進健康」是省衛生處的奮鬥目標，經過幾年的努力，衛生處運用統合的方法，全面提升省內醫療衛生保健體系的效能。

策略之一，是從基層保健中心開始，到衛生所群醫中心、開業醫院、地區醫院與省立醫院之間的合作，並進一步與區域醫院、醫學中心辦理醫療合作與人才交流，加強建教合作，促進彼此良性競爭，提升省立醫院的功能。

爲了活化社區醫療網絡，除了上述的垂直整合外，另有水平整合的做法。依據地緣關係與地區性需求，省政府將全省二十二家省立醫院，分爲六個聯營區，每個聯營區各指定一所省立醫院爲責任醫院，充分運用區域內醫療資源，落實轉診制度，改善偏遠地區醫療資源缺乏等問題。

水平整合不單靠醫療衛生的力量，其它機能也要一體投入。無論老年長期照護、原住民與殘障的醫療照顧，或疫病防治等，都必須與社會、環境、文化、原住民等行政單位積極配合協調。另外還要多與推動保健的醫事團體協調溝通，了解民間社會力量的訴求，促進共同參與衛生建設。

第十八章

救雛，不能只是掃黃而已

絕不是單靠警察人員執行勤務／建立「救援共同體」的觀念／整體多元的救援措施／務本之道在於正確的價值觀／政府應該走在前頭／讓她們就像公主一樣

「三十萬元」代表了什麼意涵？不是車子的頭期款，不是初入社會新鮮人的年薪，它卻是陰暗角落「買賣女兒」的價碼或代名詞。

如果有人認爲賣一個女兒，可以改變家庭困境，如果有人以爲三十萬的代價，可以賺到更多的三十萬，那雛妓問題在我們的社會將不會消失。

這不是台灣的特有現象，而是自古以來的人間悲歌，宋楚瑜說：「我不敢說雛妓已經絕跡，但是曾經獲得最好的控制。」

絕不是單靠警察人員執行勤務

自台灣光復以來，政府曾陸續完成勞保、兒童福利、老人福利、殘障福利及社會救助等立法工作，建構出社會保險、社會救助與福利服務等三大社會福利主軸。繼而在這些基礎上，進一步發展出比較具有普遍性意義的社會安全體系，例如全民健保的開辦、國民年金的規劃等。

但在這社會變遷過程中，台灣業已從農業社會邁向工商業社會，家庭組織更有結構性變化，舊的社會問題未歇，新的社會問題接踵而至。一九九〇年代的台灣，雛妓問題就非常猖獗，「拯救雛妓」成爲當時甚具指標的社會運動，許多的學者專家及社會人士等都積極投入救援行動。

一九八九年，聯合國兒童權利公約明確界定，十八歲以下少年、少女爲應保護的對象。我國也於八十四年八月制定「兒童及少年性交易防制條例」，將取締雛妓改爲救援雛妓，但在該條例制定之前，省政府已先於八十三年七月七日，頒布「台灣省加強兒童少年保護實施方案」。在前面〈原住民要的是尊嚴、公平，不是憐憫或同情〉單元所提到宋楚瑜與吳秀蘭、張昭雄、王永慶的故事，就是這年春天的事情。

宋楚瑜在許多場合一再呼籲，兒童少年保護、雛妓或性傷害等問題，必須要有一套整合的配套措施，不再只是掃黃、取締色情或採取例行性做法而已。

他強調，絕不是單方面靠警察人員執行勤務的工作，在政府與社會方面必須建立整體完善的機制，在個人方面則是人人都可隨時參與的行動。

建立「救援共同體」的觀念

輝煌聖殿也有臭水溝，再富裕的國家也有不堪的社會問題。豆蔻年華的少女，本來應該高高興興的求學讀書，本來應該歡歡樂樂的享受家庭溫馨，但就有一些例外，雖為數不多，但每個個案都是家庭與社會的大不幸。

為了兒童少年保護及這個社會陰暗面的雛妓問題，宋楚瑜首先請具有社會學專業背景的省府委員伊慶春教授，負責「救援專線專案」。她畢業於台大社會系，美國明尼蘇達大學社會學博士、中央研究院社會學研究所研究員，是婦女研究方面與家庭社會學的學者。

許多省政府有關社會福利救助的事情，伊慶春與唐啓明共同協力，伊慶春提供宋楚瑜相關學理上的支援，唐啓明則負責實務推動。

宋楚瑜說，為原住民、弱勢族群做事情，最重要的是要建立他們正確的認知與價值觀，就是伊慶春告訴他的。

在宋楚瑜的施政思維中，社會救援是一項需要科際整合的工作，非政府單位一部門所能竟功，須由省政府相關部門及地方政府、民間團體，建立一套完整系統。

省政府訂定的「台灣省加強兒童少年保護實施方案」，就是整合警政、社會、教育、衛生等不同部門，以政府結合民間專業團體的力量，由教育宣導、救援取締及輔導重建等三大方面著手，建構完整的保護服務輸送體系。

「救援專線」於八十四年，由社會處委託台灣世界展望會試辦，試辦成功後，於八十六年六月正式啓用，該年三月也開辦台灣省婦女保護熱線。

這在國內是率先創舉，二十四小時受理保護案件舉報，如今這項創舉已經普遍被採用，但它的原始構想發起，不是什麼「了不起」的人物，而是省政府社政部門的一些同仁。

他們在宋楚瑜推動「菁英一百」計畫內，前赴美國研習，也到兒童少年保護相關機關觀摩訪問，特別留意到「集中通報制度」，在返國後有了良好的回饋，隨即檢討研究國內現行作法，並參採國內專家學者意見，而規劃設立。

宋楚瑜強調，「集中通報制度」是一項必要措施，搭起了與民眾聯繫的橋樑，但還有賴建立「救援共同體」的觀念，也就是省府團隊各部門、縣市政府、民間團體與民眾要密切聯繫配合，才能發揮統合的力量。

整體多元的救援措施

多年來省政府救援雛妓，除了建立完備的通報系統，宋楚瑜更要求警政廳、社會處、教育廳、新聞處等省府機關相互支援，共同採取整體多元的措施。警政廳及其所屬警察同仁只是其中環節之一，從過去由取締轉型爲救援性質，但仍居第一線的關鍵地位。

爲使每一位基層人員了解防制條例及各項施行細節，先由警政廳與社會處分北、中、南、東四區，舉行社政與警察人員研習會。過去少有兩類人員集中研習的活動，此舉意在加強彼此間的聯繫，有效達成社政與警察建立救援的共識與作業聯繫網絡。

警政廳又接續巡迴全省二十一縣市，召訓各縣市員警講習。每一次講習會中，都由廳長王一飛或副廳長陳嘉隆親自壓陣，嚴格禁止與會人員攜帶呼叫器或行動電話，務使每位員警專心一致，俾免日後執行任務時，發生任何的疏失或差錯。

救雛行動一方面靠二十四小時受理案件的舉報，一方面則採不定時的主動出擊。當接獲舉報時，警政單位立即與案發地方的社政單位保持聯繫，同時先行指揮線上警網，或通報轄區警員立刻前往處理。

警政廳與教育廳合作救雛，必須配合得滴水不露。最容易流落色情業的中輟生，理所當然成爲追查的鎖定對象。學校一有無故不上學學生，教師必須立即進行家庭訪問，如學生行蹤不明，三日內呈報教育局、公所及派出所等三個單位。

掃蕩色情資訊兵分兩路，是救雛的另一種防堵手段，由警政廳與省新聞處共同負責。警政廳配合救雛行動，督飭縣市警察局積極布線，查處在報紙、雜誌、網路、電視等媒體刊登、播出的色情廣告。省府新聞處每天必須查察媒體廣告，發現色情廣告，即將線索提供警政單位，以便調查遏止犯罪。

務本之道在於正確的價值觀

救雛行動曾經獲得來自民眾與民間團體的肯定與回響，民間救雛社團勵馨基金會還到警政廳，向王一飛獻花致敬。

不過根本上的工作，還是得紮實的從輔導教育做起。例如，八十三年起開辦的「慈輝班」，招收因家庭變故而中輟的國中生，供給食宿及生活照顧，並集中教學與就業輔導。

八十四年起，又在販賣人口最嚴重的花蓮、新竹、桃園等山區學校，實施「蓮花專案」、「百合專案」，提供原住民青少年學生適當的輔導，促進人格健全發展。

在魯凱族的信仰中，百合是一個最神聖的圖騰，而眾所周知的，蓮花則取其出汙泥而不染，兩者主要的用意，都在於愛護兒童與青少年，還台灣少女如百合與蓮花的純潔無邪。

宋楚瑜以「你可以帶馬到水邊，但是你不能讓馬喝水」這句西方諺語，強調整體社會認知及家庭教育下一代子弟價值觀念的重要性。

他不諱言，爲原住民、弱勢族群做事情，本是政府應爲之事，但原住民本身或整個社會若沒有正確認知，沒有正確的價值觀與人性尊嚴，那再多的工作付出與辛苦，都將事倍功半。

政府應該走在前頭

吳秀蘭故事的可貴，在於人性尊嚴面上的努力，與雛妓問題不存在任何因果關聯。

宋楚瑜在拜訪吳秀蘭家庭後曾經說，「在家計十分困難的情況下，她與妹妹可能會淪爲不幸少女」，因而爲他們的家庭收入與教育多所設想。

但身爲老百姓的父母官，宋楚瑜必須爲更多其他人，做到更整體性的照顧措施。

假如吳秀蘭沒有遇見宋楚瑜，她與她的家庭可能依然困頓，卻能自立奮發，艱苦向上，她的故事可能更精彩。

既然宋楚瑜巧遇了她，省主席爲她多擔一分心，當然也爲社會上不幸少女有所擔心，這或許有助於他在相關施政做了更周延的考量。

此後的接續行動，宋楚瑜在長庚護專原住民專案開學後拜會王永慶，到花蓮拜會慈濟護專及基督教花蓮善牧中心等等，所到之處特別呼籲的，就是環繞他就任以來一再訴求的重點，那是保護人權、發揚人道精神，不能只靠一些零散的力量。

政府應該走在前頭，結合社會上的組織與團體，有系統、有方法的去做。

讓她們就像公主一樣

當宋楚瑜卸任前，再走了一趟部落之旅，許多原住民教育改善都已有了成果，他看到原住民學生有了很好的讀書與住宿環境，高興的直說：**「看看他們的宿舍，住在那裡，就像是公主一樣。」**

社會上一些不幸少年、少女，也是人子。

但當家庭或父母親的能力不能允許時，就有賴政府、社會及善心人士共同伸出援手。

他們有權利享有正常的教育與生活。

那不是奢華享受，而只是與一般人一樣的基本條件。

亦即宋楚瑜說的：「就像是公主一樣」。

在教育學、管理學及社會學的領域裡，學者常會引用出自希臘神話的「比馬龍效應（Pygmalion effect）」，來說明所謂的「期望理論」。那就是期待一個小孩的行爲，如果用積極的、鼓勵的方式，則被鼓勵的小朋友，就會產生比較正面的學習與成功的表現。

宋楚瑜蠻喜歡「比馬龍效應」這個典故，裡頭主角是一個雕刻家，名叫就是比馬龍（Pygmalion），是塞浦路斯的王子。他窮盡了一切的才華，雕刻出一座最完美的女人像，爲她取名爲葛拉蒂（Galatea）。像雕成後，竟不自覺的愛上葛拉蒂。於是他祈求維納斯女神，把葛拉蒂變成人身，而結成夫妻，這故事便是「比馬龍」名稱的由來。

曾經有位教育學者，將比馬龍效應做很貼切的比喻，若把學生屬下比成馬，他們便是馬，若把學生屬下看成龍，她們便是龍。

宋楚瑜則衷心期望我們的兒童少年、少女，都是人們鍾愛的「百合」、「蓮花」與「葛拉蒂」。

第十九章

後到不如先到

性情急／一定趕到／不是特權，是特殊任務／兩百年的大考驗／賀伯不能白來／總要有人出
面對民眾／可急不可亂／一夜重建／主動請纓／七項忠告／誠懇兩字最重要

快，不見得代表效率高，有時常會忙中有錯，忙理出錯。慢，慢工或能出細活，但不能用在救災上。

救災救難絕對急如星火，要趕快出手，後到不如先到。但救災，不光是救難人員打前鋒，所有的救難體系與資源運作，有賴強而有力的領導。

所謂「群龍不能無首」，很能形容救災式的領導。平日的行政作爲，尤其是救災救難的整體表現，往往才是測驗一個政府領導者能力的關鍵所在。

性情急

有人說：「湖南人是騾子脾氣」，可是也有不少湖南人的性情是溫和呑吐（溫呑）的。不管是那裡的人，都有這兩類的人。

如果用這樣簡單二分法來分，無疑宋楚瑜比較屬於前一種人。

拗著想把事情做好，而且還是性情急的湖南騾子。

跟他做過事的同仁與跟著跑新聞的記者，都知道他的脾性。

對一個政府領導者，這種個性有優、缺點。對事堅持，勇於任事，卻藏不住話，有話直說，說了眞話，又難免得罪人。但這樣的個性，對自己對部屬也有利，因爲自己想做事，想把事情做好，對自己與部屬工作的期許與要求，會非常迅速明確，而做到自我要求及目標管理，引領團隊成員全力以赴。

宋楚瑜有一對視如珍寶的聯語，也許是個複製品，他同鄉先賢曾國藩寫的：「世事多因忙裡錯，好人半自苦中來」，右聯意在自我警惕，左聯在於自勵自勉。在某些方面，宋楚瑜被認爲是際遇頗佳，甚至「平步青雲」，可是在這背後的個人努力與付出，卻是每一步都是「苦中來」，甚且是「苦苦中來」的。

省府工作團隊在某方面，例如在救災救難、爲民服務等，曾被形容是「比快的團隊」，而且也是「比苦的團隊」。

爲了做事情，讓民眾感受到政府的存在，他們通常是「爭先恐後」、「吃苦耐勞」，寧願是「大牛不惜力」，唯恐事情不能讓省民滿意。

因爲他們的領導者，可能比他們更快速、更能吃苦。

政府能吃苦，民衆比較不受苦，政府不吃苦，民衆就受苦了。

一定趕到

這幾乎是烙印民眾心裡的定則：只要有天災地變，宋楚瑜與省府團隊一定趕到，只要宋楚瑜趕到，答應過的事情，民眾就會有信心，凡省政府答應的事一定會兌現，假如宋楚瑜都說辦不到的話，這個事情確實是有困難，的確做不到。

台灣東南邊來個名叫凱姆的小颱風，八十五年五月下旬，現在很多人都忘了這個颱風，比較記得的是慢它兩個月的賀伯。

不只我們現在忘了，當時凱姆過境時，也沒有多少人留意。

「高雄縣西溪海堤崩陷！」凱姆颱風過境後，這個新聞只是一則出現在地方版的新聞報導。

沒想到省長竟然隔天就來林園鄉西溪這個小村子，在實勘之後表示省政府將整修這些早期的海堤，後來他當然說到做到，完成這件事。

當天省長來了，當然很多人就來了。

一位在高雄縣採訪新聞多年的吳姓記者，事後就很感慨的說，兩、三天前剛潰堤時，村民乏人聞問，景況冷冷清清，誰想宋省長來了，一時之間冠蓋雲集，原本不見人影的民意代表，忽然都出現，把一個平靜的海邊小村擠的滿滿的，簡直不可同日而語。

一南一北，當天宋楚瑜在這個高雄縣行程之外，他又去了宜蘭。與縣長游錫堃、公路局長陳世圯討論蘇花公路改善問題，他要省公路局多幫忙這個東海岸唯一沒有高速公路又無飛機場的地方。

個性急，急人民的危難。

了解了這一點，就比較能理解宋楚瑜爲什麼非要搭直昇機！

不是特權，是特殊任務

宋楚瑜的交通工具，不是黑頭轎車，絕大部分是旅行車。

此外，他一點也不在意人家批評他搭乘直昇機、飛機。

他不是搭直昇機上下班的，通常他搭直昇機時，都是不得已的狀況。

剛到省政府，就有省議員質疑他常搭直昇機，是一種「特權」。他只能一再婉轉說明，只能以實際的行動，來證明「這不是特權，而是特殊任務」。

每遇災害的勘救行動開始，省府警官隊隨扈與他就是「生命共同體」。他們幾個人與宋楚瑜上山下海，如影隨形，寸步不離，每個人都加保了意外險。

宋楚瑜說：「若不是爲了趕時間，趕去勘災、救災，誰願在天候不佳，甚至是冒著生命危險的情況下，硬要搭直昇機呢？」

八十五年九月號《台灣月刊》刊出一篇署名「清波」的省府同仁文章——〈和時間賽跑的人〉，以日記方式記載宋楚瑜勘災的一天。清波先生當天回到辦公室，時間已近子夜十二點，他算算宋省長這一天勘災工作時間是十七小時。以下是他日記的片段：

隨行發布省長新聞稿是我的職責。坐在駛向宜蘭的自強號火車上，腦海中仍響起太太的抱怨：家裡被颱風打壞的雨蓬還沒有修理，星期天還非得去出差嗎？自己想到這，臉上不禁露出一絲苦笑，心想：還不是為了工作嘛！

今天去宜蘭是臨時通知的，原本這趟宜蘭行是昨天就應成行的，不料，宋省長搭乘的直昇機昨天遭逢氣流不穩而被迫折返，改至基隆訪視，因此今天一清早才又再次搭乘火車前往宜蘭勘察災情。

在車廂中，隨行各相關廳處首長就一路向省長簡報大家至各地勘災及救災的情況。唉！感覺省長真是片刻不得閒。

兩百年的大考驗

賀伯颱風是宋楚瑜任內最大的救災考驗，考驗政府的應變能力，考驗政府在民眾心目中的信心，也考驗人們記取大自然災害的決心。

二百年來前所未見，這個超大型的西北颱席捲台灣。以前從未對土石流有過這麼深刻的體驗？那種夾帶著泥土砂石、像岩漿般滾滾而下的巨流，透過電視畫面，看來眞是驚心動魄！但這是災區的實景，災民毛骨悚然的親身經歷。

有些災難現場如泥牛入海，一下子不見了，暴發土石流最嚴重的南投縣信義鄉神木村整個淹沒，道路與通訊完全中斷，無法透過正常管道通報，連南投縣長都不知道災情，直到村民徒步走出來求救，但救援工作已慢了半拍。

曾文水庫完工幾十年，水幾乎沒有滿過，賀伯之前的蓄水量爲四千萬噸，颱風之後，水庫的蓄水量爲六億多萬噸。阿里山下了一千九百八十公釐的雨量，而偌大歐洲年平均降雨量是七百多公釐。宋楚瑜說，歐洲二到三年的降雨量，在二、三天之內密集的下在我們台灣省中央山脈以西的地方，激烈洪流造成了八個縣市重大的災害。

他來來回回搭直昇機，深入災區的每個角落。

他連繫軍方動員陸軍，還有空軍的力量，協助物質運補與復建工作。

他要求相關部門在一個月內，在全省山地、離島地區超過一千人聚落，設置臨時直昇機停機坪的緊急規劃工作。

八十五年八月底，宋楚瑜在中興新村接待由大陸來台的劉銘傳第五代後裔劉學馥女士，在此之前的一個月裡，他與省府團隊是一波波、一連串的投入，日以繼夜的救災煎熬。

「十七」與「一」是那段時間常伴宋楚瑜的數字。平均日工作量達十七小時，餐餐一個三明治、一瓶礦泉水，底子好的身體挺得住，但是「看到災民的受困與家園殘破，怎麼還會有胃口，怎麼吃得下去！」

賀伯不能白來

八月十四日，他在省議會臨時大會提出一份完整的災情及復建報告，針對災害原因、創害災情、搶修搶救、災後復建作爲，以及行政疏失、造成洪災的人爲因素等檢討，做了一番鉅細靡遺的分析。

這份文獻在省議會（現爲省諮議會）還可查得到，很少官方報告能像這樣，在短短時間內如此掌握一個重大災情，因爲那裡頭的字字句句，都是靠他雙腳行走出來的。

如宋楚瑜在省議會的承諾，他與省政府同仁以兩年多時間，克盡全力使省民恢復家園。當年八七水災的時候，政府集合全國的力量，花了將近十多年時間，才恢復舊觀，但是賀伯風災水患經過列管追蹤考核的七千三百四十九件的大小工程，都在他任期內完成。大到好幾億的南投陳有蘭溪的橋樑、高屏地區重要的大橋樑，所有的道路、河堤與山坡地的修護工作，都能夠按照進度順利的完成。

賀伯走了，賀伯的傷害也復原了，但它下次可能會以不同的名字再來。

賀伯不能白來，災害不能重演。

宋楚瑜既然碰到這個頑固的災害，就要讓這個災害教訓，多少能帶給人們一些警惕與預防的作用。

就在各項復建展開的同時，副省長吳容明擔任起總召集人，特別就政策面、執行面、技術面及制度面的問題，組成八個小組詳加檢討。

這些小組分別就平時防災體系、防災整備、災害防救能力、統合性防洪計畫、洩洪預警制度、災情通報系統、防災救災準備工作、災區宣布條件、範圍及救濟的標準，以及公共工程建設品質化、規格化、制度化的採購規範、水土保持與民眾生活並重的建築及開發規範、砂石管理制度、整體水系規範防洪、整治等等，確實加以檢討整合，建立制度性的防災救災作爲。

省政府府本部也由秘書長蔡鍾雄召集相關廳處，就有關自然資源開發與生態平衡如何兼籌並顧、環境倫理如何界定、救災體制的作爲與檢討、災後復建如何有效展開及如何克服困難，集成《賀伯颱風紀實》付梓，供爲日後救災復建參據。

總要有人出來面對民衆

八十四年元月十七日，日本關西神戶地區發生七點二級大地震，不到一個月內，因爲台中市衛爾康大火，李登輝以執政黨主席身分向全民道歉，宋楚瑜在省議會向省民道歉。內政部消防署隨即正式成立，中央設置防災會報，連戰院長親任召集人，宋楚瑜亦任台灣省防災會報召集人，政府統合災害防救運作機制正式建立。

身爲省長，有責負起全省一千七百萬省民的生命財產安全，每個生命都是無價的、至高無上的，因此對業者漠視民眾生命、危害公共安全的衛爾康大火、夏威夷三溫暖火災、林肯大郡災變等問題，都令宋楚瑜深感痛心，不惜公開嚴厲譴責。但是，除了以政府力量給予救濟外，宋楚瑜能夠再做的，就是與傷心欲絕的家屬緊緊靠在一起。

光衛爾康一家西餐廳大火，就奪走六十四人寶貴性命，汐止林肯大郡災變就是二十八人死亡，桃園大園空難罹難二百零二人，這些及各類大小公安事件的背後，不都是一個個家庭的天倫破碎。

「政府怎麼做管理的？」

「救災速度為什麼這麼慢？」

「公權力何存？」

「官員作秀！」

這些災害現場罹難者家屬呼天喊地的質疑、憤怒與叫罵，聲聲悽慘，句句無奈。這時任何政府的好言、撫慰或承諾，都無濟於事，於事無補，挽回不了人命，說什麼都是空的。

八十四年二月十五日，省長選後不到兩個月的元宵節，起初接獲通報，衛爾康只是一般火災，但陸續傳來的情況愈來愈不對，住台中市的省政委員林仁德先趕到現場，通知人在台北的宋楚瑜。宋楚瑜、副省長林豐正、吳容明、社會處長唐啓明立刻南下，趕到時已是凌晨。

一具具燒焦難以辨識的屍體，讓救災人員雙手都抱酸了，心也涼到了底。三百名的家屬前往市立殯儀館認屍，看到至親慘死，不由放聲大哭。一位女會計的母親看到愛女燒焦慘狀幾度昏厥，宋楚瑜就一直在這些家屬旁勸慰節哀。

八十六年八月十八日溫妮颱風過境，位於台北縣汐止鎭汐萬路上的坡地新社區「林肯大郡」發生上邊坡滑動，直接損毀毗鄰六棟建屋，造成二十八人死亡、四十八人受傷，八十戶房屋倒塌，五百餘戶屋損，一千四百餘戶居民財產損失。

在全省勘災的繁忙過程中，宋楚瑜不時抽出時間回到林肯大郡現場，了解省政府消防、衛生、環保、社會等單位協助救災情形，並兩度與受災戶面對面協調彌補方法，現場還有社會處長唐啓明、消防處長趙剛，經研會主委夏龍做會談紀錄。

桃園大園空難是一個更大型的慘劇，各級官員來來去去，就是沒有一個敢駐足停留下來。

當宋楚瑜抵達現場，悲憤家屬還在痛罵官員做秀。

他聽到了，但他沒有離開，他直接走過去問：「你有什麼怨恨和不滿？」。

看看他五年多的省政服務，不少篇章盡是「好打不平史」。宋楚瑜為弱者、為受委屈者，一貫伸張，不忍沉默，這一刻，怎能眼睜睜看罹難者家屬求援無助？又怎能棄苦難者於不顧呢？

可急不可亂

八十七年二月十六日，桃園縣大園鄉發生華航編號CI六七六號班機空難慘劇，乘客包括前中央銀行總裁許遠東夫婦在內，以及多位新聞從業人員，罹難一百九十六人。當時飛機墮落撞及民宅，另造成地面上六人無辜死亡。由於飛機撞擊地面及民宅所造成的強大衝擊，亦使多名罹難者遺體身分難以辨識。

這一次，宋楚瑜人趕過去了，但這是中央的權責，救災是由中央統籌指揮辦理。他在隔天的南投縣魚池鄉訪視地方時接受媒體訪問，說明獲知事故消息後，已即指示交通處、社會處、消防處及警政廳加入協助行列，公路局負責省道台十五線儘快恢復通車。

救災現場主要由交通部負責，桃園縣消防隊執行工作，可是媒體對救災行動效率的批評很兇，桃園縣長呂秀蓮到現場，也與中央的權責問題有所爭議。

天公也哭泣，不時下雨，天候轉趨不好，宋楚瑜按捺不住，再次前往大園鄉西濱公路失事現場勘查。

在詳細了解處理進度後，指派省消防處長趙剛擔任現場總指揮，公路局長梁樾擔任周邊重建總指揮。

這是第一要事，建立完善的指揮系統，人員與物資統一調度，接下來的清理現場，才不會亂。

宋楚瑜說：「在大災難的現場，一定很亂、很急，但可急不可亂，尤其**指揮者心裡頭要有一幅清晰的、井然有序的圖樣。**」

一夜重建

趙剛接任現場總指揮時，大部分乘客遺體已移送台北縣板橋殯儀館，剩下的是飛機殘骸及碎片，以及壓在殘骸下的屍塊。趙剛立即找了一塊空曠地，將所有空難的遺物、屍塊一一放進塑膠袋，做好標記，分門別類放置。被撞的民宅血跡四濺，同時加以清洗整理，裝上鐵皮屋頂，做好護牆。

另一邊的梁樾，負責重建現場。飛機摔下來的台十五線道，是南來北往的幹道，路面不只血跡斑斑，而且是一堆一堆的，宋楚瑜要梁樾指揮將路面刨掉一吋，再重新鋪上路面。工程與國軍弟兄漏夜趕工，省道機具轟轟聲震耳欲聾。

空難清理等事情分頭進行，一夜未眠。

十九日上午，按民間習俗舉行召魂法事，現場已完全不一樣。

當晨曦照耀大地時，新路、新樹、新房子出現在眾人眼前。一條一公里長的新路沒有出過事的痕跡。

安全島上的灌木及覆土，已重新種上鋪好。

遺物、遺體屍塊也都處理排列，供親人辨識。

召魂法事之後，所有工程人員與國軍弟兄一起吃豬腳麵線。

這個上午，宋楚瑜沒有先到出事現場，他相信他的團隊可以將事情做好。他到台北縣板橋殯儀館做了幾件事：弔祭、慰問、傾聽、協調。

宋楚瑜先到板橋殯儀館弔祭罹難者，慰問家屬，並會同地檢署李良忠主任檢查官、法醫顧問楊日松博士、台北縣社會局與罹難者家屬代表，傾聽所有罹難者家屬的陳情與建議。

之後，他才又趕往空難現場，對環保、社會、兵役等相關單位作指示，下午他前往鳳山市，慰問華航空難中罹難十三位親人的簡家親屬，特別請高雄縣長余政憲及社會處長唐啓明會同社工人員，全力協助簡家處理善後，並妥善照顧家屬日後生活。

主動請纓

秋颱的特色，就是雨災大於風災，所帶來的災害往往更可怕。

惡名昭彰的瑞伯、芭比絲到來，就在宋楚瑜快要卸下仔肩的時候。「台灣頭尾走透透」感恩惜別活動已自基隆啓動。

八十七年的夏天沒有什麼颱風，就在十月中旬至下旬，強颱瑞伯、中颱芭比絲接踵侵襲，東部地區累積雨量九百公釐，北部、東北部地區高達一千公釐，受創嚴重鄉鎮市區三十餘個，奪走十九條寶貴的性命（另有兩人失蹤、十人受傷），房屋毀損二百零一棟，淹水二萬零七百七十一戶，農業損失達五十五億。

尤其，基隆河所經的汐止、五堵、七堵，短短十天內淹了三次大水，居民忍受著好不容易整頓好的家園反覆遭遇洪水的痛苦。

地方的救災無法有效展開，民眾怒氣衝天，立法院砲聲隆隆，宋楚瑜跑著全省勘災。代表出席行政院會的省政府秘書長蔡鐘雄主動請纓，表示省政府救災很有經驗，獲得行政院長蕭萬長允許。

蔡鐘雄立即向宋楚瑜報告。

又是一聲令下，省府團隊「傾巢而出」。

蔡鐘雄負責帶隊，趙剛擔任執行長，動員廳處包括建設、教育、警政、社會、衛生、交通、兵役、環保、住都、消防、水土保持局、公路局、鐵路局、自來水公司。

所有投入救災協調與各項的準備，都是在一夜之間完成的，包括搬桌椅在汐止鎮公所成立「救災協調中心」。

趙剛說：「省長說走，我們就走，當晚從中興新村趕出來，一路北上，一路調度，所有救災聯繫，都是在高速公路上完成的，每過一個收費站，所集合的支援就愈多。」

到了汐止，漏夜工作展開，一方面協調國軍、警察、消防、義消及民間救難團體共同投入，另方面調用鄰近縣市車輛、裝備、機具、沙包，糧食等民生必需趕緊送來，當然不可少的，水電要進來，淹水的地方最需要自來水，可以飲用及清潔洗刷用的水，但沒有電就沒有水，宋楚瑜特別交代趕快拉上管線。

二十七日上午八時，宋楚瑜到了汐止，大樓地下室抽水，街道清洗、消毒已全面展開。宋楚瑜親自坐鎮救災，問自來水公司總經理是否每一家都恢復供水了，答稱「都已恢復供水」，這時地方民眾有人大聲回說「有的還沒有」。

宋楚瑜立刻說，每家是否有水，自家最清楚，立刻要求三十幾位里長負責逐戶清查，自來水公司則須每一里長都簽字，完全供水後始能免除追蹤。

另外，因為地方恩怨不對頭的台北縣長蘇貞昌與汐止鎮長周麗美，在宋楚瑜召集下，也同坐一桌商討事宜。

七項忠告

以往的治山防洪，大部分是由省這個層級辦理。早於民國五十三年，省主席黃杰就發表〈治山與防洪〉專文，呼籲國人重視「治水先治山」的觀念。六十四至六十八年度，省政府完成東部及蘭陽地區治山防洪，六十九年度起又治理東部三縣的五十二個集水區。

由於東部三縣治理模式成功，復於七十七年整合各單位執行的相關計畫，訂定「西部地區治山防洪計畫」，於八十一年起實施，並於八十七年將西部地區劃分為九十八個集水區，作整體性的治理。

由於台北防洪計畫大致整治完成，瑞伯、芭比絲颱風來襲期間，所興建堤防及水門抽水站也發揮功能，如蘆州、三重、板橋、新莊、中和、永和、土城等易淹水地區，已不再淹水。另外如大里溪、貓羅溪、新虎尾溪、八掌溪、急水溪、阿公店溪等河川，防洪排水功能均大幅提高，沒有發生重大淹水情形。

宋楚瑜堅信：「只要投入心力，付出心血，愈早去做，愈紮實地做，就能減少民眾遭水患之苦。」在災情處理告一段落，最後一次省政總質詢裡，宋楚瑜在省議會提出法令不符現實需要、招標制度過於僵化、指揮系統必須整合、治水經費嚴重不足等七項制度層面的改進建議。任期只剩一個多月，應可說每項都是「肺腑之言」了。

誠懇兩字最重要

內心想什麼，會表現在行爲上。

從救災救難這個層面，多少可以解讀一個政治人物的內心深處。

宋楚瑜從小到現在，喜歡看歷史劇、章回小說及武俠小說，像《水滸傳》，他小時候看時，一百零八條好漢的名字，還有他們的綽號都記得，到現在還記得一半。金庸的小說他全都看過，出國旅行的時候還會帶著再翻翻看。他有一套金庸簽名贈送的小說，因爲這套小說是他在中央文工會任內開禁的。

喜歡看也就算了，他還喜歡談，他在許多私下場合，常是一連串的「武俠經」。

喜歡談也可以，他還大辣辣的，將「大俠」搬到省議會的正式報告上：「楚瑜少年之時，喜讀章回小說，每每讀到老弱婦孺求助無門、土豪劣紳恃強逞能，內心激動不已；而英雄仗義行徑，心中熱血，亦往往不能自已，大俠、大俠，俠之大者，救國救民而已。」

談歸談，做歸做？不過這個省長可不是這樣。

省政工作繁雜，政府的經費卻是有限的，在前面的〈花錢大學問〉，即曾分析省政事項有緩急之別，卻無大小之分，只要關係民眾權益，尤其是生命財產安全的，宋楚瑜幾乎都跑第一。受難的災民或親屬，碰到的關頭往往是生死一線牽，當他們求救無門，難免指著政府的鼻子罵，人到情緒崩潰時，還顧什麼呢？政府並非萬能的，能力有時而窮，這時總要有人站出來，宋楚瑜幾乎都跑第一。

宋楚瑜是所謂的外省人，但是他最感欣慰的，民眾從來沒有見外，把他看成是「外人」。只要他出面，他們就相信，相信宋楚瑜會解決他們的問題，他們也會將內心的話或困難全講出來。

「我不會迴避民眾或群眾，我選擇直接面對。儘量去做、能做到多少是另一回事，誠懇兩個字最重要，可以化解掉很多不必要的怨懟與衝突。」宋楚瑜說。

對救人於水火的救難人員，救災必須有很多的技術與竅門，但對拯民於水火的政府領導者，救災無須任何竅門，把自己當災民，苦民之苦，痛民之痛而已。若此，就不會慢吞吞，就不會閃躲，才會誠懇面對民眾。

第二十章

化水災為水財

感性不濫用／理性不相惜顏面／水的問題特別急／舊「碗」增高／平時就要「儲蓄」／水銀行互相「調頭寸」／「天花板與地板」之間的思考／做一些「很遠」的工作

以前的地理課本，大概只會教我們水庫的效益與功能，但是時代不一樣了，水的問題也是一門經營學，從台灣特殊的地理環境所孕育出很特別的經驗與運作模式。

水應是一個全面性的管理調配，不是點的經營而已，還要有水銀行、供水網管、調頭寸等種種概念。在宋楚瑜的理念中，每個水庫就如一碗碗的水，但每個碗之間是互通有無的。

這一切源自於人民的需要，他要大家一起喝乾淨的水，還有，「水就是財，水也是災」，要化水災爲水財。

感性不濫用

「如果澎湖人沒有水喝，我也將不喝水！」

有人說這句話說得頗感性，澎湖人聽了很感動，但宋楚瑜並不是濫用感性的人。

這個感性的背後，正是極其沉重的決心與責任感。

澎湖是離島，無法有效與台灣做水資源調配，但總要有人出面，想出辦法讓澎湖人有水喝。

自古澎湖缺水。澎湖沒有山，擋不住雲，夏日炎熱，水蒸發得快，平均降雨量低。八十三年更是嚴重，宋楚瑜一個月內三赴澎湖，因爲那裡每天缺水達二千五百噸。

宋楚瑜一方面做了這樣「不喝水」的宣示，一方面除短期租船運水外，並自該年九月動工興建海水淡化廠，次年八月完工供水，根本解決澎湖長期缺水問題，此舉說是澎湖發展史上的盛事，亦不爲過。

可是鄰近翡翠水庫的基隆市與台北縣也缺水，宋楚瑜卻從未說過：「如果基隆人沒有水喝，我也將不喝水！」

怎麼對澎湖人感性，對基隆人不感性了？

原因無它，台灣本島的水是可以調配的，如果水源取自台北縣的台北市水資源能夠調配的話，就不能讓基隆市與台北縣的人沒水喝。

無論憲法或水利法都明白提到，水資源是國家整體資源，任何人、任何機關都不能私用。但是在傳統概念上，民眾會認爲水是自家的，雖然在法律上沒有水權，但是民眾有抗爭權，只要民眾抗爭，水就拿不過來。

省水利處長李鴻源就曾提到這種本位主義的心態，例如曾文越域引水工程，是一種不用另建水庫，以智慧向大自然要水，又可留下一去不回的河水的絕妙方法，沒想到高雄地方人士卻加以反對，說高雄縣的水爲何要引道台南縣去，南投縣集集共同引水計畫中，也有人反對把水引到雲林給六輕用，給彰化用。

林照眞在《水的政治學》訪問以前水利處第六河川局局長鄭進發，就有這一段：「過去在做濁水溪集集攔河堰時，也鬧了很久，當時省主席李登輝還曾經出面要大家分水喝，但還是有彰化的民眾堅持這是祖先留下來的水，怎麼可以分給雲林人喝？這種觀念在水資源有限時擴散得更快。」

不論是政府之間的協調，或是與老百姓的溝通，這一切切的問題都絕非訴諸感性，就能克服的。

理性不相惜顏面

翡翠水庫是台灣少有以民生用水為取向的水庫，不做工業給水，就只是喝水用。翡翠水庫主要是用北勢溪的水，引到直潭堰來，水就儲在那裡，但直潭堰平時都關起來不用。而在南邊還有一條水量很大的南勢溪，因為南勢溪水量相當豐沛，台北市民喝的水，大部分都是從台北縣的南勢溪來的。只有在南勢溪缺水時，才把上面翡翠水庫的水放下來。

但是台北縣要用這裡的水時，卻需要向台北市買水，而且價錢還挺貴的。

宋楚瑜這麼說：「台北市要從台北縣取水沒有關係，但台灣省才用一點台北市水庫的水，就要高水價，這就不公平。為什麼翡翠水庫的蓄水可以一直維持那麼高的標高，是因為平時的開銷都是台灣省（指南勢溪的水）在付，然後台北市才能把錢（北勢溪的水）存在銀行（翡翠水庫）中。但是等到我沒錢向你要時，你卻向我要利息。」

「台灣省省民沒有自來水喝，中央卻叫著要成立亞太營運中心，不是很笑話的事嗎？」

「如果台北縣缺水，而翡翠水庫要洩洪，我會用更大的砲來轟中央。」

大概有二、三件事，讓人老是覺得宋楚瑜在砲打中央，如前面提過的財稅問題、路的問題，另一個就是水的問題。宋楚瑜不斷提醒要儘快重視問題，省政府如果不提出來就是失職，但講出來卻無奈的被誤解成「砲打中央」。

在八十五年八月號的《天下雜誌》訪談中，宋楚瑜還不惜搬出貞觀之治。他說：「老的書裡講貞觀之治，講一個『相惜顏面』，但是沒講清楚。日本人出了一本書，描寫**貞觀之治最偉大精神是**

「不相惜顏面』，就是敢直講話，把問題談出來，然後就事論事，能夠討論問題。」

水的問題特別急

水的問題在宋楚瑜施政中，排在最優先的第一順位，這個問題有兩項重點，一是讓民眾喝到乾淨又充分的水，另一是淹水，將淹水問題處理好，可以化「水災」為「水財」。

水問題的原因太複雜，這裡就只說兩個，第一個原因，用水取得不易，自來水不是自己來的，而是經營出來的。

「有水之時，當思無水之苦」，一進翡翠水庫大門的地方，就刻著經國先生的這句話，也是宋楚瑜經常引用的一句話。當年建造翡翠水庫時，反對的聲浪很高，說在台北市的上頭建個大水庫，萬一中共飛彈打過來怎麼辦，但是經國先生硬是排除萬難加以興建。這個水庫的興建地點，還是經國先生親自找的。

台灣全年降雨平均二千五百公釐，是個多雨區，屬水量豐沛地區。但由於地形多山陡峻，河川短促，降雨多集中夏季，七成雨水迅速流入大海，缺水問題比年雨量不及一千公厘的歐洲國家都嚴重。如再加上山坡地及森林濫墾濫伐，以致水土保持不良，不僅無法涵養水源，也間接造成水庫淤積泥沙，減少水庫的壽命。

在八十年代，台灣年用水量約一百九十五億立方公尺，預估到民國一百年時，年用水量需達約二百二十億立方公尺，宋楚瑜說：「如不及早籌劃開發，早晚就會面臨水不夠用的事實。」

另一個原因，水的問題經常觸及財政問題的痛處。

要辦理河川整治、排水改善、水資源開發等許多工作，受限政府總體預算分配，年度預算經費都無法編足，造成防洪工程無法依計畫期程完成。水利處一年預算平均爲三百多億至四百億元，已占省政府預算很大比重，以台北防洪計畫爲例，總共投資將近一千億元，才看見現有的一些成果。

若以貓羅溪來說，李登輝做省主席時，也想對南投最重要的河川貓羅溪好好治理，那時要花一億多，卻一直沒有錢，最後沒做成，就曾告訴宋楚瑜要重視這個問題，最後就在宋楚瑜任內完成。

大概差隔十年，在李登輝主政台灣省政府時，當時南投市營盤口段公告地價徵收費一平方公尺只要一塊錢，可是到了宋楚瑜要做的時候，已經漲到七百元。

宋楚瑜算一算，所付的利息還比將來徵收的費用來得低，咬著牙，寧可借錢去做，他套一句經國先生的話說：「今天不做，不只是明天後悔，而且要付出更多的錢，甚至阻力更大。」他很重視貓羅溪，在他就任省主席的第二天，以及「請辭待命」恢復工作的第一天，都先跑去看貓羅溪的整治工作，由此可見一斑。

舊「碗」增高

過去水的開發與治理，幾乎都是落在省這個層級上，中央與地方反而離水很遠。而省的治水預算又不足，一定要依輕重緩急排定優先順序，分期逐年推動辦理。

對此，宋楚瑜的施政理念是淹水問題趕快優先處理，蓄水的水利工程涉及解決民生、農業及工業用水應積極去做，各項工程要講求品質，講求進度，講求人員操守，而根本經營之道，水應是一個全面性的管理調配，不是點與線的聯繫而已。

從清代在台南縣新化鎮築虎頭埤，日據時代興建烏山頭水庫，到光復後的石門水庫，以致於宋楚瑜任內完成的屏東縣牡丹水庫、台南縣南化水庫、綠島酬勤水庫及金門山西水庫，計有四十六座，再過來的美濃水庫做不下去了，爲了自然生態與環保，民眾都反對。

現在做一個水庫，動不動上百億，南化水庫就用了一百二十八億元，既花大錢，民意又不允許，該怎麼辦呢？

在宋楚瑜的看法中，水庫好比一個「碗」，碗底小，碗口大，碗口加高些許蓄水，比一個新水庫不差，費用卻大大省了不少。

既然已有許多現成的碗，有些碗常是裝不滿的，曾文水庫十幾年來就沒裝滿過，「不一定要做新碗，可以把現有的填滿啊！」宋楚瑜說。

省政府這幾年內，陸續選定基隆新山水庫、新竹寶山第二水庫、高雄阿公店水庫、台南南化水庫第二期及苗栗鯉魚潭水庫第二期等，符合安全性及技術可行性的範圍內的水庫，儘可能的加高，以增加蓄水量。

如已完工的新山水庫加高工程，蓄水量增加六百萬立方公尺，比原本水庫多了一倍半，等於在基隆地區又添增一個半的碗，就是很成功的例子。

舊「碗」增高，是在既有基礎下，讓「點」的立足更穩，但還可以再尋求突破，接著是將全省管線連接起來，分成幾個區，生氣相通，互爲奧援。

平時就要「儲蓄」

國土計畫將台灣分成北、中、南、東四個區域，水資源計畫也是其中的一環，但因緯度的關係，降雨情形一向南少北多，也因此更需要水資源的靈活調度。所謂「靈活調度」，所重視的並非全是一個區向另一個區尋求支援，而是平日就要有「儲蓄」的觀念，必要時才「提領」。

即如每個家庭會將平時餘錢存起來一樣，在豐水時期，高雄縣內門鄉旗山溪的水，就可以引到台南縣南化水庫與曾文水庫裡，如果遇到高雄缺水的話，就優先撥給高雄用，等於在銀行先存款，急需要用時，再提出來，這就是宋楚瑜所謂「越域引水」計畫。

宋楚瑜特別交代水利處，河川要做流域規劃，水資源要做區域調配，兩項工作都做好，就能達到平日儲蓄與緊急提領的功能。因爲這個計畫是儘量從上游去取最好的水，又必須跨越分水嶺，送到鄰近的水庫去儲存備用，把這些水儲存起來不要浪費，將沒有裝滿水的碗做最佳利用，因而才叫「越域」引水。

此一計畫的原初構念來自於李登輝，宋楚瑜予以發揮運用，再結合了銀行的運作概念。李登輝曾爲瞭解雲林濁水溪流域豐水期水量過贘，枯水期水量不足及嘉南地區烏山頭水庫的豐水、枯水問題，提出區域性「北水南引」、「南水北調」的區域性越域引水觀念，讓宋楚瑜產生將全省水資源連線的想法，在他任內，一再要求水利處推動，而且緊盯預算編列，否則因排擠效果可能根本無法實施。

水銀行互相「調頭寸」

越域引水重平日儲蓄，水資源的管理則是水銀行之間彼此互相「調頭寸」。宋楚瑜強調，過去水資源的管理和運用偏重於點的管理，但爲什麼不能像銀行一樣，就像台灣銀行的高雄分行如果資金短缺，當然不能掛牌說「沒有現款，今日打烊」。既然高雄分行可以從其他銀行調頭寸，難道水就不能調頭寸嗎？

這種水資源的管理，宋楚瑜主要得自水利處李鴻源處長在學理上的依據，而將全省重要水庫都用大管線連起來，至卸任爲止，全省除楊梅至新竹、草屯雙溪嘴至雲林林內兩條供水管線仍在施工外，其餘十六條幹管總長度三百五十五公里，均已完成。

這其中最有名的計畫就是南化水庫的送水。宋楚瑜認爲，現在高雄市民買水喝的人應該比較少了，關鍵就是在建設南化水庫時，同時花了七十五億埋設自來水管線及淨水廠，把台南縣的南化水庫的水接過來給高雄人喝。

水資源統整管理後的區域調配，可以「北水南引」、「中水南引」、「中水北引」，這就是整體的支援調配。在宋楚瑜的理念中，每個碗都有缺水的可能，所以不說是把基隆的水源「引到」高雄，而是「調撥」、「互相支援」。像屏東牡丹水庫完工使用，不但可以支援屏東南部恆春半島八個鄉鎮，還可以送到更北部的地方。

但在調撥時候有一項原則，飲用水和工業用水要分開。像高屏溪的水被認爲並不乾淨，那麼飲用水就從別的地方拿。中鋼一個工廠一天用掉的水和高雄市民用水都差不多，則是從高屏溪抽的，同一個地方的不同用水，分開去取，分割使用。

整體而言，台灣地下水已嚴重超抽，不應再過度倚賴，開發大型水庫又困難重重，折衷的方法是做攔河堰，經費少很多，而且工程期短，對地理環境衝擊也少，因而宋楚瑜又主張，「多做小型的攔河堰，增加地表水利用，而且儘量用上游未汙染的水。」

台灣主要河川有二十一系，次要河川二十九水系，普通河川七十九條，經省政府評估選定，適合興建攔河堰有二十六處。攔河堰的弱點是蓄水量小，僅能增加局部區域地表水利用，可是再配置完整的區域供水網管，即能攔截夏季雨水，與水銀行相連結，發揮更大功效。

在宋楚瑜任內，已施工及完工的攔河堰有十一座，都發揮小成本大效益的特色，例如補充花蓮地區民生用水的美崙溪攔河堰，經費爲七百萬元，供應南投縣鹿谷鄉的鹿谷攔河堰，是八百萬元。基隆東勢坑溪攔河堰經費爲二千三百萬，則能引取東勢坑溪水送新山水庫運用，比較高經費的雲林新虎尾溪攔河堰爲六千三百萬元，則穩定供應新虎尾溪下游地區農業用水，以及六輕離島工業區建廠早期用水及新灌溉區用水。

「天花板與地板」之間的思考

套一句他自己講過的話，治水是「有功無賞，打破要賠」，台灣的官員很多恨不得離水遠遠的，那他爲什麼要與「水」牽扯這麼深？

答案出人意料之外，是他自己有過「切膚之痛」。

在四十年代，宋楚瑜住在台北縣中、永和地區，一下雨，淡水河經常淹水，淹水時不敢睡覺，怕被淹死；退水時也不能睡，如果不趁著退水時攪動泥漿，將汙泥隨勢清除，積留下來的臭泥可有得清了，這是因爲宋楚瑜曾有過被淹水的切身痛苦經驗。

話雖如此，難道全台灣的官，只有他家曾經淹過水？

當然不是，而是因爲小時候有這樣的「怕水經驗」，讓他面對災民時更有一份同理心，更能感同身受，更能以務實的態度，站在民眾的角度看問題。

很多事情都是「人與天爭」的結果，例如養殖業超抽地下水、高山墾植，甚至低於水平線的村落，還是有愈來愈多的人遷進來居住。台灣地狹人稠，一半以上都是山林，如果能擠進繁華城市，何苦住在低窪地區，他如何忍心苛責？

根據經濟部的統計及評估，台灣地下水天然補助量與抽用量有極大落差，導致西南部沿海地區地層嚴重下陷，總面積高達一千二百平方公里，幾乎等於兩個新加坡。

但他說過一個故事。以前追隨經國先生到屏東訪察，一下了飛機，到處是魚塭，當時鰻魚外銷日本，替國家增加不少的外匯，當地也以此自豪，可是時至今日，卻衍生亂挖池塘、魚塭，超用地下水，導致地層下陷、破壞生態環境等問題。宋楚瑜只是說：「以前不對嗎？如果沒有當年的鰻魚外銷，今天的外匯存底會有這麼多嗎？現在國民平均所得有一萬多元美金，地層卻也下陷了，兩者之間如何取得平衡，值得我們思考！」

爲了勉勵同仁，「大瑜」經常請出「大禹」：「大禹治水以來已經幾千年了，大陸水災一樣頻傳。大禹到底有沒有把水治好，我們無須去作評斷，但大家都記得三過家門而不入的精神與敬業態度。」

有太多先天因素及客觀條件未能齊備，不能讓水利同仁「放開身手」，但是對身受水害的人，宋楚瑜要求絕對不能不聞不問：「如同病人找醫生治病，醫生不能只講理論，光強調治本，不對症治病，卻把病人訓斥一頓，要病人回去從日常保養做起，來增強免疫力。」

他也不單從理論強要老百姓遷村，政府官員的責任就是要調和理想與現實。他對水利同仁說得很明白：「水的問題雖然複雜，但要在『天花板與地板之間』作思考。」也就是以最務實的方法與態度，站在民眾的角度看問題，才能實實在在為民眾解決問題。

做一些「很遠」的工作

任職省政府這五年多來，宋楚瑜幾乎成了台灣唯一關心水利的政府領導者。從省主席到省長任內，他好像都與水脫不了關係。

他當省主席時第一年缺水，第二年淹水，所以他常說他是「為水辛苦為水忙」，有些人取笑就說他是「如瑜得水」！

他幾乎把水問題排在施政的第一位，也漸漸看到一些成績，又有人開玩笑說，他是「大瑜治水」！

不管取笑也好，開玩笑也好，事實狀況是「人家不做的事，宋楚瑜擔起來做」。他將水利局由二級單位升格為水利處的一級單位，由原先多頭馬車的狀態，重整為施工、維護及管理的一條鞭。

省政府許多的水利人員就認為，宋楚瑜有一些特質與他們很像：「水的工作與其它工作有別，**比較需要長期默默從事，做長遠思考，還要有一股傻勁，不怕掌聲少，不怕人家笑，做的是一份良**

心的事業。」宋楚瑜常想得很遠，省政府得做一些「很遠的工作」。

例如下水道，宋楚瑜說：「西方先進國家進步了一百多年，錢都藏在地下（下水道），放在基層建設裡面，台灣大部分地方沒有下水道，錢都放在銀行裡。」

全省自來水普及率，從八十一年底的百分之八十一點八八，成長到他卸任的八十七點四二。從數字來看，只成長了百分之五點五四，用戶卻增加一百三十五萬餘戶，但這些新增的，大都是一個個小村莊、小部落累積而來，像高雄縣內門鄉三平村只有十五戶人家，苗栗縣南庄鄉南江村橫屏背部落只有十八戶人家，台南縣關廟鄉布袋灣仔只有十二戶人家，卻都是省自來水公司服務的對象。

有些民眾不太瞭解台灣的水來去太快，像澎湖地區的蒸發量大於降雨量，大家都不清楚，宋楚瑜一直鼓勵在澎湖多種樹，希望改變自然生態，也就是在確保水源，種樹的錢是由省方出，軍方則出人出力。

又如，自八十四年度開始，爲期八年時間整治高屏溪，整治計畫估算總工程經費超過五百億元，整治工作排定優先順序從上游旗山溪開始，再展開中下游河系部份，同時對違法濫墾的遊樂區、養殖豬鴨戶，採取齊頭並進的強制取締作爲及配合措施。這個整治方案提出的背景緣由，就是基於中南部地區乾旱時間長，而且預估十年以後大高雄縣市地區每天缺水一百萬噸而提出來的。但日後若有所成，還有誰記得起他？

宋楚瑜說：「這個並不重要。」

第二十一章

在冷氣房鋪不出現代化的道路

封層／鳳鼻隧道／斬珩橋／公路建設的三大努力／快速公路與生活圈的結合／機關之間的協調與整合／環保與交通的結合／立法要和實際情況結合／決策要與專業結合／不是權力，而是責任

路，對每一個人的定義，可能不太一樣。對鄉下的人，對城市的人，感受也不完全一樣。

對於城市人，可能要好上加好，對鄉下人，可能是個驚喜，對施工或管理者，那是一種專業與敬業，對於政府領導人，則是良心與責任。

在這裡，我們希望：路，能有更豐富的意涵，能獲得更多人的理解，來豐富我們的人生。

封層

「不管是新曆年、舊曆年，我們工程也許做了一半，過年期間要休息三、五天也好，一個星期也好，這段停止工作的時間，務必請大家幫個忙，要封層。」

這是一段內部的談話，可能一下子讓人弄不懂，可是公路局同仁都知道，在民眾回家過年期間，暫時不做工之前，所有道路封層的工作都要做好，不致於行車通過，弄得飛煙四起，灰塵滿地。

其實，不用省長提醒，公路局同仁都會去做。既然省長說話了，當然更要用心做好。

封層，是公路局的專業用語，是道路施工的專業工作，有時候也是一種政府首長的體貼與關心。

道路交通與民眾日常生活息息相關，道路品質更是細瑣的事，宋楚瑜投入相當多精神。從以下這些平時的「工作提示」，大致可以看出，他「管」得多細膩：

「民眾最詬病的，就是剛剛做好一條路，又去開挖，這樣一來，成本就越來越高，包括自來水、電力與瓦斯等等管線，一定要做到密切的配合。」

「今天同仁給我看一個簡報，彰化新港橋正在修新的橋，我們有沒有注意到便道，有很多的學童上下課要經過。」

「我到屏東里港，看正在重新修築的大橋，在河道裡所做的便道，特別是在颱風季節中，兩旁警訊相關設施必須要做好，像這一類與民眾生命財產安全有關的事情，一定要加強重視。」

「所有工程同仁都是我們自己的子弟，就算是包給別人，也都是我們的省民同胞，這些工程安全措施千萬不可以大意。」

鳳鼻隧道

經過拓寬的台十五線西濱公路，沿途風景幽美，看山望海，盡入眼簾。其中在竹北和新豐兩地交界的鳳鼻隧道，長兩公里多，漂亮筆直的四線道。

鳳鼻隧道，與一般隧道不太一樣，經過時會覺得很美、很舒暢，因為它不是封閉式，而是開闊式的，在隧道內視野可以看到台灣海峽。

可能有些人不曉得，它還是國內第一座避彈隧道，避什麼彈呢？

本來這個地方並沒有隧道，附近有一個陸軍裝甲兵訓練中心，每隔一段時間進行實彈射擊，砲從山丘上往台灣海峽打，一遇射擊演習時，沿海南北交通就管制，人車停止通行，老百姓得等演習完畢，才能恢復交通與生活。

民眾跟前來關心地方的省長反映：「軍方打砲，我們什麼事情就不能做了。」

宋楚瑜說：「國防很重要，交通民生也很重要，總不能顧了這個，疏忽了那個，省政府來想辦法。」

經過省公路局研商，既要考量民眾使用者的方便，又想到要兼顧交通與環保的需求，就構思以「假隧道」的方式，採雙孔雙向棚架式設計，造型兼具藝術與生態之美，斥資了近二十二億元興建，於八十六年春節前完工。

如此一來，南北交通多了一條管道，配合西濱公路新竹段工程竣工，駕駛人可以從台北縣八里一路南下，有效紓解重要交通路段車潮。更重要的，便利的道路帶來沿海地區新氣象，嶄新的隧道方便了當地民眾與南來北往的用路人，國軍砲照打，民眾從隧道通過，兩不相礙。

新竹民眾常說，「爲什麼以前都沒有人想過？」這大概就是宋楚瑜在新竹等沿海鄉鎮的聲望歷久不衰的原因。

十五世紀末，哥倫布發現新大陸，回到西班牙時舉國歡騰，忌妒的人卻說：「這何足驚訝？只不過把船直駛向西，巧然碰到罷了。」哥倫布答道：「不錯，我也認爲這是很稀鬆平常，不過因自己先想到去做，而備感光榮。」

靳珩橋

宋楚瑜和公路同仁有著很濃的情感。一年的年終檢討會，選在禮拜五舉行，已經避開他必須出席每個星期四的行政院會，可是隔天行政院又要開臨時院會，他只好請副省長代表參加，一路趕過去當面向他心目中的「公路英雄」表達敬意與感謝。

公路局提供的旅行車，milage 紀錄超過二十四萬公里，算起來可以行走地球六圈以上，幾乎走遍台灣所有的國道、省道、縣道，甚至鄉道，而省公路局直接管轄養護的省道、縣道，代養鄉道是八千七百多公里，宋楚瑜在省議會說：「那豈只是八千里路雲和月！」

公路局有一些「寶」，宋楚瑜很敬佩很珍惜。

一是老局長林則彬先生，曾與經國先生上山下海，一起探勘，一起造路，流汗在一起，爲國家打拚過。每次公路局重要聚會，宋楚瑜都會邀請他出席。

還有中橫太魯閣原本有座靳珩橋，後來被洪水沖了，這是公路局前輩兄弟當年以血、以生命爲台灣獻身獻力的象徵，宋楚瑜要公路局長梁樾再造這座橋，建議命名爲靳珩二號橋。

宋楚瑜說：「這是代表省公路局的傳統和精神，林則彬老局長、靳珩先生的堅毅執著、不畏險阻的精神，我們都沒有忘記。」

公路建設的三大努力

公路交通有及戶（door to door）之便，這在都會城市的感受，比較不會那麼強烈。宋楚瑜跑遍全省，花在離島、落後地區的時間要多出許多倍，不是沒有原因。鄉間道路無法立即通向財富，可是卻向便利與公平邁進一步。

當一個計畫敲定要付諸實行，也正是他的心情開始雀躍時候。

當羊腸小徑、泥濘道路，一變爲筆直行道時，他比誰都高興，都興奮。

就在國民大會舉手表決凍省的時刻，宋楚瑜的雙腳依然踩在對省民承諾要改善的小路上，只要在任的一天，他不能讓鄉親的那一票白投。他趕了屏東縣新埤鄉箕湖大橋、彰化縣福星鄉福寶橋及宜蘭縣三星鄉農義橋、苗栗縣新東大橋的通車典禮，地方老老少少個個興高采烈，他的心裡踏實了。

「你走到台灣的道路上面，就感受得出來，有很多太多的事情，不是在冷氣房內，隨便拿個紅鉛筆、藍鉛筆，在那邊劃來劃去的。」宋楚瑜指著他手上的台灣地圖說。

簡單的說，這五年多時間，他主要爲台灣省公路「做」了三件事：

• **從道路使用者的角度來看問題**：道路的興建，就是要供大眾使用，如何方便社會大眾、用路人，是省政府的著眼點。不是從建築工程師的角度，或是管理者的角度來看問題，而是從使用者的角度看問題。因此對於號誌、路標、路牌及監理相關業務的改進等等，都做了相當大的突破性進展。

• **公路系統化**：在「系統」的概念下，省政府致力的交通建設重點，是將已有現有的道路，與所有進行中的重大交通建設連繫起來，包括防汛道路要跟鄉道連接，鄉道要跟縣道連接，縣道要跟省道連接，省道跟國道連接起來，成爲系統化的一個交通網路。

• **拉近城鄉差距**：所有重要的省道，包括台一線、台三線、台九線、台十一線，以及西部沿海的台十七線、台十九線，以至於六十一線西濱快速道路，跟沿著十五線一直到八里，這些重要的交通管道都做了非常重大的拓寬。以台一線來講，從北到屏東楓港全面拓寬，銜接通往台灣最南端及東部的台二十六線，直達鵝鑾鼻、佳樂水，全線都拓寬成四線，甚至有些地方還更寬。台三線在台南縣地區，特別是楠西、玉井等地段做了最大的努力，由過去要花一、二小時到達的，現在少至二十分鐘以內大都可以到達。

快速公路與生活圈的結合

以道路運輸系統爲主軸的建設，是改善城鄉生活差距、充實地方經濟的最有效手段。但過去幾十年台灣的交通建設，隨著經濟發展的出口外銷需求，偏重於南北走向，所考量的運輸功能，遠大於民眾平時的生活機能。

促進城鄉均衡發展則是宋楚瑜施政的新考量，取而代之的是以全省從北到南的十八個生活圈爲主軸的道路系統建設。生活圈若要落實，關鍵之鑰仍是交通，也就是南來北往之外，再做好橫向交通的建設，這項主力工作落在省公路局與住都處身上。

公路局首先在西部走廊，規劃出十二條東西向快速公路，負責興建其中的八條，而住都處負責另外四條，並配合這些快捷的交通網路發展，作未來區域開發的全面因應規劃。

這十二條新的快速公路，如今大家都已熟悉，有些已完工啓用。將陸續完成的這十二條東西快速公路，總長三百四十公里，與西濱快速公路、中山高速公路、第二高速公路、台一縣、台三線、縱貫鐵路、高速鐵路，共構全新面貌的西部走廊交通運輸網。

其中北門玉井線第一優先路段於八十七年七月完工通車，是最先完成的路段，爲台灣交通網路建設開啓新頁。

以彰濱台中線爲例，當初就是考量大中部都會區及以台中市爲中心的社經活動大量成長，而將西濱、中山高、二高及高鐵烏日站互爲連貫，以構成彰濱工業區、彰濱遊樂區與台中都會區的交通捷徑，而台中市西面的外環快速道路，主要在紓解台中市與彰化市擁擠的交通狀態。

另一個與台中生活圈關係密切的是南投生活圈，台中市是中部工商業中心，南投則富觀光旅遊條件，兩地來往所造成台三線路段嚴重壅塞，民眾埋怨已久。中投公路的興建，是宋楚瑜競選省長的政見，如今尖峰行車時間，可由原來七十分鐘縮短到半小時內。

機關之間的協調與整合

五年多的省政工作，「水」與「路」是兩大核心業務，以「路」為經，以「水」為緯，宋楚瑜一再的強調。

此話之意當然不只是「水利」與「交通」齊頭並進，分別都做好。還有另一層：與「水」及「路」有關的機關，更要重視協調與整合。

「路不能只顧路，水不能只顧水，否則道路常常會因淹水而中斷，大水也會排不出去。」宋楚瑜特別要水利與公路單位，「排水要進入溝，溝要進到小排，小排要進到大排，到區域排水要進到河，然後入海，這些整合要聯繫在一起做。」

他舉台十七線為例，這條最靠近沿海地區的省公路，從台南一直到高雄、屏東、台東，很多人都抱怨是這條路檔了排水。雨從山上下來之後要入海，如果涵洞、排水做不好的話，就會變成很多的「擋水牆」。

新竹頭前溪橋的原始規模，是日據時代的一個單線橋樑，後來為了節省經費，就在這個原來的橋再加寬，結果颱風一來，老橋的橋墩壞了，連鋼筋一起也把新的橋拉扯了，最後省政府只能全部打掉，重新籌建又花了一、二十億元。

光這個橋樑的問題，至少牽涉了好多部門之間的協調與整合。

「假如公路局只管橋樑，不管橋樑安全，即使管了橋樑安全，沒有人去做橋墩的事情，以及好好處理砂石濫採的問題，整體的工作仍然不能做到令民眾滿意。」宋楚瑜說。

環保與交通的結合

隨著台一線、台三線、台九線、台十一線等省道的拓寬，綠美化工程必然緊接於後，宋楚瑜希望不僅成就道路之美，也要形成景觀之美。

全省的省道都在他任內大量植樹，特別是以台南和花蓮、台東最有成果。台三線在台南縣楠西、玉井等地段，當時為了拓寬，砍掉六百棵芒果樹，隨後補種六千多棵樹，都已成林。

砍一棵，種十棵，是宋楚瑜的承諾與政策。

省政府也與台糖公司合作，將台糖公司的一些土地與公路銜接，做成優美的綠帶。在市區裡面的安全島，則選種一些不太會落葉，而且樹葉不會往外延伸只會往上長的樹種，例如台一線彰化市段，就像是除舊佈新的蔚為園藝景觀區。

有些地區山坡遭破壞的復建，像桃五十九線的工程，都用綠美化去修邊，做植草磚，做擋土牆，牆上種些爬藤類植物。宋楚瑜說：「台南縣走馬瀨這個地方，道路兩旁曾破壞過的山林，都用心讓它恢復，這條快速公路可以說是台灣最漂亮的道路之一。」

北宜公路、蘇花公路也被宋楚瑜認為做得不錯。很多轉彎的路段、臨海的地方，都做了質樸的觀景點，可俯瞰平原，可遠眺海景。以前單線通車的蘇花公路，現在可以雙線通行了。有一回他就說，「我想請老局長林則彬先生再去看看，我們在他奠下的基礎上，做了很大的突破。」

花蓮台九線的拓寬工程，曾爲了消波塊的問題，各方有不同的意見，省政府做了一些努力，所進行的是非全線拓寬的調配性措施，兼顧成本支出與環境衝擊。

台九線的南迴公路部分，省政府想辦法拓寬，也顧慮到環保，不是做全部的四線拓寬，爬坡道的地方增加一線，下坡道仍是單線，做調配性拓寬，既解決交通流量，又做好環境保護，不失兩全其美。

立法要和實際情況結合

不過，治理常有盲點，立法和實際情況的差距，是其中一個。

立法與民意動向有關，法令執行又有鬆緊的問題，修法經常追不上社會需求的腳步，可是這也常使良好政策的美意一再落空。

社會不斷發展的結果，幾乎使得每個鄉鎮地方，都要做外環道。政府開路花了十億、二十億，新路原爲行車通暢而開闢的，可是很快的，道路兩旁又是商店林立，車子一部一部的停，變成私人停車空間。

宋楚瑜說：「像淡水鎮外環做好的時候，大概可以滿足一年的時間，第二年房子又蓋了起來，第三年根本又不通了，我們永遠是外環加外環，永遠環不了！人家擋在那裡，一車當關，萬車莫過，沒有辦法。」

中投公路下到台十四線的交叉點等很多地方，窄窄的兩個車道旁又開始停車，宋楚瑜說是不是就加個紐澤西擋板，但有人回答：「沒用的，過兩天就會被抬走。」

這是什麼原因呢？宋楚瑜認爲根本就在於我們怎麼對外環下定義，法律應怎麼對外環下個定義。外環的道路是所謂BY PASS，既是如此，就要讓它成爲眞正的管道，而不是又變成新的社區、新的商店。再不然，總要有折衝的辦法，「你可以開店，不過你的店要向後退多少公尺，你自已要有停車的位置，不要停在路邊上。」

「我們對這些新開的外環道路所經的地方，是不是又可以開店，而店面前又變成停車場，都要經過整體考量與評估，否則永遠沒辦法讓社區與地方獲得眞正效益，政府投資永遠滿足不了民眾的需求。」宋楚瑜說。

決策要與專業結合

治理的另一個盲點是，有權者不一定懂專業，懂專業的不一定有權做決策。

不難知道，兩者要結合得很完美，可遇不可求，卻五百年難得一個。

政府首長即是有權者，但能不能宏觀，宏觀的決策與專業能不能做結合，無不關係著公共政策的推動。很多弊病百出的建設，都是由於缺少上述條件，而貽害「人間」。

宋楚瑜說：「全省道路長度可以繞台灣二十五圈，但是這些道路如果不能成爲系統化的話，常要去拐彎再走回頭路，這不是道路建設的正常現象，這是我最注意的決策與專業結合的問題。」

宋楚瑜是少有常搭乘直昇機、飛機的行政首長，在天空上給他很好的宏觀。他不見得懂道路工程，但肯用心，能宏觀的去看台灣的道路與種種建設，曉得這條路是通到那裡，這條路爲什麼有橋無路，那條路爲什麼有路無橋。

省政府曾向中央建議，希望將省公路局由隸屬交通處，提升爲省的一級單位，來綜理全省道路事宜。包括地政處的農地重劃區內農水道路、水土保持局的產業道路、住都處的都市計畫內的道路在內。

最後自是不了了之，因爲中央認爲國家的建制相關的考試、銓敘制度，不能遭到破壞。然而，一個修憲卻可以把建制幾十年的省做毫無保留的全盤變革。

不是權力，而是責任

在凍省「請辭待命」期間，宋楚瑜曾對外表示，離開公職退休後，他可以擔任地理老師，而且自認絕對稱職。

夏珍在《宋楚瑜中興紀事》中有這麼一段形容：「奔馳在公路上，他最喜歡的不是小盹一會兒，相反的，他總是打開九人座巴士上的衛星定位儀，欣賞圖上不斷移動的一小點（座車方位），從南到北，從東到西，地圖於他，不是權力，而是責任。」

他很喜歡〈滿江紅〉的一句話：「三十功名塵與土，八千里路雲和月。」

三十多歲，宋楚瑜就擔任新聞局長，當時是參加行政院院會中最年輕的部會首長。

他看遍官場很多現象，人生功名眞是像塵與土。

他珍惜與公路同仁一起打拚的歲月：「在省道、縣道上打拚的人，眞是有如八千里路的披星戴月。」

公路同仁有他們經年累積的專業經驗，宋楚瑜則以他所熟悉的政治上的專業經驗，與他們切磋，與他們相結合。他告訴他們，現在的道路工程不再完全是engineering，不但是civic engineering，也是political engineering，還是social與environmental engineering。

宋楚瑜不完全從工程的角度看問題，而是從民眾使用者的角度來解決很多的問題，他說：「我不是工程師，但是我瞭解一點點政治，瞭解一些民眾的想法，如何把民眾和政治層面的問題，與engineering結合在一起，或許是解決民眾需求的一條途徑。」

第二十二章

台灣省的四個經驗：我們有著共同的未來

台南人大都是「老芋頭」後代／悲情還要帶進二十一世紀？／吳沙的宜蘭經驗／劉銘傳的台省經驗／省政府的中興新村經驗／省議會的霧峰經驗／「他知道你會來看他！」／我們都要在這裡相依爲命

在台北的省長辦公室裡，曾經掛著一幅先民渡海圖，訴說的正是台灣四百年的移民史頁。移民者都有勇於患難、不怕挑戰的特性，移民更要開荒墾地，需要粗獷的體魄，需要大無畏的精神，這跟全世界對外移民的故事一樣的可歌可泣。

宋楚瑜說，先民們衣衫襤褸，扶老攜幼涉水上岸，但是，在每一張佈滿風霜、望向台灣的臉上，卻綻放出希望的光芒。他認為，來到這塊土地的人，或許有先有後，或許出發地有遠有近，但是追求幸福與希望的目標則無二致，大家都擁有一個共同的未來。

台南人大都是「老芋頭」後代

對於移民，宋楚瑜另有一番深刻的觀察與了解。

他留意到「三百多年前的榮民」與「四、五十年前的國軍榮民」。

前者隨鄭成功來台，投入屯墾的生產行列，鄭氏治台二十二年，墾殖區域比荷蘭占台三十八年擴展了兩三倍，後者擔任台灣經濟發展中最危險艱鉅的工作，例如橫貫公路的開闢、高山農場的開發等。

「他們都把青春奉獻給了台灣！」宋楚瑜說。

跑遍全台灣又懂台灣歷史的宋楚瑜，自有他的「歷史慧眼」。他微笑著說：「台南人大都是『老芋頭』的後代。什麼新營、柳營、下營、林鳳營、左鎮等等，不都是軍營？官田不就是明末清初當時的『退輔會農場』嗎？」

從某一角度來看，台灣四百年史即是一部移民血淚史，來這塊土地的人，都將生命與青春寄託於此，所以宋楚瑜說：「我們之所以不能滿足現狀，因爲台灣是我們大家的，是我們共同的家園，台灣的繁榮與發展，不是只有造就一部分的人，而是要讓所有的人得其所哉。」

悲情還要帶進二十一世紀？

宋楚瑜到過全省的每一個地方，也進入數不清大小廟宇，他入鄉隨俗，與每一個在地鄉親焚香禱拜，拜過台灣民眾信仰的每一尊神明。他說：「在祈求神明時，從來沒有爲自己祈求，而是代表省民，感謝天上的神明對台灣民眾的疼惜，祈求神明保佑我們國泰民安、風調雨順。」

他深切了解省民希望社會安定，希望族群和諧，希望跳出悲情的陰影，用「愛」來解決問題，他也繫念台灣的未來、台灣人的未來。

宋楚瑜就曾這樣問過：「回顧台灣近代史，如果說十九世紀，台灣人的悲哀是泉漳不合與閩客械鬥，而二十世紀台灣人的悲哀是二二八事件，難道說我們還要將族群誤解的悲哀再帶到二十一世紀？」

二十一世紀的今天，如果這樣的問題依然存在，我們可以樂觀等待明天會有比較好的答案？抑或任憑它蔓延下去呢？

宋楚瑜說，不妨回到十八世紀末吳沙的宜蘭開發及十九世紀劉銘傳的台灣省經營，去那裡找尋靈感，找尋出口，去作些省思，去反求諸己！

清朝自鄭氏手中收回台灣，卻採取消極防杜政策，只是預防台灣再度成爲反清復明的根據地而已，直到同治十三年（一八七四年）日本藉口台灣生番戕害琉民，興兵犯台之時，才開始加強台灣積極的開發經營。

在這由消極轉積極的變遷過程中，眞是天憐台灣，幸甚出現一民一官而前後輝映的垂世典範。

吳沙的宜蘭經驗

吳崑茂在《山高路更遠》（傳文，1994）說宋楚瑜在省議會面對省議員質詢，指出「宜蘭經驗」最可貴的就是「吳沙公經驗」，亦即先民融合族群、團結合作的經驗，這種闡釋「境界很高，可圈可點」。

地球出版社出版宋楚瑜筆記的《一步一腳印•一塵即大地》（地球，1984）中，也曾記載這位「蛤仔難的開拓者」：「吳沙公在那個漳、泉、粵習於械鬥的時代，他能帶領一支含有各種省籍的隊伍，團結開墾，又很快地和原住民和平共存，其團結族群的精神令我們敬佩。」

不同祖籍的人聚眾械鬥，一直是清朝時期台灣內部嚴重的社會問題。西部有閩、粵械鬥，或漳、泉械鬥，或祖籍不同的縣人之間的械鬥，南部則姓氏械鬥，至於宜蘭呢？也有，但性質迥異，是戲曲派別的械鬥，漳州人喜愛北管，北管的唱戲分使用胡琴的西皮和使用提絃的福祿兩派，互相仇視爭鬥。

林衡道在《鯤島探源》（青年戰士報社，1983）指出，宜蘭開拓之初，吳沙等漳州人進來開墾，而山邊地區的工作是由客家人來擔任，當時土番人數多，移民人數少，大家很團結，少有紛爭。

吳沙渡海來台時，已四十三歲，先居淡水，再遷居雞籠（基隆）與蛤仔難（又稱噶瑪蘭，今爲宜蘭）的原住民從事番產交易。嘉慶元年（一七九六年），六十六歲吳沙進入蘭陽平原，建立了頭圍（今日頭城鎮港口里），所率領的移民千餘人、鄉勇三百多人，就是混合漳、泉、粵不同省籍祖籍移民的開拓隊伍。

這是一場與原住民平埔族的流血戰鬥，吳沙之弟吳立就在一次拚殺中戰死，但隨後轉機呈現。隔年，原住民流行天花，不少人病死。吳沙在家鄉本是醫生，懂一些藥方，並出錢買藥，主動醫治病苦中的原住民，使得與原住民的友善關係得以建立。

劉銘傳的台灣省經驗

綜觀清朝在台灣的自強新政，沈葆楨首倡於前，再由丁日昌、劉銘傳、邵友濂、唐景崧承繼於後，又以劉銘傳貢獻最大，其三大政策爲內部秩序，整理財政，充實國防，此三事均急不可緩，亦相關連以爲用。

以內部秩序來說，即是撫番，劉銘傳延續沈葆楨撫番與開山同時並舉的策略。當時一般官紳大多反對，認爲番情反覆，山險難通，劉銘傳力排眾議，一意經營。

宋楚瑜認爲，在那個保守昏庸的時代，各種新政要付諸實行，非得排除萬難不可。他在劉銘傳各項硬體建設之外，尤其注意開山撫番的政策：「這是族群和諧必須跨出的第一步，否則無論漢番的關係與生活條件，無法作有效的改善。他雖是行伍出身，但不失爲有抱負、有遠見的政治家，乃至被當時外國使節與新聞記者稱爲『中國最卓越政治家』，於今看來，實在當之無愧。」

這項政策，分北、中、南三路進行。北路爲台北通宜蘭，南路自嘉義開至台東，中路自彰化鑿山而東，自花蓮鑿山而西，會於丹社嶺，於一八八七年春天，一百八十餘里山路竣工，東西聲氣聯絡，番民聞風向化，奠定今日中部橫貫公路的始基。

開山撫番絕非輕而易舉之事，漢番習性完全不同，騷動變亂自難避免，郭廷以在《台灣史事概說》（正中，1996）中指出，劉銘傳採行恩威並用，剿撫兼施，恩撫不從，方行威剿，威剿之後，仍歸恩撫；官吏淩虐番民，漢人奪佔番地，均予懲處禁止，絕不偏袒。

郭廷以以爲：「安定秩序係爲政的起碼條件，撫番則爲其第一任務。……進而闢地廣墾，增加生產，使財有所出，漢番生活亦爲之改善。所以劉銘傳的撫番是漢番利益兼顧，安定秩序與充裕財源並重，對內亦是對外，積極的意義尤大於消極的作用。」

劉銘傳的開山撫番，最讓宋楚瑜連想到的是，相隔七十幾年後經國先生開闢今日的中部橫貫公路。當時經國先生擔任退輔會主任委員，爲了要勘定開闢路線，和當時的省公路局長林則彬等人兩次不辭辛勞深入人跡罕至之地，還曾十九次前去探視開路的榮民弟兄。

宋楚瑜指出，經國先生帶領榮民弟兄開路，與劉銘傳開山撫番的時代背景不盡相同，但都有著促進族群和諧與生活改善的意義。他知道經國先生會一些簡單的泰雅族語，在深山裡也有較長的時間和原住民相處，不時脫口問候：「老溫（朋友），乃痲子（你好嗎）？」

省政府的中興新村經驗

前面談宜蘭經驗，是年代較遠的吳沙，近的則會談到冬山河的代表作。

宋楚瑜曾問省水利處的同仁，宜蘭冬山河整治工程是以前省水利局的同仁做的，爲什麼大家會對陳定南印象深刻，把冬山河整治得這麼好？

這條河川之所以爲宜蘭經驗添加不少附加價値，起初係當時行政院長經國先生作決定後，由省水利局於七十一年完成清水大閘門，水患才告解除。其後政府劃定爲風景區，採三對等（即中央、省、縣）方式負擔，每級政府各爲三億元，但宜蘭縣政府因財政困難，始終未能配合。

雖是如此，冬山河整治仍如期完成，陳定南是在省水利局將工程完成後，再把高灘地做了綠美化。宋楚瑜以這件事，來提醒河川整治後要再做綠美化的必要性。省政府擷取冬山河的成功經驗，在新竹縣頭前溪隆恩堰、苗栗縣後龍溪、台中縣大里溪、嘉義八掌溪等處，都進行整治及綠美化，先後擴增了不少省民休閒的場所與空間。

省水利局完成冬山河整治，陳定南爲高灘地做綠美化，都是宋楚瑜來省政府之前的事情，但省政府做了什麼事，陳定南的高灘地做得好，都是宋楚瑜所肯定的，不因政黨不同，就給不同的評價。

一次颱風過後，宋楚瑜到屏東縣新園鄉，到的時候已經是晚上八、九點了，民眾聚在廟口圍著向他申訴，這時他才發現一個偌大的農業社區居然沒有水溝，排水要靠街道。面對淳樸的屏東鄉親，宋楚瑜有慚愧有感動，慚愧的是，問題發現這麼晚，老百姓全泡在水裡，感動的是，大家沒罵他，還給他拍手。

其實，老百姓心裡清楚，新園鄉排水不良，本來是縣政府的事，但是縣政府說做不來，宋楚瑜允諾接下來。一個多月後，水利處計畫做好，由處長李鴻源再回到現場，向民眾說明新闢的管路，以及明年防汛期前做好工程。

林照眞在《水的政治學》訪問了當時的高雄縣縣長余政憲與台南縣縣長陳唐山。余政憲非常肯定宋楚瑜沒有政黨之分，不會因爲他們是民進黨執政縣市而有所差別，不是光會往人多的地方跑，人少的地方也常跑。談到高雄縣水患問題，余政憲也最肯定宋楚瑜：「總統來，行政院長來，省長也來，但就是省長最有效。」

陳唐山則說：「以中央與地方財政劃分的問題來看，對宋楚瑜也有不公平的地方。宋楚瑜很想幫我們的忙，但是向中央又拿不到錢，錢不下來，我們當地方首長的也可以體會到這個問題，他的的確確是關心，我們也曉得他是關心。」

有次台南市長張燦鍙告訴宋楚瑜，說有些朋友常問，爲什麼與宋楚瑜的政治理念差異那麼地不同，還能合作的那麼好？宋楚瑜當時指著這片土地說：「我們也許政治理念不同，但我們有休戚與共的利益，因爲我們都愛台灣。」

宋楚瑜認爲：「省府團隊透過認眞工作，讓省民重拾對政府的信心，不同黨派的地方政府首長對省府團隊的肯定，不僅象徵民主政治在台灣省縣之間的良性互動，更是象徵台灣民主的希望。」

省議會的霧峰經驗

未曾深入那段「宜蘭經驗」的歷史，許多人都以爲宜蘭是福建漳州移民的天下，事實上吳沙是以漳州人爲主，還結合了泉州人與客家人，更重要的，要與世代生活於此的噶瑪蘭人（Kavalan）和平共處，才開創出屬於你我的共同未來。

宋楚瑜幼年來台，比吳沙「來得更早」，他常說：「我雖不生於台灣，卻長於台灣，像這裡的許多人一樣，這是我們一生中待得最久的地方。」

他認爲在台灣的每一個地方，每個人都可以大大方方的告訴大家，我的祖籍是福建、廣東，我是原住民，或者我來自湖南、江蘇、山東、遼寧，只因爲大家同在這裡落腳，就有著共同的命運與未來。

歷史不會重來，但在宋楚瑜的記憶深處，省議會與省政府一起打拚過。那霧峰的議事堂中，有批評、有肯定；有尖銳的對話，也有理性的辯論；有不惜因追求眞理而撕破臉的勇氣，也有因理性辯白而捐棄成見的包容。他說：「你、我也許分屬不同的黨派，但卻有一顆同樣眞誠之心，那就是希望爲台灣共同打造一個永恆的民主基石，一幕幕皆令人動容。」

八十七年十一月二日，省議會第十屆第八次省政總質詢步入尾聲，宋楚瑜在這台灣省推行議會政治五十二年而要劃下句點、走進歷史的一刻，特別懷念已逝的三位「老友」，認爲是他一生中「最美麗的記憶之一」，也是出自大家有著共同未來的感觸。

他先憶起國民黨籍的前議長簡明景。此人沒話說，是挺宋楚瑜到底的，宋楚瑜踏進省議會時，簡明景是當時的議長，協助省政府調和鼎鼐，化解府會之間許多歧見。宋楚瑜競選省長時，簡明景擔任競選總部總幹事，每場競選活動都告訴省民：「省長選宋仔，大家才會爽。」

另外兩位是民進黨籍的前黨團書記長謝三升及省議員蔡介雄。對許多的省政建設，民進黨籍議員一定有不同的見解，但謝三升就會在議事堂公開爲省政府說幾句公道話；蔡介雄常常在議事堂大聲疾呼，提出不同的施政建言，但也會肯定宋楚瑜爲台灣民主、爲斯土斯民的灌溉、打拚。

「他知道你會來看他！」

宋楚瑜在去年底拋出可能競選台北市長的風向球，說了一個「季札掛劍」的典故，連帶的也說起與謝三升的故事。他想要表明的有兩點，一是他一定信守承諾的性格，另一個還是他一向的奮鬥理念：不分地域、族群或政黨，大家都有著共同的未來。

周代的季札和徐國的徐君見面時，徐君被季札腰間的佩劍吸引，忍不住地觀望。季札心想，完成出使的使命後，一定要回來將佩劍送給徐君。怎料出使返回時，徐君已過世了，季札仍然到徐君的墓旁，將佩劍掛在樹上，兌現內心對徐君的許諾。宋楚瑜藉著季札，來比喻如果他擔任台北市長，就會信守對市民的承諾，任滿四年，不會中途離席，不會在二〇〇八年跑去選總統。

季札與徐君的故事情節，曾相似的發生在宋楚瑜與謝三升身上，這是宋楚瑜主持省政「不分族群政黨」的經典之作，他常以此爲例，說明政府領導者必須宏觀向前看，以遠見爲人民設想，爲下一代子孫、爲未來著想。

謝三升是美麗島雜誌創刊編輯、民進黨創黨黨員，當年與蘇貞昌、游錫堃三人合稱「省議會三劍客」，後來與宋楚瑜共爲省民福祉，建立了求同存異的莫逆交情。

當謝三升生病住院時，宋楚瑜到台北中心診所去探視，不料來晚了，只得再趕赴台南縣學甲。宋楚瑜到時，謝三升已經走了，他感傷的祭拜後要離去時，謝夫人陳繡鳳女士拿了張條紙給宋楚瑜說：「他知道你會來看他，所以寫了張條子，都是地方建設需要幫忙解決的事，你拿去看看，能幫忙的地方，就請幫忙。」

返回省政府，宋楚瑜找了兩位副省長研商，並指定由吳容明召集相關單位協調，紙條交代的都是與基層建設有關的事。

一個多月後的告別式，宋楚瑜前往祭拜，司儀特別宣布了小紙條的事情，宋楚瑜在靈前告訴謝三升：「你託付的事，我認眞在辦，現在全部開始辦了。」隨後將謝三升的紙條及省政府的回應辦理，一併燒給了謝三升。

我們都要在這裡相依爲命

We may have different views, but we have a common interest.
We may speak different dialects,but we apply the common language.
We may have different pasts, but we share a common future.

相對於拗口的閩客語，當宋楚瑜以流利英文做這番表達時，他的省長任期也告結束，揮別「袂吃袂睡、一日當二日用」的日子。

持續著一貫的特色，在中興新村的卸任省長告別演說，宋楚瑜夾雜著國語、閩南語、客語及英語。他向所有省民及全世界訴說他曾編織的「台灣之夢」：

——台灣是一個有公道的所在！

——台灣是一個有感情的社會！

——台灣是一個有希望的家園！

——台灣是一個有包容的地方！

在那共同打拚的歲月，宋楚瑜與省政工作同仁，由陌生而相知，由相惜而同心，戮力去圓這個「台灣之夢」：

——縮短城鄉的差距。

——打破族群之間的疏離。

——化解黨派之間的對立。

——拉近人民與政府的心理距離。

宋楚瑜也肯認「台灣的新主流價值」與「新台灣主義」逐漸形成，即是強調「自由、民主、均富、包容、尊嚴、理性、中道與幸福」的價值觀：

——真正的新台灣人是大度包容，而不是排除異他。

——真正的新台灣人是既愛且義，而不是既恨且（悲）傷。

——真正的新台灣人是相互尊重，而不是相互踐踏。

——真正的新台灣人是自我肯定，而不是自大自誇。

在五年多的省政工作，讓他深深的體會是，過去不同的背景，不同的政治理念，並不重要，而應該關心的是，我們愛這塊土地及人民，我們有著共同的利益及未來：

——我們的祖先也許來自不同的地方，但是我們的子孫都要在這塊土地成長、相依為命！

——我們也許有不同的方言，但是我們卻有共同的心聲！

——我們也許有不同的過去，但是我們卻有共同的未來！

這三句，就是前面三句英文的中文，意思只有一個：我們有著共同的未來。

後記　找尋一種「心靈的幽默」

方鵬程

這是我寫過最長的採訪稿，也是我一直想寫的採訪稿。採訪對象曾經是我的長官——省長宋楚瑜。

我在省政府服務將近五年，親眼目睹他想為民眾做事的急切，並側身觀察他如何領導省府同仁將事情做好的種種過程。我也看過很多媒體記者圍繞著他，採訪他，和他道長論短，更拜讀無數報導他的文章或評論。

老實說，當時看這些記者朋友採訪宋主席、宋省長，我很羨慕，也忌妒。為什麼他們能採訪，我就不行？學新聞的我，做的是公務人員的事情，當然沒機會「享有」這樣的採訪權。

在省政府服務時，我就想寫宋省長。但是省政府的工作太忙了，實在沒時間寫。後來調到台灣新生報，又忙著配合執行政府政策的行政院新聞局，要將這個公營媒體民營化，依然沒時間寫。民營後報社的人力規模大幅縮減，但要立穩市場生存空間，每天忙裡來忙裡去，還是沒時間寫。如今大功告成，算了卻一件心事，也非常感謝我的採訪對象，撥出那麼多時間給我，一次又一次的細談與查證，讓我一償宿願。

我想寫宋楚瑜的理由很簡單，只因為他是一個為台灣省做過事的「好官」。一個好官為民眾做了那麼多「好事」，理應留下一些比較完整的紀錄。

我嘗試各種努力，勤奮的寫，辛苦的寫，就是想為這位「好官」所做的「好事」，能讓多一些的人知道，而多多少少形成一些「好的作用」、「好的效應」。

宋楚瑜學的是現代西方政治，腦袋卻裝了不少「舊」東西，他有豐富的先進社會的思想，也有根深蒂固的傳統倫理與人文心靈。成爲有史以來中國人第一個也是唯一一個民選的「台灣省長」，是他最感驕傲的成就，可是這個引以爲傲的後盾，卻是非常謙謹的「父母官」心情。

他自認是「父母官」，因而他稱呼民眾是「老百姓」。古代稱州縣等地方官爲父母官，稱平民、人民爲「老百姓」，以前這兩個名詞有封建的味道，在他身上變得沒有了。就因爲他自己覺得自己是「父母官」，不只是「官」而已，因而對一切的施政作爲，不能只想自己，不能只維護少數人，而必須秉持著「爲人父母」的天性，去爲蒼生百姓著想，近的要做到正義、公平與尊嚴，遠的要爲未來與下一代籌謀規劃。

用德國社會學家韋伯的說法，「父母官」即是以政治作爲終生職業的人。韋伯運用「意圖倫理」與「責任倫理」這一組概念，來分析從政人物的類型，正如「父母官」有壞的、有好的一樣。意圖倫理者不擇手段，責任倫理者貴乎用心與行動平實審慎（modest），以大多數人利益爲依歸。

要做到一個好官，如何做好官，古今中外的典籍藏著取之不盡的學問。然而，伏虎有術，手法各有異同，宋楚瑜的則是在於本書所述說的「人性關懷」與「僕人領導」。宋楚瑜說「政治就是人性關懷」，此一理念貫穿本書的每一篇章中，這是他領導台灣省建設成功的要訣所在。

但在他人性關懷的施政中，還有一項要素，就是政府領導者如何有效領導，與團隊同仁一起打拚。因此，他雖說「政治就是人性關懷」，但這裡的「政治」，實際的意思是governance，而非politics。我認爲，探討governance（治理），一定不能規避願景、核心價值、方法與策略、領導與決策、政策的執行與管理、分工與整合等等，本書提到許多宋楚瑜在省政工作的案例與經驗，其實某種程度與當代西方政府改革中出現的新公共行政(New Public Administration)若合符節，不僅觸及了政府有效領導的know how，同時也呈現該治理什麼的know what。

有一句話說：「眞正偉大的人，會使你覺得你自己也可以變得偉大。」在這裡我所說「偉大」的眞正意涵，是強調他與省府同仁互動的默契與關係。是他讓省府團隊的同仁在民眾心底樹立起「會做事」、「想做事」、「肯做事」的形象，而以身爲其中一員爲榮爲傲，去做到許許多多裨益民眾的事情。

哲學大師牟宗三在《時代與感受》中說：「假如我們兩隻眼一定要盯在這現實上，盯在別人爲什麼吃兩個麵包，我只吃一個？非得在這個地方找絕對的標準，非得大家都只吃一個麵包不可，這就是僻執，沒有幽默……我們要幽默一點，也就是放鬆一步，讓開一步。」我認爲這樣的幽默，有別於口語及身體語言上的幽默，是一種「心靈的幽默」。無疑的，在宋楚瑜身上可以同時找尋到這三種幽默，甚至是「僻執及沒有幽默」的成分。

他是台灣政壇上一個「非常複雜」的人，日後自有公評，但我深信他擁有一顆「非常單純」的心靈，想把自己奉獻出來，想經過人與人的努力，讓人人生活得更好，以致他不忍見到有些弱者吃不到麵包，而死盯著要大家都吃得到，有時這種「僻執」眞是害了他。

寫到這裡，我想摘述我曾經寫過的一篇短文〈伏爾泰：「上帝與自由」就是我的祝福〉的內容作爲結語。

法國啓蒙思想家伏爾泰活了八十三歲，在身體十分耗弱時，仍會晤當時美國駐法大使富蘭克林，這位美國大使帶著他的孫兒，請求伏爾泰爲他的孫兒祝福。伏爾泰將他的手放在孩子的頭上說：「上帝與自由」。

這幾個字被視爲是伏爾泰一生思想的中心。

伏爾泰兩度被關進巴斯底監獄，後來流亡出國，但他的言論思想不斷傳播擴散，直接影響與刺激了後來的法國大革命。

他極力宣揚宗教自由，時常嘲笑牧師，和教會人士作戰，一般人都認爲他不信神，心中沒有上帝。在排演他那《梅落浦》劇本時，伏爾泰爲鼓勵一位女演員加速動作，還這麼說：「無論學什麼，要想功成名就，就得像魔鬼附身一樣。」

「上帝」與「自由」，「要想功名成就」與「魔鬼附身一樣」，這兩組名詞，都有著互相牽引的作用。我說宋楚瑜是「複雜的人」，眞是如此。他有心中的信仰，如舉頭三尺有神明、人在做天在看，這來自家庭的教誨，駕馭著他。他本來可以遊山玩水，如閒雲野鶴一般，但似乎他只有在每天爲民眾忙不完的事情中，才算獲得眞正的自由。他以作爲台灣省長爲功成名就，偏偏殘酷現實不讓繼續做，而他的成就正是來自於做事情時像「魔鬼附身一樣」的賣力，但又有誰理解他的滿腔抱負？

最後感謝一些人，一直愛護我的朱宗軻董事長爲本書做引言，商周爲我出版，以及耐心協助我的傑明兄、淑禎、志中、惠芬、淑芬、麗雪和沛樺。

附錄　興票案後續情形訪談錄

訪談時間：民國九十五年六月十六日
訪談地點：宋楚瑜林口住家

頗具爭議性、高度政治性的興票案，曾被形容是「宋楚瑜永遠的痛」。

宋楚瑜也承認這曾經是他「長久的痛」，倒不是因受此案牽累，輸掉了他與張昭雄搭檔的兩千年總統大選，而是因爲這牽涉到個人名譽操守、家庭因素、政治倫理、政治人物道德諸多問題。

民國八十八年底爆發時，正值宋楚瑜與張昭雄參選第十屆總統副總統民調支持度高峰，這被視爲宋楚瑜遭致重創與敗選的關鍵因素。如今不少人說：「如果兩千年由宋楚瑜選上總統後勵精圖治，以他打拚建設台灣省的精神，務實地以維持現狀來處理兩岸關係，推動直航，繼續提升國家競爭力，台灣不致成爲現在這個樣子。」但他說，選舉是一時的，過了就過了。

他唯一感到慶幸的，是經過司法兩度偵查，終能沉冤得雪，法律還給他及相關當事人一身清白。興票案從民國八十八年十二月起，歷經前後兩回合偵查，爲時五年一個月，於民國九十四年一月終告落幕。眞相大白了，還給宋楚瑜清白！

但是，事情還沒有完……。

去年（民國九十四年）五月，就在宋楚瑜出訪大陸前後，又有不同情況的變化。因興票案被要求補稅罰鍰的行政訴訟，在出訪大陸前獲判勝訴；結束訪問回台前夕，因省長選舉結餘款的贈與稅官司，卻判敗訴必須補稅。而這兩件稅務的行政訴訟，前一件仍在上訴糾纏中，後一件主要係針對捐贈荷蘭水利大學之款項於今年八月十七日遭最高行政法院駁回，須連繳帶罰二千六百四十餘萬元，現仍非常上訴中。

對於省長選舉結餘款贈與稅官司遭最高行政法院駁回，宋楚瑜立即發表三點聲明：

（一）該款項是選票補助款，不是選舉募款，且幾乎全部捐出，成立三個基金會（詳後文）。

（二）爲避免荷蘭水利大學困擾，因而輾轉匯款，絕非贈與兒媳。宋楚瑜指出，該款實爲捐贈荷蘭水利大學（ＩＨＥ）一百萬美金成立基金會及支付卸任省長後率員赴美訪問所需之旅費，絕非贈與行爲。當初沒有將款項直接匯給荷蘭水利大學，而匯入媳婦溫久慧在美國的帳戶，是因爲當時荷蘭水利大學正被考量成爲聯合國的正式訓練機構，事涉敏感，經聯繫後，才轉匯過去。試問，如果確爲贈與，媳婦爲何不留爲己用？反而依其指示匯款一百萬美元捐贈荷蘭水利大學成立基金會，並指定訓練台灣水利人才？

（三）選票補助款從未被課徵稅賦，判決不合理，至感遺憾。宋楚瑜指出，政府給候選人之選票補助款，台灣至少有成千上萬之候選人曾領取過，可是有那一位被課徵過稅賦？又有誰將可屬私人款項之選票補助款幾乎全部捐出來作爲公益使用？但做好事卻被罰要補繳贈與稅，又豈是公道之事？

宋楚瑜特別強調該款是他參選省長選舉政府補助候選人之「選票補助款」，而非選舉募款或政治獻金，而且回饋在台灣弱勢族群及專業教育上，絕非贈與子女之行爲（詳後文），最高行政法院未能針對匯款確實用途加以審酌，他感到遺憾，並將力爭到底。

在本書寫作的最後幾次訪問過程中，一向非常重視教育的宋楚瑜，談到留學美國時期打工艱苦種種，以及因此後來以參選省長所獲得補助款設立照顧台灣清寒學生獎學金等事情，提及了這件稅務官司「敗訴」的困擾，以及興票案源起種種。這裡所謂「興票案後續情形」，即是因省長選舉結餘款的「贈與稅補稅罰款」問題，而千頭萬緒的根源，竟是用意原本良善的獎學金的設置。

宋楚瑜永遠的痛

民國九十年初，當興票案第一回合偵查終結，宋楚瑜看到不起訴書時，他很震驚。震驚的原因，不是因爲他「無罪」了，而是這時他才發現他的太太陳萬水亦被列爲被告。在興票案中，宋楚瑜的兒子宋鎭遠對相關事情並不知情，因爲他於民國七十九年出國留學後，人一直在國外，但令宋楚瑜百思不透，也最不能諒解的是：「爲什麼連和這事扯不上一點關係的陳萬水也不放過？」

宋楚瑜說，「我跟國民黨因選舉立場相異，我被告，至於我太太陳萬水跟這事有何關係，她何曾干預過一件公事？她又何曾經手過一分錢的公帳？國民黨憑什麼要告陳萬水？」

看著不起訴書，女兒宋鎭邁紅著眼眶跟宋楚瑜說：「台灣的政治眞的很可怕！」宋鎭邁掐著手指邊算邊說：「我們一家才四口，有三個人同時被告，連沒A過一毛錢的阿姨（陳碧雲）也被告，大概國民黨想留下一個人，讓我去送牢飯。」

聽了女兒的這番話，宋楚瑜夫婦一陣心酸，難過得說不出話來。

事後司法還宋楚瑜一家清白，證明宋楚瑜未曾貪過任何一文錢，益加突顯國民黨高層當時爲達政治目的的手段殘忍！

每當想起女兒「台灣的政治眞的很可怕！」的話，宋楚瑜總忍不住心裡的難過。宋楚瑜說：「每次提起興票案，就很難過，有錐心刺骨之痛，倒不是因爲自己被冤枉而難過，而是因爲家人行事一向低調、潔身自好，而政治對手不斷地用捕風捉影的臆測言語傷及無辜的家人」，因此一方面是對家人的抱歉，另方面則是自興票案後從此帶給他的疑慮：「爲了政治，就可以不擇手段、不顧人性嗎？」這也是爲什麼他手中雖握有很明確的國民黨黨主席帳目，錢流入到何處都清清楚楚，他卻不願深究的原因。

說國民黨高層「殘忍」，並非只是爲了贏取選舉的政治目的而已。令宋楚瑜更難過的是有確切的消息來源告訴他，兩千年大選興票案爆發時，國民黨高層當時還動過腦筋要檢察官先收押他，等選舉投完票後，再處理是否起訴，而動這些腦筋的，卻是過去所謂的「朋友」。

宋楚瑜說：「至目前爲止，國民黨高層都未曾向他表示過任何歉意。」但他對新接任的國民黨副秘書長張哲琛這段期間，在公私場合不止一次說了些公道話，公開代表國民黨表示「在選舉期間，若因情緒性發言或舉措，導致宋楚瑜先生之困擾與損害，本黨深表遺憾與惋惜」，表示欣慰與肯定。

兩回合偵查的七項結論

興票案於八十八年十二月十三日，由當時立法委員楊吉雄等人向台北地方法院檢察署告發，開始進入第一回司法程序，經過一年三個月的偵查，於九十年一月十八日偵查終結，以無不當之用或侵占之實，將宋楚瑜以不起訴處分。

接著，原國民黨告訴代理人莊柏林律師未經告訴人國民黨授權，私自具狀聲請再議，台北地方法院檢察署又經過三年九個多月偵查後，於九十五年一月以查無「新事實、新證據」的理由簽結。

第二回合偵查簽結書說：「莊柏林律師之聲請再議，因未經告訴人之授權而不合法」，台北地方法院檢察署本來可以用這個最簡單的方法予以駁回，但檢察官依然採取繁瑣綿密地毯式的嚴謹偵查行爲，偵查時間更長達三年九個多月，雖增加不少的社會成本，對當事人更是一種折磨與苦難，但這份遲來正義總比沉冤未雪來得好，宋楚瑜說：「兩回合的檢察官都還我清白，我應該感到慶幸，更加證明宋楚瑜未曾貪取一絲一毫公帑」。

總結台北地方法院檢察署爲時五年一個月，針對興票案兩回合的偵查，之所以均予宋楚瑜等人不起訴偵查終結，主要係因以下的七項綜合結論：

（一）從頭到尾的兩次偵查，清查了全部宋楚瑜個人、家屬及其幕僚所有的財務資料和帳戶，全然不涉貪汙，與貪瀆無關，沒有任何一文錢是省政府的公款非法進入宋楚瑜個人、家屬及幕僚帳戶。

（二）經台北地檢署調查確認宋楚瑜並無涉及強募財物不法情事而處分不起訴。

（三）查無詐欺、背信、偽造文書（虛報競選經費）、洗錢之證據。

偵結報告書中之原文是「其餘稅捐稽徵法、詐欺、背信、偽造文書（虛報競選經費）、洗錢防制法部份，台北地檢署承辦檢察官於偵查時業已審酌，且依現有偵查所得證據資料，尚難認有新事實或新證據而有再行起訴之情事。」

（四）有關興票案的錢純屬與國民黨內的家務事，是國民黨與宋楚瑜之間的財務關係，包括黨政的運作、照顧蔣家家屬的款項，以及省長競選期間的選舉進出經費，與省政府公款毫無關係。

（五）簽結書中指出，所有屬於國民黨款項及衍生出來的合理孳息，與宋楚瑜支應黨政運作、照顧蔣家家屬的款項及委由律師提存法院金額相比，後者總計較前者為多，無任何短少或侵占的事實。

根據台北地方法院檢察署第二回合偵查，宋楚瑜支應黨政運作、照顧蔣家家屬的款項及委由律師提存款項，較屬於國民黨所有款項及孳息（八千一百二十七萬）爲多，如再加上第一回合原承辦檢察官認定無單據之照顧蔣方良女士及七海官邸費用，以及四十四張支票補助參選省議員的競選經費，則其數額超出更多，因此檢察官認定第一回合偵查結果以不起訴處分的理由，顯屬有據。

（六）李登輝對法庭作證時承認當時對宋楚瑜信任有加。而且依據國民黨組織規程，並基於職務上的特殊需要，宋楚瑜有權設立秘書長帳戶處理相關事情。九十二年四月一日台北地檢署傳徐立德做證，被庭上問到李登輝和宋楚瑜之信任關係如何？兩人何時交惡？徐立德證稱「應自廢省後交惡，不過在宋楚瑜擔任秘書長任內，他們兩人關係是非常密切。」

查明案情，台北地方法院檢察署曾於九十二年三月十八日、九十二年十月二十二日，兩度以證人身分訊問李前總統登輝，李前總統在十月二十二日證稱「我對他（宋楚瑜）有信任，所以後來才派任他爲省主席，省長選舉時我也支持他，後來因爲國發會有達成省虛級化，宋楚瑜說我要打擊他，後來他就辭去省長職務，其實我根本沒有打擊他的意思。」另證人張哲琛具結證稱「國民黨各單位因業務需要，可自行開戶」，證人徐立德具結證述「不需主席或財委會同意，只要業務單位需要即可開立。」

對秘書長帳戶是否存在乙事，台北地檢署在九十二年十二月五日訊問宋楚瑜，宋楚瑜稱「整個事情的重點是，一個政治人物〈也就是我〉，因爲受到長官的信任，而交付一些特殊的任務，爲了執行長官交付的敏感任務，而處理了財務。後來長官（也就是李登輝）和我的關係發生了一些變化，長官不認帳，而將整個事實做了扭曲。」

（七）徐立德具結證明，當時李登輝確有命令要宋楚瑜及徐立德處理照顧蔣家事宜的指示。此一事後證明，與原先開始告發時，李登輝指責宋楚瑜「做賊兼白賊」的情形完全不一樣。

原先說沒有照顧蔣家之事，事實後來證明確有其事；原先說不知設立秘書長專戶，後來李登輝在法庭承認說「我有命令宋楚瑜自中廣（即中國廣播公司）拿一億元成立蔣孝武子女教育及創業基金」，且多人證明設立秘書長專戶並無逾越職權範圍。

當時擔任國民黨副秘書長兼財委會主委徐立德在應訊時即具結說明，中廣一億元是李登輝指示「我及宋楚瑜辦理的」、「李主席是在蔣孝武去世不久，就做了指示」、「主席只有很籠統的指示要照顧蔣家遺族，並叫我去找秘書長（即宋楚瑜）商量」、「細節我記不清楚，他對宋楚瑜說的應該更仔細，更具體」、「當時他對宋楚瑜信任有加」。

擠牙膏式的「四部曲」

從國民黨高層丟出興票案，到台北地檢署的兩回合偵訊，宋楚瑜說李登輝的說法呈現擠牙膏式的「四部曲」，隱瞞相關案情。

第一部曲，開始時，李登輝完全否認照顧蔣家的事，斥為「一派胡言」，說對於蔣家遺族，政府有制度照顧，何來照顧蔣家基金？

第二部曲，是當宋楚瑜拿出他簽經李登輝批「採甲案」的公文（附件一）時才承認有這回事，但只承認有照顧蔣孝武家屬的二千六百萬的教育及創業基金。

第三部曲，是到了最後在法庭作證，他才承認確有指示拿一億元。但故意不說一開始就是辦理治喪及撫恤蔣孝武家人，因為孝武遽逝，駐日代表的政府職務已交卸，華視董事長的新職尚未上任，兩邊不搭，才先撥二千萬加以協助。

第四部曲，當宋楚瑜出示支付蔣方良女士出國費用之匯款單及蔣徐乃錦女士之購屋款項後，眞相終於大白，確有照顧蔣家遺族，不僅僅是只照顧蔣孝武家屬而已。

值得一提的是，蔣孝武在李登輝首次與李元簇搭配競選總統、副總統時，力挺李登輝，不惜公開與其叔叔蔣緯國先生翻臉。後來蔣孝武英年早逝，李登輝不得不與宋楚瑜商量如何撫卹善後，而在蔣孝武駐日期間，曾向李登輝、宋楚瑜表示，希望在日本另行成立新的國會友台組織，以建立並培養日本新國會中年輕議員與台灣發展長期政經關係。至於經費，蔣孝武已洽悉他過去曾服務的中國廣播公司（蔣孝武曾任中廣總經理多年），以中廣充沛的財源，可出個二、三億元。

但此構想，後因亞東關係協會理事長馬樹禮先生不甚贊同而作罷，馬先生主要考量是不希望因此一新單位的成立，造成與當年國會親台組織日華懇談會打對台的情形。而當時日華懇談會之負責人為曾任運輸大臣的佐藤信二，也就是佐藤榮作前首相之子，與蔣孝武相處並不甚愉快。

最先撥付給蔣孝武太太蔡惠媚女士的二千萬元，其目的是辦理蔣孝武先生之喪葬事宜及遺族之撫卹，但因辦完喪葬事宜後已有捉襟見肘的困境，又再撥付款項做爲蔣孝武先生遺族購屋之經費，剛開始照顧蔣家家屬的對象確實是蔣孝武遺孀及子女，但後來擴及於其他蔣家遺屬，例如九十二年三月十八日在檢方的訊問中，李登輝就答說「據我所知，我小舅子告訴我，蔣孝武之妻有買房子，錢是由該款出的」，蔣孝文太太購買房子八百萬，也是從秘書長專戶提出來的，她亦曾當面向李總統致謝，李登輝夫人也去看過她的新房子。而針對蔣孝武先生之子女教育問題，則每半年提撥美金三萬元（折合新臺幣七十七萬元），撥付了兩次，後來爲省麻煩，就於八十一年五月五日乙次撥付二千六百萬元（折合美金一百萬元），成立教育基金，專款專用於蔣孝武先生子女之就學所需。

國民黨高層某些人對這些事實應有了解，但爲了兩千年大選，從沒有任何人跳出來爲宋楚瑜說公道話。以下另一個「三部曲」的狀況，又是爲選舉而不擇手段的例子。

第一、剛開始八十一年五月九日照顧蔣家基金成立時，開設帳戶的印鑑就是宋楚瑜與徐立德兩人。照顧蔣家的事及相關經費支出一直持續，印鑑亦幾番更替，包括許水德、吳伯雄、章孝嚴等歷任秘書長都用過印；第二、後來黃昆輝擔任國民黨秘書長期間，八十九年一月二十四日爲續存基金更換宋楚瑜的印鑑，當時的公文就是黃昆輝親批的（附件二）；第三、可是才隔沒多久的同年二月十六日，國民黨及其華夏公司卻共同具狀向法院告宋楚瑜僞刻印信、私設帳戶。這時離三月十八日總統大選已經剩下僅僅一個月了。

「揭發人」楊吉雄被起訴

宋楚瑜說，近期發生的一件事情，讓他感觸良多。這就是興票案的所謂「揭發人」楊吉雄，在民國九十五年六月十五日自己卻因案被起訴。

原來民國八十三年五月間，經濟部工業局辦理花蓮縣秀林鄉設置和平水泥工業區工業專用港徵收及補償附近海域定置漁場時，發生官員收賄，勾結漁場負責人、股東詐領補償費一億三千多萬元，案發至今，花蓮地檢署依貪汙治罪條例，將當時的立委楊吉雄等二十九人提起公訴。

此案一拖十二年多。當時楊吉雄站出來告宋楚瑜時，就是有弊在身，國民黨爲什麼挑到這種人？楊吉雄的案子發生在他提出興票案之前，他的資料又從何而來？興票案的內部資料外流涉及違反銀行法及電腦機密資料保護法保密的規定，楊吉雄或其他任何人又如何違法取得？而迄今尚未依法追究，這都很難不讓人起疑竇。楊吉雄今天仍然是國民黨的中常委，而且是在馬英九當選國民黨主席後，才當選中常委的，國民黨眞的有改變嗎？

莊柏林等人一再對外揚言有新事證、新事實，讓外界誤以爲綠營眞的抓到宋楚瑜什麼把柄，簽結報告把莊柏林等人所提出的這些事項逐一列表查證，發現都無任何事實根據。更可笑的是，莊柏林律師所謂的新事證，竟有的是以將近十則聯合報所刊載未經查證過的新聞資料來故弄玄虛，包括聯合報八十八年十二月十六日登載「孔令儀，未聞也未曾受支助」、聯合報八十八年十二月十八日登載「國民黨文工會主任黃輝珍今天凌晨立即舉行記者會反擊，黃輝珍質疑宋楚瑜獨有秘書長專戶（後來查證確有專戶）」、聯合晚報八十八年十二月二十九日登載「李登輝以罕見的嚴厲語氣指責宋楚瑜『無恥』、『不要臉』、『做賊兼白賊』」、聯合報八十八年十二月三十日登載「宋鎮遠一億四千餘萬元涉及逃漏稅問題，……宋楚瑜連同補稅及罰款，可能繳納一億六千八百萬元。」

而後來連戰、宋楚瑜於九十二年二月十四日宣布搭配競選下屆總統、副總統選舉，隨即陳水扁於九十二年三月五日於苗栗市玉清宮上香時對外表示「興票案未了，再行偵辦」（見聯合報九十二年三月六日報導「陳水扁：興票案未了，再行偵辦」），雖然均經台北地檢署檢察官逐一調查認定僅止於新聞資料，而無事實之根據，但卻讓陳水扁以司法途徑，再次利用興票案來做政治操作，再糾纏了宋楚瑜長達三年九個多月。

興票案從頭到尾都是抹黑花招

宋楚瑜說：「爲了選舉，不擇手段。兩千年的興票案，從頭到尾都是國民黨高層當時在選舉時的抹黑花招，是標準的烏賊戰術，後來民進黨又繼續耍弄，以牽制連宋的搭配參選。」他強調，所有放話的消息來源都是僞造的、虛設的謊言，是有計畫的抹黑，爆料的人都是政治打手，幕後另有政治藏鏡人，目的讓你短時間無法說明清楚，在來不及回應的時候，將你一刀斃命。

宋楚瑜指出，抹黑花招在興票案的應用，基本上包括兩層重要的策略步驟，而且還有責任分工。

（一）先扣以「省長A錢」的帽子，但事實上宋楚瑜從頭到尾就從未貪一文錢

首先，第一個策略是先發動散佈宋楚瑜涉嫌貪汙，先說宋楚瑜是「散財童子」，再說宋楚瑜雖做了不少事，但也A了不少錢。「省長A錢」，讓選民懷疑宋楚瑜的清廉，一手造成省政府債台高築，故意不實放話說卸任前一天批可了統籌分配款案七十九億元經費，台中縣議會議長顏清標分到四億元，給人印象是好像許多錢不知去向。

這是宋楚瑜最難過的，因爲做爲普受省民愛戴的宋省長，一向以清廉自持，連民進黨籍省議員及縣市長都十分肯定，但是一到選舉，連省府對地方建設的補助，都被惡意扭曲散佈是「要五毛給一塊」，讓外界聯想爲必然有回扣等情事。

其實，這都是「沒有常識」的攻擊，是騙外行人的話，更何況報銷都需要單據，五毛錢的工程如何報銷爲一塊錢？而且縣市政府沒有支出，可以用假單據報銷嗎？主計與審計單位都要依法查核的；統籌分配款不是現款，省政府只有分配權，經費款項決定後均由鄉鎮、縣市指定計畫用途，必先由縣市政府編列爲預算，並經縣市議會審議通過，一切按照預算與決算的程序，這個制度運作情形後頭會有說明。

所以，不僅宋楚瑜不可能A到錢，連顏清標也拿不到錢，是台中縣議會分配到將近一億元補助地方建設預算，後來顏清標的這個案子終於查明眞象，另案以不起訴結案。

這個省政府的統籌分配款案，就是興票案的前奏曲。這是國民黨高層有計畫攻擊宋楚瑜的第一步，比興票案早三個月。八十八年九月二日，副總統連戰辦公室發言人丁遠超首先發難，質疑宋楚瑜卸任省長前一天，撥出統籌分配款七十九億元，究竟撥到那裡去，要宋楚瑜向全民及納稅人交代？

約過了兩個星期，總統府秘書室主任蘇志誠又跳出來，以接受中視專訪方式，列舉八十二年到八十八年度統籌分配款使用情形，質疑宋楚瑜以統籌分配款中的支援地方緊急支出經費「綁樁腳」。這時，丁遠超退爲「偏將」，質問：「台中縣議長顏清標爲何可以得到四億元的補助款？」

宋楚瑜說，「凡走過的必留下痕跡，他們以爲無官不貪，宋楚瑜做省長，怎麼可能不貪汙，於是先翻省政府的帳，找了又找，實在找不出什麼毛病後，才硬說我卸任前弄走七十幾億元，但是我就是一文錢都未貪。這是李登輝、蘇志誠最大的失算，李登輝做過省主席，蘇志誠也在省政府任職過，他們竟然都不知道統籌分配款須經過層層審議，根本弄不走？」

宋楚瑜說丁遠超無緣無故冒出七十九億元的數字，就是要讓外界對他在省政府的用錢有錯誤的聯想。這事距宋楚瑜卸任省長已經九個月，誰能記得什麼時候批了多少款項？

宋楚瑜先是斷然否認這件事，但後來隨即改口強調，「一定是取之於民，用之於民，動支程序完全合法。」宋楚瑜之所以先否認，後改口，是因爲：「印象中並未在卸任前一天有批過這樣的案子，而且自信非常了解統籌分配款的相關作業程序。每年到了年終，縣市政府財務吃緊，調度困難，有些縣政府及鄉鎮公所甚至連薪水都發不出來，因此在這時省政府必須以統籌款分發縣市應急。省政府依縣市人口、財政狀況，訂定分配標準，絕對不會亂發。」

宋楚瑜當時以公開記者會回應。這時距離丁遠超發難已將近半個月，因爲他已離開省政府，實在無法查證，而接任的省主席又是國民黨的，資料取得不易。經過半個月的私人關係幫忙，他查出了眉目。

他說他在省長任期最後一天，並未批任何補助地方款項，而是在十一月三十日省府批示，金額也不是七十九億元，而是七十七點九億元，公文是副省長依例代批。宋楚瑜工作室也以新聞稿說明宋楚瑜發給地方的每一筆錢，都是根據一定的程序標準，並質疑丁遠超的角色：「不知道丁遠超除了副總統連戰辦公室發言人身分外，還兼監察、審計等院部發言人的職務」，「丁遠超不懂可以請教主計單位」。

關於省政府負債原委及他增加省府資產情形（詳參本書第八章〈花錢大學問〉），宋楚瑜也向民眾詳做說明。當天他正在澎湖望安跑總統競選行程並發表政見說明，村民以五百公尺的長的鞭炮歡迎他，一路從碼頭到李府將軍廟，鞭炮聲連響不斷。

其實，國民黨挖統籌分配款檔案時，應該清楚那七十幾億元經費，不是宋楚瑜批的，而是由副省長代批的，但還是矇著頭硬幹、汙衊。副省長代批公文的那段時間，宋楚瑜正忙著在省長卸任前到各縣市去向省民報告，說明這四年省長任內的施政總結，舉辦「台灣頭尾走透透」感謝鄉親活動。副省長代批公文的十一月三十日那天，他不在省政府，他還與全省一貫道信徒聯誼，說今後要接受彌勒佛開示：「大度能容，容天下難容之事；笑口常開，笑天下可笑之人」。

（二）將錢攪混製造很多錢的假象，但就是查不到宋楚瑜貪錢

第二個步驟就進入了興票案的爆料。刻意製造宋楚瑜有好多錢的假象，這邊有幾億元，那邊有幾億元，將這個錢與那個錢攪混在一起，進一步貼宋楚瑜的標籤，加深選民對宋楚瑜的不信任。

宋楚瑜說：「他們在媒體上講，這裡五億，那裡又多少億，將開銷的和剩下的錢莫名其妙的攪在一起，加總一起，將我競選省長的錢與政府補助款、黨政運作的錢與我個人的錢混在一起，重複的講，一下子製造出幾十億的東西，越講越混淆，越講越像眞的。哇，宋楚瑜好多錢，給你一個印象，他有好多錢，好多錢……，而這些錢的來源卻不乾淨，唉！那一個官不貪嘛？要五毛給一塊，難怪做散財童子，有好處嘛！」

宋楚瑜承認，這種先扣帽子、再作假象的「黑色宣傳」手法，的確「厲害」，但他認爲：「如果將這些腦筋與才智用在爲老百姓做事，不是會更好！」這多多少少應證了外界對國民黨「內鬥內

行，外鬥外行，做事外行，抹黑內行」的質疑。

宋楚瑜任職省政府五年多，以他的印章收支經費至少有二至三兆元，宋楚瑜說，「用我的名字和圖章是經手過很多錢，但不是我擁有很多錢，你不能說我以省長名義經手過很多錢，全部說是我個人的錢，而且他們所指的錢，根本沒有一文進到我私人帳戶。眞是欲加之罪，何患無辭啊！」

例如，宋楚瑜參選省長時，國民黨確實以支票補助五億元，但宋楚瑜記得很清楚，送支票來的人是國民黨台灣省黨部主委鍾榮吉，當時他爲參選省長跑行程在車內，鍾榮吉趕上來，上了宋楚瑜的車，給了那些支票。宋楚瑜說，「我左手拿，右手就將支票直接交給同在車上的省長競選總部總幹事林豐正，也就是我擔任省主席時的省府秘書長，我沒拿過一分錢，這些錢都直接由林豐正以省長競選總部名義，分配到各縣市競選總部去。」司法偵查結果證明，這五億元確未進入中興票券公司或宋楚瑜的私人帳戶。

可能有人認爲選個省長補助五億元，經費那麼多，其實李連、連蕭在台灣地區選總統副總統，當時國民黨的輔選經費至少都是幾十億，甚至在百億元以上。

查興票案的過程當中，不只宋楚瑜個人、省府重要官員、幕僚，連一向低調、潔身自好的陳萬水、宋鎭遠、還在唸書的宋鎭邁，也都被徹底清查。宋楚瑜說：「通通徹查一番，總會查出一點東西出來吧，他們這樣想，也這樣徹底去做，但就是查不到任何不法！」

宋楚瑜說：「我任職省政府期間，我與我的家人從來沒有炒過一支股票，沒有炒過一塊土地，沒有包過一個工程，沒有拿過任何回扣，沒有介紹任何一個廠商，這些他們都查了，我沒有做，就不怕人家查！問題是省府擁有這麼多的資源，經手高達二、三兆的經費，即使乾淨的沒有汙過一分錢，卻因爲台灣的政治讓人以爲無官不貪，正如同台灣俗諺中『做官清廉、吃飯拌鹽』的形容，清廉反倒令人不敢置信。」

除了他個人及家屬外，宋楚瑜還說：「包括查任何資金往來、查稅，查了夏龍、馬傑明、楊雲黛等與我有關的人及其家屬。今天那有說某一個官員犯了貪汙罪，去查他的家人、秘書長、副秘書長、秘書；監察院、司法院、行政院指揮下的檢調系統、楊吉雄等立法委員以及考試院的國民黨高層，可以說是五院加入圍勦清查宋楚瑜，過去政府有這樣查過案的嗎？而且這樣徹徹底底清查之後，發現我及跟我的每個人都很乾淨，不容易呀，我眞的很謝謝我的家人及同事們。」

（三）抹黑竟有「責任分工」，徒令民主蒙羞

興票案有所謂「責任分工」，也即是連戰輔選團隊與李登輝方面如何搭配打擊宋楚瑜。其實去看看鄒景雯寫的《李登輝執政告白實錄》（印刻出版公司，2001），就可以大致明白了。

「在找到宋楚瑜的罩門在『錢』後，極核心的連戰輔選團隊開始就此擬定了一套選舉策略，將這些年宋楚瑜在地方廣發建設經費、造成省府負債高築，以及黨秘書長任內相關經費的使用，做了全面性的清理。」（頁137）

「連戰團隊並且認為，連戰與蕭萬長是候選人，應該以政策為導向，從事『正面競選』的形象；攻擊性的火力，宜由不是參選人的李登輝方面發動，才能收相輔相成之效，這項統合作戰的分工計劃，得到李連雙方的認可，決定分頭執行。」（頁137）

「收到興票案資料時，選情尚未增溫，為時過早，不能輕易出手，國民黨預定在投票三個月拋出這顆超級定時炸彈，以順利延續選民的憤怒記憶……。」（頁137）

「九月中，距離投票日前半年，國民黨照表抄課，首波選定省府的統籌分配款，作為攻宋的第一道攻勢。李登輝在地方公開批宋『花錢買總統』後，蘇志誠以接受中視專訪的方式做進一步補述。」（頁138）

宋楚瑜感嘆地說，「這一幕幕都是陰暗的技倆，也是台灣民主的慚愧與蒙羞，如果不是爲了推卸責任，怎麼會這麼快現出原形！」

統籌分配款怎麼拿得走？

「七十幾億元可不是現款，在省政府這個層級所有統籌分配款只擁有分配權，離開省政府後還能將分配權偷偷帶走嗎？」宋楚瑜笑說，丁遠超那些人根本不懂統籌分配款是什麼？

宋楚瑜說：「丁遠超沒有省府工作的經驗，純然不懂，難道其他人也不懂嗎？」

其實，統籌分配款是政府爲平衡台灣省各縣市貧富差距的產物。就因爲所得稅等比較好的稅歸給了中央，然後中央才以台灣省轄內營業稅、印花稅總收入的百分之五十，以及土地增值稅的百分之二十，依地方的人口數、土地面積爲計算標準，由上級的省政府負責重分配給二十一縣市。

宋楚瑜說，統籌分配款實際上不是現款，均由地方指定計畫用途，即使省議員也只是有建議權而已，必須由地方先行提出計畫，再經由縣市政府編列爲預算，並經縣市議會審議通過，最後送審計單位，必須完全符合國家定下的預算與決算的程序與制度。

宋楚瑜強調，統籌分配款的精神在於平衡各縣市貧富差距，但作爲分配者的省政府則絲毫不能動用。例如，中興新村想蓋個停車場，但省政府無權動用統籌分配款，反而南投市公所則可以，所以可以用統籌分配款補助南投市蓋停車場，蓋的位置靠近南投市，而不是靠近中興新村的地方。

當初爲什麼說不清楚？

興票案發生之初，已到兩千年總統大選最後的緊鑼密鼓階段。

支持宋楚瑜的選民動搖了，票開始跑了。

最後選舉結果以三十一萬餘票的差距飲恨。

相關危機處理遭透了。許多堅定支持者至今仍在疑問：「爲什麼在第一個時間不說清楚？說不清楚？」

宋楚瑜一向擅長危機處理，而且很有歷練與經驗。不論擔任新聞局副局長時處理中美斷交，或以後擔任新聞局長、中央文工會主任及副秘書長期間，經國先生曾私底下交付過許多關係國家形象的重大案子，他都處理得非常好。

但在這兩千年的關鍵時刻，爲何偏偏處理這麼遭，是因爲「事關自己」嗎？

並不是這樣。

「證據會說話，證據才能說話，空口沒有用。我既無物證，無人證，又不能查證，三方面對我都不利，當時說什麼都沒有用。如今幾年下來經過司法一再查證，什麼證據都有了，證明我一文錢都沒有貪，有些事情到底怎麼樣或是誰拿了錢，我就無須再姑隱其名了。」宋楚瑜說。

更離譜的是，台灣銀行及中興票券公司在國民黨執政當局的壓力下，連客戶應有之權利都不顧，不願提供帳戶中歷年來進出之對帳明細表，理由是宋楚瑜已不是國民黨秘書長，不能再調閱以前秘書長帳戶之資料。

（一）沒有物證，支付的錢大都是支票

以省政府統籌款來說，宋楚瑜不在其位，已經離開省政府，以前的公文也都不在了。當時爲了解釋統籌款七十幾億元是怎麼一回事，他是透過各種私人關係，花了半個月時間，才弄清楚是七十七點九億，而不是丁遠超隨便亂指的七十九億元，所以在辯駁上，因缺乏原始資料，導致非常地吃力。

宋楚瑜說，「他們去挖我在省政府的帳，連那些在位的人都弄不清楚，數字、時間都錯得離譜，那我這個已經不在位的人，短時間內在國民黨控制資源、不給我任何管道查證，因此我任何的回應，一有破綻他們就會馬上瞎攪、扣帽子的追殺。」

宋楚瑜說：「另外，黨政運作的錢是我經手的，然而，那時我怎好說我給了誰多少錢，誰又拿了我給的多少錢？即使我說了，如果當事人硬不承認，當時我手頭上又沒有證據，不僅對外界說不清楚，其後果更加嚴重。」

黨政運作的錢，主要是照顧蔣家遺族及補助選舉，要說明這，遠比省政府統籌款更吃力。宋楚瑜說：「因爲大部分支付的錢都是支票，少數是現金，支出的金額超過兩億，又都沒有簽收的收據，雖然台支支票等同於收據，因爲進入銀行交換都會留下交易記錄，這本來可以查出來的，但是當時在李登輝主政的國民黨政府下，這些交易資料我想要取得簡直比登天還難。」

（二）沒有人證，拿錢的人又不肯出來說明白

宋楚瑜說，「我給了蔣孝文太太徐乃錦支票，包括經國夫人、蔣孝武太太蔡惠媚、蔣孝武小孩

都拿了錢，前前後後加起來好幾千萬元，後來經過這些年檢察官反覆查證後都證明有。」可是當時就冒出了沒有拿錢的人出來講話，一個是蔣孝勇太太蔣方智怡，說她沒有拿錢，另一個是孔令儀「未聞也未曾受補助」。

宋楚瑜說，「她們沒拿錢，不代表沒有人拿錢，可是沒有拿錢的出來代表講話。」

蔣方智怡確實沒有拿錢。據瞭解，因爲她先生蔣孝勇與李登輝關係很差，是大家都知道的，蔣孝勇經濟狀況並不需要錢，更何況爲了一些事還一再惹火了李登輝，關係更爲惡化，拿錢的沒有一個出來講話，沒有拿錢的卻跳出來講話，說蔣家不會拿人的錢。

還有，黨政運作的錢，是在當時非常特殊情況的背景下運作的。經國先生逝世後，蔣家遺族要照顧，之後李登輝主政，有主流與非主流之爭，宋楚瑜乃成了李登輝在處理敏感政務工作上最重要的窗口，這種委任關係，是李登輝也不得不承認的。宋楚瑜指出，尤其是黨政運作的錢，可用八個字來形容，就是「上面授意，事涉敏感」。

當時國民黨內主流與非主流之爭，最明顯的事例之一就是黃復興黨部自成輔選系統，與黨中央的輔選系統格格不入，以致發生衝突與搶票等的事情。宋楚瑜指出，八十一年的立委選舉，國民黨仍維持絕對多數過半，沒有選輸，而是配票上出問題，沒有贏得更多席次，黃復興的力量就是當時擔任行政院長的郝柏村在主導，尤其是掌握退輔會系統，並找了一個中央次長級、當過省黨部主委的人操盤，使國民黨中央的輔選作業遭受莫大干擾。宋楚瑜爲表示誠意、對郝院長尊重，說服李登輝主席在不分區名單中刻意安排二個名額給軍系，包括代表陸軍系統在立法院表現良好並尋求連任的周書府及代表海軍系統的李鳴皋，而在區域選舉之原住民立委選舉中，也禮讓代表空軍系統的高巍和，也因此造成章仁香的落選，再加上在不分區名額中禮讓一席安排新國民黨連線之成員─葛雨琴。以上這些安排，唯一要求的是希望黃復興黨部能保留一部份「鐵票」票源，做為國民黨中央組織部門在最後關頭時，可運用調配於搶救當選邊緣的黨提名同志，以爭取更多當選席次。

但當身負國民黨輔選重任的宋楚瑜，與徐立德、王述親到行政院與郝柏村當面協調，宋楚瑜回憶當時的情形說，郝柏村有他的堅持，並說他在立法院被民進黨立委圍勦時，「你們輔選所當選的立委會在立法院全力支持我嗎？」郝柏村就是堅持要黃復興支持的軍系立委不能有任何風險，一定要當選。

選舉結果應證這種干擾情形，台北縣郭政一、謝美惠，桃園縣的劉興善，台中市的張平沼都以二、三千票些微差距高票落選，而黃復興黨部支持的韓國瑜多了五萬多票，朱鳳芝得票數比吊車尾當選的多了八萬多票。經過那一次選戰，宋楚瑜倦勤了，提出辭呈，有意退出政壇，但隨後李登輝要他轉到省政府服務。

事後回想，宋楚瑜認爲，如果沒有這樣，特別選擇補助一些李登輝所要支持的人，對這些選情吃緊的立委，給予額外的經費加以補強，否則「國民黨會輸的更慘」。

其實，秘書長帳戶支出的第一筆錢是給了蔣孝武太太，而後的民國八十年國大代表選舉、八十一年立委選舉的政黨經費補助給候選人，也都是使用黨政運作秘書長專戶這同一個帳戶，這就是李登輝在法庭上也不得不承認，國民黨對黨提名參選同志的補助，統由秘書長處理，因人、因地區而異。但在西元二千年總統大選還是李登輝主政的國民黨政府執政下，有誰在興票案發生時敢站出來爲宋楚瑜證明確有拿過宋楚瑜的錢。

「蔣家家屬及選舉給予特別補助是當時特殊環境下的產物，或許就今天的標準來看，做法上不是很周延，但那個時代有那個時代的背景，我也爲此道歉，但即使另有些人知道這回事，但誰願將他們拿錢的事對外說清楚？況且，這許多事，當時只能做不能說嘛！因爲這是上面授意，事涉敏感。」宋楚瑜說。

而且，只有少數幾個眞正知情、了解整個過程的人。可是他們與李登輝的關係，比與宋楚瑜的關係還要好，怎麼可能跳出來幫宋楚瑜作證，與李登輝對打？

自民國八十九年底，國民黨以所謂「興票案」攻訐宋楚瑜從政以來自我期許的清廉，雖經兩次司法偵查，歷時五年一個多月，證明了宋楚瑜之清白，但至今仍飽受外界公私帳戶不分的質疑，甚至有人以當時競選團隊發言人所提出之「長輩說」加以揶揄，這對已經司法還給清白的宋楚瑜來說，除了與總統大位失之交臂外，更永遠難以還其公道；而對從不理財的宋楚瑜夫婦來說，也付出了沉痛代價。

民國八十一年立委選舉結果，國民黨雖席次過半勝選，但因主流、非主流之爭，痛失許多該贏而未贏的席次，相對地，民進黨的席次相對增加，宋楚瑜一肩承擔所有責任，請辭國民黨秘書長的職務，也因其咎不在宋楚瑜，李登輝遂安排宋楚瑜於民國八十二年三月份出任台灣省主席一職，因爲離開了國民黨秘書長的職務，於是當初由李登輝委任處理之專款，因事涉敏感，不便由繼任之秘書長代爲接替處理，因此不能繼續存放於國民黨秘書長專戶，必須另覓其他帳戶收存，而當時國內正值倡議推動公職人員財產申報法之際，此兩筆專款不宜讓外界知曉，既不能轉入省主席之公家帳戶，又不能存入宋楚瑜之私人戶頭，如何處理確實大費周章；而宋楚瑜之小姨子陳碧雲服務於中興票券公司，專款存放於票券公司，利息因採分離課稅，所以利息所得免課徵所得稅，而利率又較一般銀行為優，乃借用已出國之宋鎮遠中興票券帳戶，且經台北地檢署檢察官查明，除後來支付黨政運作費用外，並無挪用公款做私人目的之支付，卻因此造成軒然大波，造成宋鎮遠無法計數之困擾。

其實不是公私帳戶不分，而是因為陳碧雲一人同時義務幫忙管理宋楚瑜的選舉經費、黨政運作之專款及家用開支，嚴格來說，陳碧雲處理黨政運作專款自始即因敏感而在支付時要保密，且未被要求報帳，乃以支票做為存底依據，並未做正式簿計，致無法立即在第一時間出示「帳冊」，以釋眾疑，同時也因心中坦蕩，銀行帳戶轉帳亦未刻意切割，但對公、私款項她心中自有一本帳，且有其區隔之法，所以公、私款雖同存一個公司，但並未混用，後經數年的調查證明確無公款私用或混用情事而眞相大白，但因此所引起之誤會，足以令所有政治人物引以為鑑。

(三) 支票轉來轉去，宋楚瑜本人無從查證

查證的最好管道是司法，與票案爆發時離投票時間不過三個月。當時宋楚瑜既不能蒐證，又無權查證。

後來，進入司法程序後，五年多來經兩回合的偵查，檢察官才將這些錢一筆一筆的對出來。第二回合偵查花了三年九個多月，遠較第一回合時間為長，台北地檢署九十四年一月十一日簽結文的第四點，就說明「計傳喚相關當事人、證人等近百人次，查證資金約數百筆，查證本案有關專戶的設立、黨政的運作及照顧蔣家遺族的款項等節，以查明有無新事實、新證據之事由。惟本案前經不起訴處分確定，依刑事訴訟法第二百六十條之規定，需發現新事實或新證據，始得再行起訴。專案

小組認依現有偵查所得證據資料，尚難認有新事實或新證據而有再行起訴之情事」。

宋楚瑜說，「第一回不起訴偵結，已查過，莊柏林再告發的第二回，則是百分之百的查，每一筆都查，而後簽結，那些省議員、立法委員拿過錢，發現果然有。」宋楚瑜說有一億元，開立爲各二百萬元面額、共五十張支票，但在台北地檢署第一次偵查時，查證比對出二十六張、計五千二百萬元，而第二次重啓偵查時，則比對出四十四張、計八千八百萬元。

宋楚瑜指出，只有檢察官才能查證，後來檢察官查證之後，才知道這些他給出去的支票，都不是當事人自己去兌現，不少是先交給親友或別人，最後從這些人的戶頭查到支票；這也是爲什麼還有六張支票待比對確認的原因，因爲不知道候選人究竟轉給了誰，所以一直到第二次偵查簽結時，這六張支票的提領人是找到了，當事人們也承認與宋楚瑜並不認識，也沒有金錢往來，但當事人們卻記不起來是誰或那位省議員候選人將支票交付給他們的，因此檢察官從嚴認定不計入黨政運作之支出。宋楚瑜說：「對一個被打壓的總統參選人而言，我當時無從去查證。」

例如，以蔣孝武的家族來講，當宋楚瑜給了支票，蔣孝武太太就先拿給她的哥哥去處理。不起訴書中說，當檢察官查問蔡先生的時候，問說宋楚瑜的支票怎麼會進入你的戶頭，一問之後原來是妹妹、蔣孝武太太給的。

又如檢察官還訊問一位開餐館的桃園林姓市民，爲何會有興票案的支票，這位市民也弄不清楚究竟怎麼一回事，只知道支票是結拜朋友拿來一起投資入股的，而結拜朋友的父親是當時的省議員。

無人證、無物證、又無法查證，讓宋楚瑜有苦難言

外界質疑宋楚瑜爲何不在興票案發生的第一時間，說清楚、講明白，綜上所述，其實已不難明白要馬上清清楚楚的交待，是十分困難的。

興票案發生時，離二千年總統大選投票日僅僅不到三個月，與興票案有關的當事人們，在當時李登輝主政的國民黨政府掌握黨、政、軍、情的大權下，拿到錢的三緘其口，金融單位又拒絕提供興票案相關帳戶歷年來的收支明細對帳單給宋楚瑜，而宋楚瑜又無公權力去調查其資金之流向，要說清楚談何容易？

台北地檢署經兩次偵查，動用三位主任檢察官、十餘位檢察官，傳訊超過百位之證人，歷時近五年，終於確認興票案中六個關鍵：

（一）不僅國民黨秘書長專戶存在，在黨政合一的時代，國民黨各單位也有許多其他的工作專戶，因此宋楚瑜並無涉及偽造文書、私開專戶之情事。

（二）照顧蔣家遺族及黨政運作事宜，以當時國民黨李登輝主席與宋楚瑜之信任關係及宋楚瑜所提出之公文佐證，彼此間之委任關係足堪認定屬實。

（三）秘書長專戶中經手之統支統付之金額，公款支出之金額超過公款收入之總額，足證宋楚瑜並無侵占國民黨公款之情事。

（四）除照顧蔣家遺族之專款，是由國民黨黨營事業中國廣播公司所撥付外（由中廣撥付專款之原因，詳見前文「擠牙膏式的『四部曲』」），其他黨政運作之款項，也非由國民黨黨庫或任何黨

營事業撥付款項。

（五）經台北地檢署調查並予確認「並無涉及強募財物之貪汙罪嫌不法情事」。

（六）該署承辦檢察官於偵查時業已審酌，「尚難認有新事實或新證據而有再行起訴包括稅捐稽徵法、詐欺、背信、偽造文書（虛報競選經費）、洗錢防制之情事。」

要特別說明的是，興票案發生後，因爲宋楚瑜無法取得金融機構收支明細對帳單，所以對孳息的計算產生困難，因此在提存法院時，是從寬認定，也因此在台北地檢署從嚴核定國民黨公款支出、無單據或尚有疑義之支出均不予計入的情形下，台北地檢署認定的國民黨公款支出加上宋楚瑜提存法院的金額，已超出國民黨公款及地檢署認定國民黨公款合理孳息相加之總額甚多；簡單地說，宋楚瑜在提存法院時，是把私人所有的錢，也提存進台北地方法院了。

外界對宋楚瑜將專款餘額提存至台北地方法院的作法，也有不同的看法，甚至也有居心叵測的說法是因爲宋楚瑜做賊心虛，被抓到了才把該專款餘額提存，因此必須加以釐清，照顧蔣家遺族及黨政運作的專款，是由時任國民黨黨主席的李登輝，指派當時擔任國民黨秘書長的宋楚瑜來負責該專款之管理運用，而當時李登輝主席對宋楚瑜秘書長之信任程度，要處理這類事涉敏感的事務，宋楚瑜可說是不二人選，因此雖未正式簽有委任書，但雙方存在法律上委任的關係是無庸置疑的。

而後來，李登輝與宋楚瑜因凍省看法的不同而漸行漸遠，以至於後來宋楚瑜決定以獨立參選人的身份，參選民國八十九年總統大選，更使李、宋兩人在政治上，面臨對決的處境，當國民黨以所謂「興票案」來攻訐宋楚瑜時，存在於李、宋兩人間之信賴關係蕩然無存，在李登輝否認有照顧蔣家遺族及黨政運作之專款存在的情況下，爲解除李、宋雙方委任關係，只得將該專款結餘部份提存台北地方法院，並指名需由國民黨主席李登輝具名領取，以完成解除委任的法律程序。

值得一提的是，宋楚瑜參選總統時，並未成立政黨，設若二千年是由宋楚瑜當選，事實上仍需與國民黨維持相當合作關係，且斯時李登輝並未曾公開宣稱其支持台獨之立場，在國家認同的大是大非原則上，並無殊異，因此自不宜與李登輝及國民黨一刀兩斷。後來有人曾提出宋楚瑜應及早公開與李登輝及國民黨徹底決裂，以展現其破釜沉舟之意志，但這種說法見仁見智，充其量不過是事後諸葛亮之議。

當宋楚瑜說到這段提存過程時，可以感受到雖已時過境遷，但情緒起伏仍十分明顯；其實這也難怪，當時在長官絕對信任下的委任關係，事後長官全盤否認，讓身為部屬的宋楚瑜百口莫辯，怎不令人唏噓，即便後來司法上已查明確有委任之事實，但政治上的傷害卻無法彌補。

如果我到台北買高檔公寓？

宋楚瑜在訪談中，多次以「天底下怎麼會有這種事？」來質疑財政部羅織他「逃漏稅捐」究何居心？

他也自我解嘲的說，「我自幼喜歡看章回小說，太過於喜歡行俠仗義，說得難聽是沽名釣譽，就把政府補助選舉的錢全部捐出來，如果不捐出來，不去設置獎學金，留下來自己用，怎麼由得財政部爲所欲爲，惡整我？」

其實，台灣自有選舉公款補助以來，沒有十萬個候選人，少說也有上萬人領取，李登輝、陳水扁、連戰、馬英九、吳敦義、謝長廷等人，都曾領取過政府選舉補助款與接受政治獻金，有那一個被財政部要求付稅的？馬英九說他有捐出來成立基金會，那需付稅嗎？李登輝選舉結餘款交給劉泰英放利息，在國安密帳案被查到後，財政部或監察院有用對宋楚瑜的辦法要他繳稅嗎？李登輝也有捐贈給其母校美國康乃爾大學，有付贈與稅嗎？沒有一個獲得政府選票補助款的人，會說這是他個人的所得，而需要去付所得稅，更沒有接受政治獻金的人，會認爲這是所得，而要付所得稅。這在監察院興票案的報告中，對政府選票補助款及政治獻金在選後結算後有節餘，是否應予以課稅，就提出要在法律上修法重新規範，但在未完成修法前，民進黨執政下的財政部卻始終不願鬆手，以補徵贈與稅的方式來「整」宋楚瑜。

在此，需要強調的是，宋楚瑜是第一個在台灣大選區參選而當選得票數超過四百七十萬票以上的政治人物，所以政府補助候選人的選票補助款，按一票三十元計算相當可觀，是台灣選舉史中的第一人，所以當時一般民眾好奇，媒體記者也關注宋楚瑜如何運用這一筆補助款？宋楚瑜一向是「取之於民，用之於民」，他絕不會將該補助款納爲私有，也不致表面上拿公益作幌子，實際仍加以「掌控」，因而在衡量選舉支出尚有節餘之後，將選票補助款幾乎全部捐出，以最直接的方式提供青年學子的獎學金及訓練台灣的水利人才，這種善性循環的義舉，亦可謂空前，但沒想到日後卻惹上稅務官司，眞的是始料未及、事與願違。

不少朋友勸宋楚瑜要向「前」看，放下過去的恩恩怨怨，不要計較於個人的得失，不要給人印象老是在抱怨。但相對地，財政部卻一切向「錢」看，對宋楚瑜的捐款要求課徵贈與稅，民進黨主政下的財政部七年來有放過宋楚瑜嗎？即使捐贈給美國加州大學柏克萊分校及荷蘭水利大學成立基金，提供獎學金給來自台灣的優秀學生及代訓台灣的水利人才，並且連匯出單位是宋映潭先生文教基金會而非宋楚瑜個人，都要求宋楚瑜要補繳贈與稅，甚至以「限制出國」爲由，在行政訴訟進行中要求預先提出二分之一的擔保金，金額又是高達幾千萬，去籌這些錢談何容易？這些實際發生的困擾，國民黨又有誰關心過？其中甘苦，對宋楚瑜而言，眞是寒天飲冰露，點滴在心頭！

前財政部長顏慶章對相關法令非常了解，興票案發生時，就是在他擔任次長期間，他就由財政部直接發函，跳過一般正常審查程序。一般而言，審查必須是由稅務機關做的事，但對付宋楚瑜，這次卻是財政部親自操刀，這是宋楚瑜之所以認爲財政部是惡整的原因所在。

爲了這個事，宋楚瑜於八十九年十一月二十四日，還去函台北市國稅局說明：「財政部在裁定處分前，既未依稅捐稽徵法規定，通知本人提出說明，其核定通知亦未明載理由或提出任何具體證據，遽以對本人補徵重稅，唯一理由—財政部官員坦承—實乃稅法規定之七年『核課期間』只差七天就即將屆滿，不得不倉促作此處分也。」

捐助成立三個獎學金

宋楚瑜以參選省長所獲得的政府補助一億多元，主要用在設立三個獎學金及捐助李連競選總部。

首先，宋楚瑜以他父親名義，成立財團法人宋映潭先生文教基金會。該基金不對外募款，除了發獎學金之外，從不舉辦其它活動。只是運用孳息，每年獎助五十名大專學子，每人三萬元，發予對象是國內勞工、農漁民、榮民、原住民、殘障人士、計程車駕駛等弱勢族群及其子女等就讀大專院校者，而自民國八十四年至九十三年，發出四百四十三個名額的獎學金，共計一千三百二十九萬元。

宋楚瑜說，這個基金會連個辦公室也沒有，只有一、二位義務人員理理獎學金發放事宜，跟一般政治人物的基金會完全不一樣。

第二，是對母校美國加州大學柏克萊分校的捐助，總共是一百零五萬美金，運用其孳息設立台灣學生獎學金，而且指定專門照顧台灣留學生。由於第一年沒有孳息，但爲了立刻可以發出獎學金，先於八十五年十一月五日匯五萬美金（附件三），又於八十五年十二月四日匯出一百萬美金（附件四）。這兩筆匯款都是以財團法人宋映潭先生文教基金會捐助匯出。

美國的大學都設有專門管理財務的機制，去經營管理來自各地捐助的獎學金。每年加州大學都會選三至四名台灣留學生的名單，送宋映潭先生文教基金會備查，至今每年仍持續提供給台灣留學生申請獎學金。該獎學金除獎助學費之外，還照顧台灣留學生的生活全額補助，從每個名額第一年的兩萬多美元到目前的三萬八千美元不等。

另一個獎學金是設在荷蘭的「宋楚瑜博士台灣—IHE科技合作基金會獎學金」，金額是一百萬美金，此一獎學金目的在獎助訓練台灣的水利人才，也是指定給來自台灣的研究生與學員。

荷蘭是全世界對水利研究最知名的國家，而IHE（The International Institute for Infrastructural, Hydraulic, and Environmental Engineering，國際水利暨環境工程學院）則是荷蘭最有名的水利研究學術機構，一年有八十幾個國家的人員來此受訓。

宋楚瑜指出，當時之所以沒有將款項直接匯給IHE，是因爲當時IHE正被考量成爲聯合國的正式訓練機構，事涉敏感，經聯繫後，所以才要拐個彎，先匯到國外，再轉匯過去。

另外，宋楚瑜也捐款給李連競選總部。當時國民黨內說要支持李連競選總統副總統，按國民黨輔選經費收支處理要點第七條之規定，曾經獲政府選舉補助款的國民黨黨內同志都應該要捐，到底有多少人捐過並不清楚，但宋楚瑜確實捐了兩千萬元。

後來，興票案因莊柏林的檢舉說宋楚瑜應將政府補助款捐回給國民黨而重起偵查時，關於這一點，國民黨的財務主管向檢察官承認，按國民黨輔選經費收支處理要點第七條之規定，將選舉後政府補貼的競選經費捐回國民黨的提名參選同志幾乎絕無僅有，只有宋楚瑜捐回得最多，所有曾代表國民黨參選檯面上的明星如李登輝、連戰、馬英九等等，都沒有捐回國民黨，以致國民黨因這個辦法實施有困難，後來就取消了。

錢都捐出去了，爲什麼還要罰？

在興票案中，宋楚瑜被控侵占國民黨財產，以兒子名義買票券，宋楚瑜有沒有侵占，成了應否課贈與稅的關鍵。如今已判定無侵占事實，無一文錢是侵占的。

檢察官再行偵查時，曾兩度以證人身分傳訊前總統李登輝，李登輝作證時列出興票案九大疑點，包括指控宋楚瑜私設秘書長帳戶、侵占照顧蔣家遺族款項及外界捐款等；之後，又傳訊宋楚瑜就李登輝等證人的指控答辯，宋楚瑜堅稱公款運用均有帳可查，並無侵占情事，而且他已將兩億四千萬元提存法院還給國民黨。檢察官最後認定，李登輝對秘書長專戶等情形事先知情，宋楚瑜聲稱用來照顧蔣家遺族、黨政運用等資金，均有證據可查。

關於黨政運作的照顧蔣家遺族剩餘款，宋楚瑜已經提存給法院，他說，「提存還要繳稅，天底下有這樣欺負人嗎？提存就不是我的，我自己認爲不是我的，司法單位也證明不是我的，國民黨也說是他們的，李登輝說是國民黨的，錢既不是我的，爲什麼要我繳稅？」

宋楚瑜的律師就曾問，「國民黨與李登輝都說，這不是宋楚瑜的錢，如果這個錢是國民黨的錢，那爲什麼又要宋楚瑜繳稅，如果說這個錢是宋楚瑜的錢，要繳稅的話，那就趕快將錢還他，讓他去繳稅，包括罰款，都還綽綽有餘，剩下好多錢。」

但是，省長選舉的結餘款，毫無疑義地是宋楚瑜的錢。宋楚瑜把其中部分款項，捐給宋映潭基金會，再匯到兒子戶頭，是爲了國外捐助。以稅捐實務而言，是應由稅務機構按程序處理，而且這不是贈與兒子，是捐助國外獎學金，是爲了照顧台灣留學生。

財政部認爲宋楚瑜是捐給外國，因此要付稅，其實宋楚瑜是捐給宋映潭基金會。所以匯款到國外的匯款人是宋映潭基金會，沒理由要宋楚瑜個人付稅。百分之四十的稅，因爲還沒有繳，要加罰，變成百分之八十，一百萬就罰八十萬美金。宋楚瑜喊冤：「政府補助給我的一億多，幾乎都捐出去了，結果弄得稅務官司纏身，他們查說宋楚瑜結匯上百萬美金到國外，我若不結匯，兩百多萬美金的錢怎麼能夠捐到國外？我都捐出去了，爲什麼還要罰錢？又到那找這麼多的錢來繳罰款？」

這些都說明政治力的介入和惡質的選舉文化。

至於宋楚瑜說他和家人在夏威夷都沒有房子，但他同時立即也說他兒子在美國是有房子的，宋楚瑜說了，報上也登了。宋楚瑜說：「報紙是登了，可是登的很小。二千年總統大選時，我兒子旅居美國已近十年，不買間房子，要不然住在街上不成？買賣房地產那是他個人的理財投資，你不要問我兒子理財理得好不好，買不買得起房子？應該問我有沒有貪過一毛錢，有沒有將貪汙的錢匯到自己的兒子戶頭？」

事實的眞相是，宋楚瑜兒子宋鎮遠開始買房子置產，是分期付款，而且是民國八十年的事，而興票案所匯出到國外的款項，不起訴書證明發生時間是八十四年到八十八年，兩者不能攪在一起談。宋鎮遠自台大畢業，拿到全額獎學金到美國先獲得史丹福大學機械碩士後，工作了一年多，再獲得加州大學柏克萊分校的MBA學位，並曾專修有關房地產之課程，對理財投資很有概念，八十年時先後買了兩個房子，只租不賣，以「租金」還貸款，後來宋鎮遠爲了不讓父親的選舉再受外界不實的質疑，決定乾脆賣出，轉手賺了幾乎都是對倍，二十幾萬的賣了五十六萬，四十二萬的賣了七十八萬，這都有案可查，但從二千年到目前爲止，美國加州的房地產價格仍是一直持續上漲。

而除了兒子的置產投資被質疑外，兵役問題更是被競選對手拿來影射。必須說明的是，宋楚瑜在美國留學期間，與陳萬水完成婚禮，而宋鎮遠就是宋楚瑜夫婦在留美期間出生的，按美國法律，出生在美國的就取得了美國國籍，因此宋鎮遠是自出生就擁有雙重國籍。後來宋楚瑜回國服務，宋鎮遠也跟著回來，在台灣從仁愛國小開始就讀、升至仁愛國中、考進師大附中、而後再考到台大機械系唸到畢業，在考上大學後也和其他大專院校學生一樣到成功嶺接受軍訓，在受訓過程中因有明顯氣喘的問題，成功嶺結訓後被軍方要求重做體格複檢，又檢查出有心臟方面的毛病，兵役單位判定爲丙種體位，因此台大畢業後赴美留學，但卻以訛傳訛地渲染成是運用特權不用服兵役。

宋鎮遠去成功嶺受軍訓的時候，蔣經國先生擔任中華民國總統及中國國民黨主席，連部長甚至是院長的兒子，都沒有聽聞可以用特權規避服兵役之情形，宋楚瑜當時是在行政院新聞局服務，有何特權可以讓兒子規避服兵役之義務？

兒子以房地產爲投資理財的工具，成爲父親在選舉時被對手抹黑打擊的利器。兒子患有氣喘及心臟方面之疾病，仍至成功嶺接受軍訓，也被傳成是特權關說不服兵役，台灣惡質化的選舉方式，怎不令人憤慨？

到底是誰賴給誰？

興票案第一次偵結不起訴之後，不久上演的另一場戲是：誰是發動者？誰是配合者？誰是主角？誰是配角？

宋楚瑜說：「至今可見的文字紀錄，是李登輝賴給了連戰。」

鄒景雯在《李登輝執政告白實錄》有這麼一段話（頁136）：「『興票案的線索一開始就是連戰陣營提出來的，知情的人在事後都不應該講風涼話』，李登輝對於國民黨事後的處理態度非常保留。興票案當年由蒐集資料、掌握事證，到公佈揭發，連戰陣營是眞正主導者；李登輝陣營爲全力協助連戰順利當選，採取了充分配合的角色，事後卻爲連戰承擔了所有後果。」

宋楚瑜的幕僚感嘆道：「李登輝賴說是連戰幹的，連戰陣營說是李登輝幹的，賴來賴去到最後，不管是誰幹的，但是宋楚瑜確實是被幹掉了。」不僅是宋楚瑜的總統之路被幹掉了，更令人感慨地是，曾經讓省府團隊引以爲傲的廉能形象，被徹底地汙名化，因爲一個莫明其妙的興票案，宋楚瑜被汙指成會A錢的「貪官汙吏」。

法律上的興票案雖經台北地檢署兩次偵查，分別以不起訴處分及簽結作罷，還給了宋楚瑜及其家人、同僚、部屬清白，但政治上的興票案卻三不五時被政治對手當成魔咒來糾纏宋楚瑜。

雖然二千零四年宋楚瑜接受連戰先生的邀請答應搭配參選，全力襄助連戰先生，特別在三一九槍擊疑雲後，爲不公平的選舉而在總統府前廣場抗爭，宋楚瑜在三月二十七日現場超過五十萬群眾的場合中宣布只要能查清眞相重新改選，宋楚瑜個人願意退出副總統之搭配而不參選，全力挺連戰先生續選總統，但國民黨始終對當時發動興票案的指控，沒有向宋楚瑜給過合理的交待。

在訪談過程中，宋楚瑜笑著對我說，「看看歷史，也看看台灣，其實被冤枉的人不少，我眞的還算幸運的，至少還活著，一家人也沒被滿門抄斬，沒有被送到綠島去唱小夜曲，沒有被安置到忠烈祠後才說是還了清白，這就是我還願意奮鬥的理由，希望在有生之年，爲重塑台灣清明政治留一個希望。」

二千零六年的今天，曾經是勤政走遍三〇九鄉鎭的宋楚瑜，卻失業在家中賦閒了七年多，或許在芸芸眾生中宋楚瑜已找到了其人生的定位，但筆者更期待宋楚瑜能奮起，以過去他在省府服務期間清廉的實績，重新擦亮台灣民主政治中「廉能」這塊蒙塵的招牌。

附件一

主席

一、照顧　蔣故總統經國先生家屬之基金，新台幣貳仟陸佰萬元整，前經報奉准以本黨中央委員會秘書處名義依定存方式，存於華信銀行，即將於本（八十二）年五月初到期。

二、基金續存方式究以：甲案——照現有方式續存於華信銀行，按往例以基金之孳息照顧：經國先生家屬。乙案——依孝勇先生數次所請，將基金本金及利息移存於國外銀行，續照顧　經國先生家屬。

二案何者為宜？敬請

決定

職　宋楚瑜　敬呈

中華民國八十二年四月十五日

採甲案

登輝　四、十六

附件二

簽	紙
決	定

如擬

昆輝 元.廿

為建立制度，並依正常作業程序辦理，似較相宜。

文正 元/25

單位：財務處第四室　敬會

為照顧蔣孝武同志子女教育及創業費用，以本處名義在華信商業銀行辦理之定期存款利息存單，將於二月十二日到期

(一)此定存存單印鑑現為前秘書長章孝嚴先生及宋楚瑜先生，存單將到期，需更換印鑑，有關印鑑部份是否僅以黃秘書長昆輝乙人代表為宜。

(二)現春季將至，擬結匯美金叁萬元，餘額續存三個月，到期加入本金，以便支付秋季費用。

檢附原簽及存單、印鑑影本，敬請

決定

陳[illegible]樹　簽

謝[illegible]茂 元.廿

89年元月24日　時

中國國民黨中央委員會

附件三

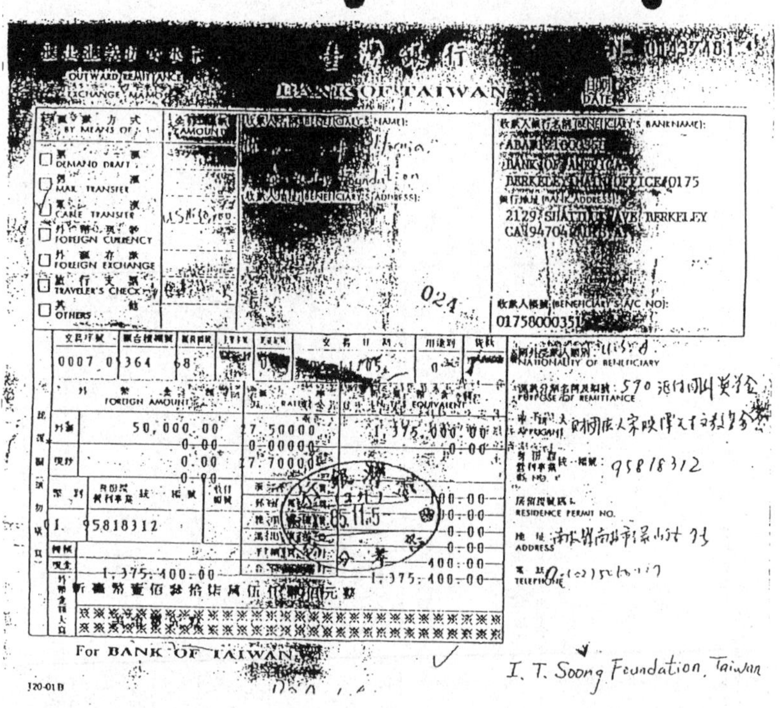

臺灣銀行
BANK OF TAIWAN
OUTWARD REMITTANCE
EXCHANGE MEMO
DATE

匯款方式 BY MEANS OF
□ 票匯 DEMAND DRAFT
□ 信匯 MAIL TRANSFER
☑ 電匯 CABLE TRANSFER
□ 外幣現鈔 FOREIGN CURRENCY
□ 外匯存款 FOREIGN EXCHANGE
□ 旅行支票 TRAVELER'S CHECK
□ 其他 OTHERS

金額 AMOUNT: US$50,000

收款人姓名 BENEFICIARY'S NAME:
收款人地址 BENEFICIARY'S ADDRESS:

收款人銀行名稱 BENEFICIARY'S BANK NAME:
BANK OF AMERICA
BERKELEY MAIN OFFICE #0175
銀行地址 BANK ADDRESS:
2129 SHATTUCK AVE. BERKELEY
CA 94704
收款人帳號 BENEFICIARY'S A/C NO:
01758000351

024

交易序號	櫃台機編號				交易日期	用途別	貨幣
0007 01364	68				1105		

	外幣金額 FOREIGN AMOUNT	匯率 RATE	新臺幣金額 N.T.$ EQUIVALENT
外匯	50,000.00	27.50000	1,375,400.00
	0.00	0.00000	0.00
現鈔	0.00	27.70000	0.00
	0.00		
1. 95818312			400.00
			0.00
			0.00
			0.00
			400.00
現金	1,375,400.00		1,375,400.00

新臺幣壹佰叁拾柒萬伍仟肆佰元整

收款人國別 NATIONALITY OF BENEFICIARY: U.S.A.
匯款分類名稱及編號 PURPOSE OF REMITTANCE: 590 匯付國外贊助金
申請人 APPLICANT: 財團法人宋氏偉光文教基金會
身分證統一編號 ID NO.: 95818312
居留證號碼 RESIDENCE PERMIT NO.
地址 ADDRESS: 南投縣南投市…
電話 TELEPHONE: 0(02)…

85.11.5

For BANK OF TAIWAN

I. T. Soong Foundation, Taiwan

320-01B

附件四

匯出匯款或折換申請書
APPLICATION FOR OUTWARD REMITTANCE OR CONVERSION

臺灣銀行
BANK OF TAIWAN

070/111

№ 01437217

日期 DATE

匯款方式 BY MEANS OF	金額 AMOUNT
☑ 票匯 DEMAND DRAFT	US$1,000,000
☐ 信匯 MAIL TRANSFER	
☐ 電匯 CABLE TRANSFER	
☐ 外幣現鈔 FOREIGN CURRENCY	
☐ 外匯存款 FOREIGN EXCHANGE	
☐ 旅行支票 TRAVELER'S CHECK	
☐ 其他 OTHERS	

收款人名稱 (BENEFICIARY'S NAME):
UNIVERSITY OF CALIFORNIA,
BERKELEY FOUNDATION

收款人地址 (BENEFICIARY'S ADDRESS):

臺灣銀行忠孝分行
轉帳 85.12.4
No.

125178

收款人銀行名稱 (BENEFICIARY'S BANKNAME):
BANK OF AMERICA BERKELY MAIN
OFFICE NO.0175

ABA NO.121000358

銀行地址 (BANK ADDRESS):
2129 SHATTUCK AVE.BERKELEY,CA
94704 USA

收款人帳號 (BENEFICIARY'S A/C NO):
1758000351

交易序號	櫃台機編號		主管卡號	更正記號	交易日期	用途別	貨款
10010	05364	68		0	96.12.04	0	

	外幣金額 FOREIGN AMOUNT	匯率 RATE	新臺幣金額 N. T. $ EQUIVALENT
外匯	1,000,000.00	27.49000	27,490,000.00
	0.00	0.00000	0.00
現鈔	0.00	27.69000	
	0.00		

類別	身份證營利事業統一編號	收件編號	費用	金額
			匯費	0.00
			郵電費	60.00
01	95818312		雜項手續費	0.00
			進出價差益	0.00
轉帳			手續費小計	0.00
現金	27,490,060.00		合計	60.00
				27,490,060.00

外幣金額大寫：新臺幣貳仟柒佰肆拾玖萬零陸拾元整

（請勿填寫）

收款人國別 NATIONALITY OF BENEFICIARY: USA

匯款分類名稱及編號 PURPOSE OF REMITTANCE: 590 派付國外獎學

申請人 APPLICANT: 財團法人宋映潭先生文教基金會

身份證營利事業統一編號 ID. NO.: 95818312

居留證號碼 RESIDENCE PERMIT NO.:

地址 ADDRESS: 南投縣南投市環山路一號

電話 TELEPHONE: (02) 5060967

簽章 SIGNATURE

主管　會計　經辦

J20-01B　84.12—4750×1,500

國家圖書館出版品預行編目資料

寧爲劉銘傳：宋楚瑜的僕人領導哲學／方鵬程作. 一初版一台北市：
商周出版；家庭傳媒城邦分公司發行；2006(民95)
面：公分. 一（People；01）

ISBN 978-986-124-747-2（平裝）

1.宋楚瑜 一 傳記 2.公共行政 一 臺灣

573.9325 95018064

People 01

寧爲劉銘傳：宋楚瑜的僕人領導哲學

作　　者／方鵬程
副總編輯／何宜珍
責任編輯／辜雅穗

發 行 人／何飛鵬
法律顧問／台英國際商務法律事務所羅明通律師
出　　版／商周出版
台北市104民生東路2段141號9樓
電話：(02) 25007008　傳眞：(02)25007759
E-mail：bwp.service@cite.com.tw
發　　行／英屬蓋曼群島商家庭傳媒股份有限公司城邦分公司
台北市中山區民生東路二段141號2樓
書虫客服服務專線：02-25007718；25007719
服務時間：週一至週五上午09:30-12:00；下午13:30-17:00
24小時傳眞專線：02-25001990；25001991
劃撥帳號：19863813；戶名：書虫股份有限公司
讀者服務信箱：service@readingclub.com.tw
城邦讀書花園 www.cite.com.tw
香港發行所／城邦（香港）出版集團
香港灣仔軒尼詩道235號3樓 E-mail : hkcite@biznetvigator.com
電話：(852) 25086231　傳眞：(852) 25789337
馬新發行所／城邦（馬新）出版集團〔Cite (M) Sdn. Bhd. (458372 U)〕
11, Jalan 30D/146, Desa Tasik, Sungai Besi, 57000
Kuala Lumpur, Malaysia.　E-mail：citecite@streamyx.com.
電話：(603) 9056-3833　傳眞：(603) 9056-2833

封面及版型／李東記
打字排版／極翔企業有限公司
印　　刷／卡樂彩色製版印刷有限公司
總 經 銷／農學社 電話：(02) 29178022 傳眞：(02) 29156275

■2006年10月 初版
2006年11月 初版七刷
定價300元

Printed in Taiwan

 ISBN 978-986-124-747-2